CW01665754

Les futures sur taux d'intérêt : le MATIF

BANQUE ET BOURSE
COLLECTION DIRIGÉE PAR
FLORIN AFTALION
ET MICHEL CROUHY

MATIF

Les futures sur taux d'intérêt : le MATIF

FLORIN AFTALION
Professeur à l'ESSEC

PATRICE PONCET
Professeur à l'Université de Paris I
Professeur à l'ESSEC

PRÉFACE DE
GÉRARD PFAUWADEL

PRESSES UNIVERSITAIRES DE FRANCE

A Sandra, Marie, Agnès et Caroline

Pour la rédaction de cet ouvrage, nous avons bénéficié de l'aide de nos collègues Serge Hayat et Roland Portait qui ont accepté de lire le manuscrit et de nous faire part de leurs judicieuses remarques. Jacques Werren, directeur central de la Recherche et du Marketing de Matif SA, nous a fourni avec gentillesse et compétence, à de nombreuses reprises, les informations qui nous faisaient défaut et de précieux conseils. Elyane Rosello, responsable administrative du Mastère spécialisé en techniques financières de l'ESSEC, s'est chargée de nombreuses tâches de secrétariat. A tous ces amis, nous adressons nos plus vifs remerciements.

Que Gérard Pfauwadel, président de Matif SA, qui a bien voulu, dans sa préface, présenter notre livre aux lecteurs, trouve ici l'expression de notre profonde gratitude.

ISBN 2 13 043752 4

Dépôt légal — 1re édition : 1991, mai

© Presses Universitaires de France, 1991
108, boulevard Saint-Germain, 75006 Paris

Sommaire

Préface

La nouvelle version de l'ouvrage des Prs Aftalion et Poncet sur les futures de taux d'intérêt arrive en même temps que le cinquième anniversaire du Matif. C'est déjà l'âge de la maturité pour ce jeune marché qui a connu le développement extraordinaire que l'on sait, le situant parmi les tout premiers marchés à terme du monde.

Dans une industrie qui évolue très rapidement tant sur le plan technologique et réglementaire que commercial, la mise à jour de ce livre s'imposait. Il suffit d'observer les modifications enregistrées sur notre seul marché au cours des deux dernières années pour ne pas en douter. Sans même essayer d'être exhaustif, il est intéressant de mentionner les récentes évolutions :

— Sur le plan technologique, il faut en priorité citer l'arrivée de l'électronique comme outil de négociation dans un métier où elle était totalement absente il y a moins de 5 ans.

Les jeunes marchés qui se créent se sont d'ailleurs informatisés d'emblée (Soffex en Suisse, DTB en Allemagne, Mefsa en Espagne, Belfox en Belgique, sans oublier le réseau suédois OM) et les plus anciens complètent leur criée traditionnelle avec des systèmes informatiques (APT sur le LIFFE, Globex pour le CME et le Matif, puis plus récemment pour le CBOT après l'abandon d'Aurora).

— Sur le plan commercial, on a pu observer l'éclosion de nouvelles bourses à terme dans presque tous les pays développés, ainsi que la multiplication d'accords techniques ou financiers entre les différentes Bourses.

— En ce qui concerne les produits, il ne serait pas raisonnable de vouloir citer le chapelet d'innovations qui ont accompagné le développement exponentiel de l'industrie des futures et des options au cours des dernières années.

Le Matif a bien sûr accompagné, voire parfois anticipé, les mouvements qui ont marqué l'industrie, en rejoignant Globex, en fusionnant avec la Bourse de commerce, en se rapprochant d'OMF, en construisant de nouveaux parquets, en renouvelant ses systèmes informatiques et en lançant presque à marche forcée une série de nouveaux produits après le succès initial du notionnel : futures ou options sur Pibor, Eurodem, CAC 40, ECU. Tous n'ont pas connu le même succès, mais c'est la loi du genre dans un métier où, dans le monde, moins de la moitié des nouveaux produits lancés connaissent le succès, c'est-à-dire une liquidité suffisante. En revanche, il faut souligner l'étonnante réussite des options sur futures sur le Matif et plus récemment celle des produits dérivés de l'indice CAC 40, tant sur le Monep que sur le Matif.

Le moment était donc venu de disposer d'un ouvrage de base tout à fait à jour dans une matière où l'obsolescence arrive très rapidement. Il faut souligner l'intérêt des mises à jour de MM. Aftalion et Poncet concernant le développement des marchés des futures financiers et bien sûr celles qui touchent au Matif qui sont tout à fait exhaustives, tant le plan des nouveaux produits (BTAN, ECU) que sur le plan institutionnel et réglementaire. Il faut en particulier mentionner le nouveau chapitre relatif aux éléments comptables et fiscaux des marchés à terme.

Par ailleurs, les actualisations théoriques sont très nombreuses et très importantes et continuent de constituer un des apports essentiels de cet ouvrage qui a constitué la référence de beaucoup d'étudiants et de professionnels qui ont très largement formé le tissu humain qui a fait le succès du Matif.

Gérard PFAUWADEL,
Président de Matif SA.

Introduction

Dans la décennie des années 80 s'est opérée une véritable révolution du monde de la finance. Sous l'effet de l'innovation et de la déréglementation, de nouvelles techniques sont apparues pour résoudre des problèmes en perpétuelle évolution. Parmi les innovations majeures, il convient de remarquer l'extension aux taux d'intérêt des opérations à terme se déroulant sur des marchés organisés.

Apparus à Chicago, les marchés à terme d'instruments financiers ont fait la conquête des grandes places financières internationales. Après New York, Londres, Singapour et Tokyo mais avant l'Europe continentale, Paris s'est doté d'un tel marché. Le Matif, ouvert au début de 1986, offre aux trésoriers des banques et des entreprises, aux opérateurs des marchés monétaires ou de capitaux, aux gestionnaires de portefeuilles obligataires et, en général, à tous les responsables financiers la possibilité de se protéger contre le risque de taux d'intérêt et d'ajuster à volonté leurs positions.

Malheureusement, les interventions sur le Matif, simples dans leur principe, soulèvent des difficultés pratiques assez sérieuses. Elles impliquent des modes de raisonnement particuliers qui, loin d'être intuitifs, exigent une formation adaptée. D'où la nécessité d'un ouvrage complet et rigoureux mais également concis, abondamment illustré d'exemples concrets, qui puisse apporter aux opérateurs d'aujourd'hui, et à ceux de demain, c'est-à-dire aux étudiants, des réponses claires à des problèmes pratiques.

C'est cet ouvrage que nous proposons au lecteur désireux de comprendre comment fonctionnent les marchés à terme d'instruments financiers, dans quel but ils peuvent être utilisés et comment doivent être réalisées les interventions. Il reprend en partie, en le développant et en le complétant, le texte d'un ouvrage précédent intitulé *Le Matif* dont une première édition publiée en 1986 aux Presses Universitaires de France a été refondue et mise à jour en 1987. Depuis cette date, le marché s'est enrichi de nouveaux contrats, ses règles de fonctionnement ont évolué et ses intervenants ont considérablement gagné en expertise et sophistication. Il devenait donc nécessaire de proposer un texte mis à jour non seulement par la description des produits les plus récents (futures sur BTAN, sur Eurodem et sur emprunts en ECU) mais également par des analyses plus approfondies et l'apport des éléments comptables et fiscaux conformes au développement de la réglementation.

Par ailleurs, le sigle Matif ne recouvre plus aujourd'hui la même réalité qu'en 1986. Le Marché à Terme international de France propose, en effet, outre les contrats à terme sur produits de taux d'intérêt auxquels nous nous intéressons, des options sur taux et des futures sur indice boursier qui sortent du cadre fixé. Il est donc devenu nécessaire de modifier et de préciser le titre de notre ouvrage qui devient *Les futures sur taux d'intérêt : le Matif*. Certaines caractéristiques des éditions précédentes demeurent cependant : les développements théoriques sont réduits au minimum (un chapitre particulier et quelques annexes leur sont consacrés) ; les formulations abstraites, nécessaires pour démontrer des propriétés générales, sont complétées par de nombreux exemples numériques; enfin, les cas typiques les plus courants d'utilisation du marché à terme sont analysés de façon détaillée.

Notre ouvrage commence par la description et l'analyse du fonctionnement des marchés à terme organisés et plus particulièrement de ceux de taux d'intérêt (chap. 1). La réglementation du Matif, la nature des intervenants et la description des contrats futures sur taux qui y sont négociés font l'objet d'une présentation détaillée (chap. 2). Celle-ci est suivie par le rappel d'éléments de gestion obligataire (des développements sont consacrés à la notion de duration) et d'économie des taux d'intérêt, essentiels pour comprendre la spécificité des opérations à terme (chap. 3). Plusieurs concepts propres aux marchés de futures (par exemple la base) de même que les notions statistiques fondamentales sont développés ensuite (chap. 4). Les techniques d'intervention proprement dites sont abordées avec les opérations complexes d'arbitrage (chap. 5). Les problèmes propres aux couvertures sont d'abord exposés de façon très générale (chap. 6). Ils font ensuite l'objet d'une analyse théorique approfondie (calcul du nombre de contrats nécessaires et efficacité de la couverture (chap. 7), dont la lecture n'est pas indispensable à la compréhension de la suite du texte). Les techniques de couverture que peuvent utiliser en pratique les opérateurs professionnels sont enfin examinées à l'aide de nombreux exemples (chap. 8 et 9). Le dernier chapitre (10) de l'ouvrage est consacré aux problèmes comptables et fiscaux posés par les opérations sur les instruments à terme de taux d'intérêt.

1 Principes des opérations à terme

C'est vers le milieu du XIXe siècle que des opérations d'achat et de vente à terme de divers produits tels que coton ou blé ont pris une forme proche de celle que nous leur connaissons aujourd'hui. A partir de 1975, devant l'instabilité croissante des taux d'intérêt, les grandes bourses de Chicago, s'inspirant des techniques utilisées sur les produits agricoles, ont proposé des contrats à terme sur instruments financiers. Depuis, de tels contrats n'ont cessé de se développer dans le monde entier. L'organisation correspondante des marchés, que les Anglo-Saxons appellent « futures », fait l'objet du présent chapitre.

Nous commencerons celui-ci par une description de ce qu'est une opération à terme dans le cas le plus général. Dans la seconde section, nous nous interrogerons sur les motivations des intervenants sur les marchés à terme. Dans la troisième section, nous évoquerons les problèmes propres à ces marchés avant de présenter, dans la quatrième section, les solutions mises en œuvre sur les marchés organisés ou de gré à gré. Dans la cinquième section, nous nous intéresserons aux développements récents de marchés à terme d'instruments financiers dans le monde. Enfin, dans la sixième et dernière section, nous évoquerons le rôle que tiennent ces marchés dans une économie et les conditions nécessaires pour que ce rôle soit rempli de manière satisfaisante.

1 | Définition des opérations à terme

Dans une opération à terme, l'acheteur et le vendeur se mettent d'accord sur les conditions d'un échange devant avoir lieu à une date déterminée du futur. Dès l'instant où le contrat à terme est signé, la quantité et la qualité des biens échangés de même que leur prix et la date à laquelle aura lieu l'échange sont donc fermement décidés. Une telle opération est en tout point identique à une opération au comptant, à ceci près qu'elle est différée dans le temps.

La figure 1.1 indique les différentes étapes d'une transaction à terme dans le cas le plus général. Les « contrats » dont il y est question peuvent porter aussi bien sur des tonnes de pétrole ou des instruments financiers (par exemple une valeur nominale donnée d'obligations) que sur tout autre bien dont la quantité et la qualité seraient clairement spécifiées. Dans la première partie de cette figure, un opérateur s'est engagé, à l'instant $t = 0$, à acheter 90 jours plus tard (à l'instant $t = 90$) un « contrat » et de le payer 100 F.

Une fois ce marché conclu, l'acheteur peut adopter deux attitudes : soit attendre l'instant $t = 90$ et prendre alors livraison d'un « contrat » qu'il paiera 100 F; soit dénouer sa position [1] en revendant un « contrat » à terme pour la même échéance $t = 90$. Dans la deuxième partie de la figure 1.1, on a supposé que cette vente est conclue à l'instant $t = h$ $(0 < h < 90)$ pour un prix de 105 F.

Une fois l'échéance du terme atteinte, l'opérateur en question devra simultanément recevoir et livrer un « contrat » [2]; ses avoirs en produits objets des « contrats » ne seront donc pas affectés. En revanche, comme il ne paiera que 100 F un « contrat » revendu 105 F, il fera un bénéfice de 5 F.

Dans cet exemple, le bénéfice (ou éventuellement la perte) n'est réalisé qu'en $t = 90$, c'est-à-dire à l'échéance du contrat à terme. Nous verrons plus loin qu'il n'en est pas toujours ainsi et que, sur les marchés organisés et en particulier sur le Matif, bénéfices ou pertes quotidiens sont encaissés ou décaissés immédiatement. Mais si l'on s'en tient, pour l'instant, au cas de la figure 1.1, il convient de remarquer qu'en $t = h$, moment où l'opérateur dénoue sa position à terme, il ne peut pas être rigoureusement certain de réaliser effectivement le bénéfice escompté. Le risque de voir la contrepartie qui a

[1] L'acheteur à terme est dit avoir une position « longue » et le vendeur une position « courte ».

[2] En fait, le produit sous-jacent objet du contrat : blé, tourteaux de soja, sucre, instruments financiers, etc.

1 / Aujourd'hui, en t = 0, un opérateur achète pour dans 90 jours un « contrat » ; il s'engage à payer le « physique » sous-jacent 100 francs.

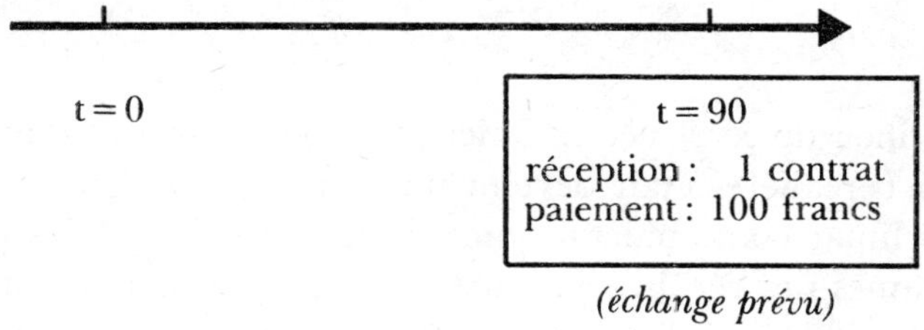

2 / En t = h l'opérateur vend un contrat pour l'échéance t = 90 et sait qu'il recevra 105 francs.

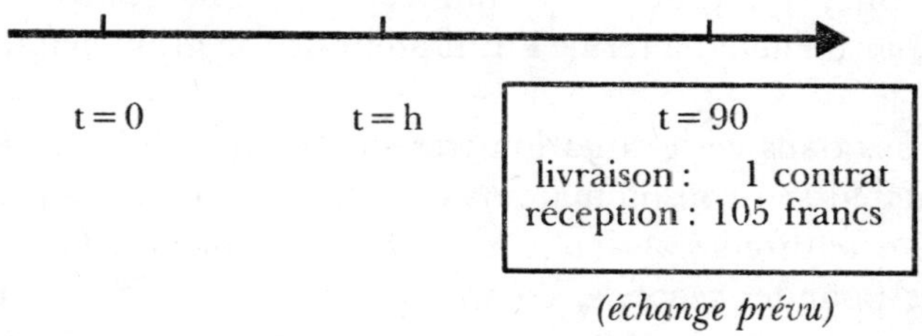

En t = h l'opérateur a soldé sa position à terme.

3 / A l'échéance, en t = 90 il recevra 1 contrat et livrera 1 contrat
Solde en « physique » : 0
En contrepartie il recevra 105 francs et paiera 100 francs.
Solde en francs : 5 francs
(reçu en t = 90 mais déterminé en t = h).

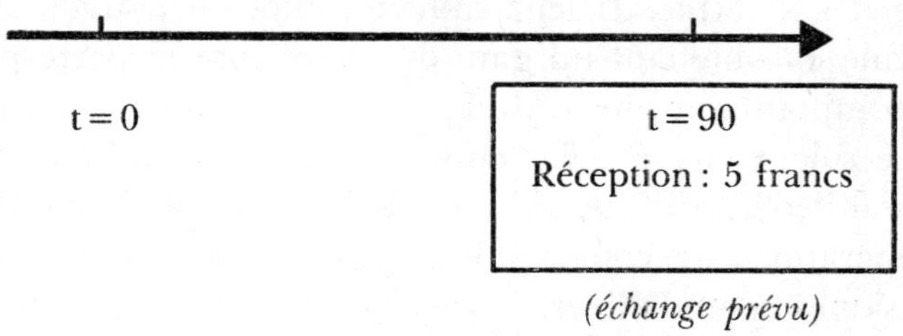

Fig. 1.1. — Principe d'une opération à terme

accepté de lui vendre un « contrat » pour 100 F, et qui constate que les prix ont augmenté, ne pas satisfaire à ses obligations est toujours présent. Nous l'appellerons « risque de non-exécution » et nous verrons que son élimination justifie certaines règles propres aux marchés à terme organisés.

2 | Motivations des opérations à terme

Vers le milieu du XIXe siècle, Chicago, placé au centre d'une vaste zone de production céréalière, était devenu un très important marché de grains. Les aléas du climat continuaient, comme au cours des siècles précédents, à rendre les volumes des récoltes extrêmement incertains. Il s'ensuivait que les prix des grains étaient à leur tour très volatils. Les incertitudes qui, par conséquent, pesaient sur les revenus tant des agriculteurs que des meuniers ne pouvaient être levées qu'au moyen de contrats à terme. En vendant à l'avance sa récolte, le fermier se prémunissait en effet contre une baisse des prix alors que par un achat à terme l'utilisateur de son grain évitait de s'exposer à une hausse.

Nous voyons dans cette situation très simple que, grâce à des opérations à terme, producteurs et consommateurs industriels de céréales peuvent couvrir leurs positions « naturelles » (longues pour les premiers, compensées par des ventes, courtes pour les seconds, compensées par des achats à terme). Alors qu'à défaut de ces opérations les uns et les autres courent des risques consécutifs aux fluctuations des prix, le marché à terme leur permet de faire disparaître ces risques. De façon générale et faute d'un vocable français adéquat, nous appellerons « *hedgers* » les opérateurs qui se servent d'un marché à terme pour couvrir *(to hedge)* leurs positions naturelles.

Constatons d'emblée que les hedgers, pour réussir leurs couvertures, ne doivent pas nécessairement livrer ou prendre livraison des produits qu'ils ont vendus ou achetés à terme. Il leur suffit en effet de pouvoir dénouer leurs positions à terme en obtenant un gain qui compense la perte provoquée sur le marché du comptant par une évolution défavorable des cours. Bien entendu, le fait qu'ils se soient couverts les empêche de tirer profit d'une éventuelle évolution favorable des prix. Les raisons pour lesquelles sur les divers marchés à terme les opérations de couverture se soldent en fait rarement par des livraisons physiques sont doubles. Elles tiennent d'une part aux différences qui peuvent exister entre les qualités des produits faisant l'objet de contrats à terme et celles de produits faisant l'objet des couvertures et d'autre part aux écarts de dates entre les échéances des contrats à terme et celles des opérations sur physique donnant lieu aux couvertures.

▶ *Exemple 1.* — Couverture d'une position longue : en avril, un agriculteur s'attend à ce qu'en septembre de la même année le prix du blé soit de $ 3,25 par boisseau; il vend du blé à terme pour l'échéance de septembre (supposée se produire à la fin de ce mois) à $ 3,29 par boisseau. Début septembre, lorsqu'il dispose de sa récolte, il constate que le prix du blé au comptant est de $ 3,21 par boisseau tandis que le prix du marché à terme à l'échéance de la fin du mois est de $ 3,25 par boisseau. Il perd donc sur le marché du comptant, par rapport à ses prévisions $ 3,25 - $ 3,21, soit $ 0,04 par boisseau ; sur le marché à terme il gagne $ 3,29 - $ 3,25, soit $ 0,04 par boisseau en rachetant les contrats précédemment vendus. Au total, gains et pertes se compensent et il réalise sa récolte conformément à ses prévisions. Dans ce cas, la couverture a été parfaite.

Mais des achats ou des ventes à terme peuvent également être engagés par des opérateurs qui initialement n'ont pas de position. Nous avons alors affaire à des *spéculateurs* qui prennent délibérément une position (ils assument donc délibérément un risque) dans l'espoir de réaliser un gain si les cours à terme, à l'échéance qu'ils envisagent, évoluent conformément à leurs prévisions. Bien entendu, si les cours varient dans le sens contraire, ils subissent une perte. Ainsi, les spéculateurs achètent à terme lorsqu'ils prévoient une hausse des prix et dénouent leur position par une vente qui produit un bénéfice si les cours montent effectivement; inversement, ils vendent à terme lorsqu'ils anticipent une baisse.

▶ *Exemple 2.* — Spéculation à la baisse : en janvier, le blé à échéance mars vaut $ 3,18 le boisseau ; le spéculateur qui pense que ce prix baissera vend des contrats mars. Si, le 25 février par exemple, le blé mars ne vaut plus que $ 3,15 par boisseau, le spéculateur rachète ses contrats et gagne $ 0,03 par boisseau.

Une troisième catégorie d'opérateurs sur les marchés à terme, comme sur d'autres marchés, est celle des *arbitragistes*. Leur action consiste à tirer parti, sans prendre de risque, des disparités de prix qui peuvent exister sur un même produit sur deux marchés différents. Elle conduit à l'élimination de ces disparités et assure la cohérence des marchés. Nous verrons plus loin, au cours du chapitre 5, comment peuvent s'effectuer spécifiquement les opérations d'arbitrage sur les marchés à terme d'instruments financiers.

En somme, la principale fonction des marchés à terme, quelle que soit la nature du produit sous-jacent, consiste à donner aux agents économiques un moyen de gérer le risque. Autrement dit, ces marchés offrent des contrats par lesquels le risque d'un changement de prix (ou de taux d'intérêt) est transféré à ceux qui veulent l'assumer ou qui subissent initialement un risque de sens contraire.

Les marchés à terme remplissent également une seconde fonction dont il ne faut pas négliger l'importance. Elle concerne la création et la diffusion des informations. Les prix du terme reflètent en effet les prévisions effectuées par les participants au marché (3). La publicité assurée au prix et aux cotations

(3) Remarquons que, depuis Keynes, certains auteurs pensent qu'en général, sur les marchés à terme de marchandises, les opérations de l'ensemble des hedgers ne se compensent pas et font apparaître un solde de positions longues. En contrepartie, l'ensemble des spéculateurs doit donc être incité,

fait largement apparaître ces prévisions dans le public. Ainsi tous ceux qui ont dans l'immédiat des décisions industrielles, commerciales ou financières à prendre peuvent agir en prenant en considération la structure des prix à terme, donc l'ensemble des informations que possèdent les spécialistes (sans nécessairement prendre des positions à terme).

3 | Problèmes des marchés à terme

Les opérateurs sur un marché à terme doivent faire face à divers problèmes propres à ce type de marché. Parmi ces derniers, les deux plus importants sont liés au risque de non-exécution et au risque de liquidité. Le premier, que nous avons évoqué plus haut, provient de ce que le contrepartiste d'un contrat peut ne pas honorer son engagement lorsque les cours évoluent en sa défaveur. La partie lésée dispose naturellement de moyens juridiques d'action, mais ces derniers impliquent toujours des coûts et une perte de temps qui laissent subsister des préjudices.

Le risque de liquidité provient de ce qu'un opérateur, voulant dénouer une position avant l'échéance du contrat correspondant, peut ne pas trouver rapidement de contrepartiste, ou en trouver un qui propose un prix anormalement élevé ou faible.

En pratique, un marché à terme ne peut se développer que si les risques de « non-exécution » et de « liquidité » sont, sinon totalement éliminés, du moins considérablement réduits. Les moyens pour parvenir à la réduction de ces risques peuvent revêtir différentes formes. On rencontre actuellement deux catégories de marchés à terme dans lesquelles les solutions adoptées diffèrent radicalement :

— les marchés de gré à gré ou « forward », qui sont inorganisés et sur lesquels les opérateurs travaillent en suivant des règles créées par l'habitude et dans la mesure où ils ont confiance en leurs paroles respectives. Le marché interbancaire des changes est un exemple d'un tel marché;

au moyen d'une *prime de risque*, à prendre une position globalement courte. Les prix qui se forment dans ces conditions diffèrent des prix anticipés du montant de cette prime de risque. Le problème posé par l'existence éventuelle de cette prime de risque reste controversé et nous ne l'aborderons pas ici.

— les marchés organisés ou « futures » qui sont soumis à des règles de fonctionnement imposées par une autorité centrale. Les marchés à terme d'instruments financiers, qui seront discutés dans le présent ouvrage, appartiennent en général à cette catégorie.

Le type d'organisation que l'on rencontre aujourd'hui sur les marchés futures est apparu au cours de la seconde moitié du XIXe siècle aux Etats-Unis sur le Chicago Board of Trade (CBT) et sur la Bourse concurrente, le Chicago Mercantile Exchange (CME). Il implique d'abord la standardisation des contrats afin de faciliter les transactions et d'augmenter la liquidité du marché par la « concentration » des opérations sur un nombre réduit de produits et d'échéances. C'est ainsi que les Bourses définissent en particulier les montants unitaires des contrats, la qualité des produits sous-jacents et les dates des échéances (en général un jour bien déterminé des mois de mars, juin, septembre et décembre).

Pour augmenter la sécurité des opérations, les organismes qui gèrent les marchés futures limitent l'accès de leurs bourses à un nombre restreint d'*adhérents*. Ce sont des opérateurs professionnels qui paient un droit d'entrée et possèdent des assises financières estimées suffisamment solides; ils négocient toujours, pour leur compte ou pour le compte de leurs clients « à la criée » ([4]) et de manière à ce que les prix auxquels ils parviennent soient publiquement connus. En outre, les organismes boursiers s'interposent dans tout contrat, une fois les conditions de celui-ci établies, pour devenir acheteur vis-à-vis du vendeur et vendeur vis-à-vis de l'acheteur. De cette façon, le risque de « non-exécution » se trouve éliminé pour les opérateurs qui ont pour contrepartie une Bourse dont l'intérêt est d'inspirer la confiance afin d'attirer une activité aussi importante que possible. Il reste que la Bourse elle-même doit s'assurer que tous les contrats dont elle est contrepartie seront bien exécutés; elle y parvient en mettant en œuvre une technique particulière, celle des *appels de marge*.

Avant d'analyser cette technique, résumons les caractéristiques que présentent les marchés futures par rapport aux marchés de gré à gré. Les premiers possèdent en principe une plus grande liquidité, une standardisation plus poussée, et un système de fixation des prix plus compétitif. Ces avantages résultent des règles imposées par les Bourses; ils entraînent en contrepartie une certaine rigidité d'utilisation. Inversement, les marchés forward apportent à leurs opérateurs une plus grande flexibilité, au prix parfois d'un risque supérieur ou d'une moindre liquidité (voir la figure 1.2 pour une comparaison des deux types de marché).

([4]) La cotation en continu sur ordinateur est techniquement possible mais n'a totalement remplacé la cotation à la criée que sur certaines Bourses mineures (FMA, par exemple).

	Marchés de gré à gré (forward)	Marchés organisés (future)
Support	négocié	standardisé
Échéance	négociée	standardisée
Quantités	négociées	standardisées
Prix	négociés	résultent de la confrontation de l'offre et de la demande
Marges	absentes	ajustées quotidiennement
Sécurité		supérieure
Liquidité		supérieure

Fig. 1.2. — Comparaison des marchés forward et futures

4 | La technique des appels de marge

Cette technique se résume pour l'essentiel à trois règles de fonctionnement imposées au marché et à ses intervenants. La première de ces règles consiste à limiter les variations quotidiennes des cours. La seconde oblige chaque opérateur à laisser un dépôt de garantie *(deposit)* chez son intermédiaire financier, ce dépôt représentant une valeur supérieure à la perte maximale que pourrait entraîner la variation journalière permise. Enfin, la troisième revient à exiger de chaque intervenant qu'il ajuste sa position régulièrement, avant l'ouverture du marché, au cours de clôture de la veille.

Appelons L la variation maximale du cours d'un contrat quelconque permise pendant une journée et $P(t)$ le cours de clôture de ce contrat le jour t. Un opérateur qui a, par exemple, vendu un contrat ce jour-là au cours $P'(t)$ doit le lendemain, c'est-à-dire en $t + 1$, avant l'ouverture du marché, apporter une marge $P(t) - P'(t)$ si $P'(t) < P(t)$ correspondant à la perte subie (remarquons que $P(t) - P'(t)$ est nécessairement inférieur à L). Bien entendu, un opérateur qui a, dans les mêmes conditions, acheté un contrat au cours $P'(t)$ reçoit une restitution de marge de $P(t) - P'(t)$. Une fois ces ajustements de marge effectués, vendeurs et acheteurs se trouvent tous en position courte ou longue au même cours $P(t)$ (5). Le lendemain, soit en $t + 2$, avant l'ouverture du marché, un nouvel ajustement de marges a lieu par rapport au cours de clôture $P(t + 1)$, et ainsi de suite jusqu'à l'échéance des contrats ou jusqu'à la liquidation des positions (6).

Il est, bien entendu, de l'intérêt de l'opérateur qui se voit obligé d'effectuer un apport de marge de s'exécuter, car cet apport est nécessairement inférieur au dépôt initial laissé en garantie. Faute de le faire sa position serait liquidée, la perte encourue étant prélevée sur le dépôt de garantie. Nous constatons donc que, chaque jour, les opérateurs qui sont perdants la veille ajustent leur position au dernier cours de clôture ou la liquident (à moins qu'on la leur liquide d'office) ; dans ces conditions aucun risque de non-exécution ne peut par conséquent exister !

Signalons enfin que, du fait de la technique des appels et restitutions de marge, les cours des contrats « forward » et « futures » portant sur le même sous-jacent et de même date d'échéance seront en général *différents*. Cependant, si les taux d'intérêt sont constants et les coûts de transaction nuls, on peut montrer (cf. l'Annexe en fin de ce chapitre) que ces cours sont *égaux*. En pratique, cette hypothèse sera parfois utilisée pour obtenir des formules mathématiques simples.

(5) En cas de baisse des cours, ce sont les acheteurs qui apportent les marges et les vendeurs qui les reçoivent.

(6) Dans le chapitre suivant, nous examinerons en détail un exemple d'ajustement de marges sur le Matif de Paris.

5 | Le développement des futures financiers

Jusqu'au début des années 70, il était tout à fait exceptionnel que le taux d'intérêt sur l'une quelconque des grandes monnaies du monde subisse une variation supérieure à 1 % au cours d'une année. Cette remarquable stabilité a pris fin à la suite des politiques monétaires expansionnistes menées aux Etats-Unis et ailleurs, de l'abandon du système des parités fixes et du choc énergétique de 1973. Or, les résultats financiers tant des institutions de crédit que des entreprises industrielles et commerciales dépendent dans une large mesure du niveau des taux d'intérêt. Un risque d'un type nouveau est donc apparu par suite de l'accroissement de la volatilité des taux. Ce « risque de taux d'intérêt » appelait, tout naturellement, la création de méthodes de couverture.

Riche de son expérience concernant les contrats à terme sur marchandises, le Chicago Board of Trade décida d'appliquer sa technologie aux instruments financiers. En 1972, il constitua une équipe de chercheurs qui travailla pendant trois ans, dépensa 250 000 $ et finit par mettre au point un produit. Il s'agissait d'un contrat à terme sur une obligation hypothécaire (d'un type dit GNMA) qui après avoir reçu l'approbation de l'organisme de tutelle, la CFTC ([7]), fut proposé au public en 1975 (ce produit est toujours négocié). Peu de temps après, le même Chicago Board of Trade proposa des contrats à terme sur Treasury-bonds (obligations d'Etat, en 1977) puis des contrats sur Treasury-notes, sur obligations municipales et sur taux d'intérêt à 30 jours. De son côté, l'institution rivale, le Chicago Mercantile Exchange ([8]), offrait des contrats sur divers instruments à court terme tels que bons du Trésor (Treasury-bills, ou T-bills, en 1976) ou certificats de dépôts (CDs) à 90 jours. Celui sur dépôts d'eurodollars à 90 jours, avec un volume de plus de 21 millions de contrats en 1988, devait connaître un fort développement, loin cependant de l'activité des futures sur Treasury-bonds (plus de 70 millions de contrats en 1988).

S'agissant de la conception des contrats à terme sur instruments financiers, la principale difficulté réside dans la définition précise de l'actif sous-jacent ([9]).

([7]) Commodity Futures Trading Commission, une agence indépendante du gouvernement américain, dont le rôle est de réglementer l'ensemble des marchés à terme.

([8]) Plus exactement, sa filiale l'International Monetary Market (IMM).

([9]) Les organisateurs d'un marché à terme doivent également spécifier le montant des contrats, la méthode de cotation, l'échelon de cotation, la variation maximale quotidienne permise des cours et la valeur du dépôt de garantie.

Dans le cas des obligations d'Etat, par exemple, plusieurs solutions sont, *a priori*, possibles. On peut accepter que chaque titre existant ait son contrat à terme, mais l'activité totale serait diluée sur un grand nombre de petits marchés au détriment de la liquidité de chacun d'eux. On peut proposer des contrats à terme sur un seul des titres en circulation mais le produit sous-jacent se transformerait au cours du temps (car sa durée de vie diminuerait); en outre, le stock des titres livrables étant limité, des problèmes de livraison (liés à d'éventuelles manipulations) ne manqueraient pas d'apparaître. Si aucune des solutions mettant en œuvre des obligations présentes sur le marché ne peut être retenue, il faut se résoudre à négocier une obligation « théorique » (dite obligation *notionnelle*) sans existence physique mais de caractéristiques clairement définies.

Une telle solution a été appliquée sur les Bourses américaines et plus récemment sur le Matif de Paris. Elle fait l'objet de deux variantes concernant le choix des actifs livrés. Puisque dans ce cas le produit sous-jacent au contrat n'existe pas et ne peut par conséquent être livré, la décision peut être prise de ne pas permettre les livraisons; dans ces conditions, à l'issue de la dernière cotation a lieu un dernier ajustement de marges. On dit alors qu'il y a *règlement en espèces (cash settlement)*. Il est également possible de laisser les vendeurs livrer à la place de l'obligation notionnelle des obligations réelles; dans ce cas, il est nécessaire de définir les obligations « livrables » (qui constituent le *gisement*) et la formule permettant le calcul de la valeur du titre livré connaissant ses caractéristiques et le dernier cours de l'obligation notionnelle. On verra que c'est cette deuxième solution qui a été retenue pour le contrat sur obligation notionnelle franc ou ECU et sur le contrat BTAN du Matif; en revanche, les contrats sur le Pibor à 3 mois sont soldés par des règlements en espèces.

A la suite de la nouvelle politique monétaire américaine inaugurée vers la fin de l'année 1979, le dollar a connu une période d'extrême instabilité des taux d'intérêt. Cette instabilité n'a pas manqué de se propager aux autres grandes monnaies. De ce fait, les risques de taux d'intérêt (comme d'ailleurs les risques de taux de change) ont été l'objet d'une attention particulière de la part des responsables des banques et des entreprises. Les marchés à terme d'instruments financiers, qui permettent de gérer ces risques, ont connu au début des années 80 une expansion considérable. Non seulement les volumes d'activité ont crû fortement sur les marchés existants, mais de nouvelles bourses se sont créées et de nouveaux produits sont apparus.

Rappelons ici qu'aux Etats-Unis les Bourses sont des firmes commerciales. Des entrepreneurs cherchent donc en permanence à proposer des contrats à terme originaux, voire à organiser des Bourses nouvelles. Si leurs innovations sont l'objet d'un volume d'activité suffisant, ils sont récompensés par des profits; si, au contraire, sur un contrat donné, l'activité reste faible ils sont forcés de le retirer (comme cela s'est produit pour un contrat sur papier commercial qui souffrait du fait que les actifs livrables étaient de qualité trop inégale). Devant le grand succès des Bourses de Chicago, le New York Exchange décida à son tour, en 1979, d'ouvrir un marché (le New York Futures Exchange) consacré aux contrats à terme et aux options ([10]) sur instruments financiers. Le Kansas City Board of Trade fit de même en 1982. Ces bourses, ainsi que le Chicago Mercantile Exchange, connurent surtout un énorme succès en proposant des futures sur indices composites d'actions (indices Value Line, Standard & Poor 500 et 100 ou NYSE). En matière d'instruments sur taux d'intérêt, l'une des innovations les plus intéressantes est l'œuvre du CME. Cette bourse propose depuis la mi-1989 des futures sur les différences entre le taux de l'eurodollar à 90 jours et ceux de dépôts de même durée en livre sterling, yen ou deutschemark.

Aux Etats-Unis, le développement des contrats à terme sur instruments financiers fut spectaculaire ([11]). Aussi, des Bourses situées dans d'autres pays proposèrent-elles à leur tour des produits du même type. C'est ainsi que fut institué en 1982 le London International Financial Futures Exchange (LIFFE) qui propose des futures sur obligations (gilts à différentes échéances) des Trésors britannique, américain, japonais et allemand *(bunds)* de même que sur bons du Trésor britannique et sur dépôts à 90 jours en eurodollars ou eurodeutschemarks. Le Sidney Futures Exchange (SFE), sur lequel sont traités des futures et des options sur obligations et bons du Trésor australien de même que sur l'indice des actions australiennes, possède un accord avec le LIFFE, permettant la négociation et l'interchangeabilité sur les deux places de contrats à terme sur T-bonds américains et sur dépôts d'eurodollars. Comme le même type d'arrangement existe également entre le Chicago Mercantile Exchange et le Simex de Singapour, des futures sur instruments courts et sur instruments longs libellés en dollars US peuvent donc être négociés à tout moment du jour et de la nuit. Mentionnons également que, depuis la fin de l'année 1985, le Tokyo Stock Exchange (TSE) propose des contrats à terme sur des obligations notionnelles à 10 et à 20 ans du Trésor japonais (donc libellées en yens). Plus récemment, des contrats futures sur instruments à taux d'intérêt ont été proposés par les bourses de pays aussi divers que le Brésil, les Pays-Bas ou la Nouvelle-Zélande.

([10]) Les options, c'est-à-dire les contrats conditionnels permettant à l'acheteur de l'option (mais ne l'obligeant pas) d'acheter *(calls)* ou de vendre *(puts)* l'actif sous-jacent à une date donnée (ou avant cette date) et à un prix établi à l'avance, ne sont pas traitées dans le présent ouvrage.

([11]) Sur le Chicago Board of Trade, par exemple, dès 1984 furent traités davantage de « futures » sur instruments financiers que sur « commodities » (produits agricoles et métaux). En 1985, les volumes négociés pour ces deux catégories furent respectivement d'environ 47 millions et 23 millions de contrats.

Précisons enfin que, depuis le 20 février 1986, le Marché à terme d'instruments financiers de Paris devenu Marché à terme international de France propose des futures sur obligations du gouvernement français. L'organisation et le fonctionnement de ce marché ainsi que la description des autres contrats à terme introduits ultérieurement par le Matif font l'objet du chapitre suivant.

Devant la mondialisation des marchés financiers, le CME et la firme Reuters ont pris l'initiative de mettre en place Globex, un système électronique de transactions sur futures et options capable de fonctionner 24 heures sur 24. Plusieurs bourses, dont le Matif, se sont associées à ce projet. Son intérêt est que, sans se substituer aux cotations à la criée, il permet à des opérateurs du monde entier d'effectuer des transactions après la fermeture des différentes bourses participant au système.

6 | Rôle des marchés à terme dans l'économie

En France comme à l'étranger, les volumes de transactions constatés sur les marchés à terme d'instruments financiers sont la preuve d'un incontestable succès remporté auprès des entreprises et des institutions financières. Cependant, il n'est pas *a priori* évident que l'utilité micro-économique de ces marchés se confonde avec leur utilité sociale. Aussi convient-il de s'interroger sur le rôle qui doit être le leur dans une économie ainsi que sur les critères de leur bon fonctionnement.

6.1. *L'allocation du risque dans une économie*

Est-il besoin de rappeler que l'incertitude concernant l'avenir est inhérente à toute activité de production et d'échange ? L'entrepreneur qui veut mettre en œuvre un nouveau procédé de fabrication ignore si celui-ci fonctionnera selon ses plans, si la demande sera conforme à ses prévisions ou encore si, ultérieurement, les banquiers lui apporteront les concours qu'il attend d'eux.

Le plus souvent, le niveau de risque ([12]) associé à un projet industriel, est beaucoup trop élevé pour qu'il puisse être assumé par une seule personne (en admettant que celle-ci possède les moyens d'en assurer le financement). La probabilité de perdre sa mise, voire toute sa fortune, dissuaderait, dans la plupart des cas, l'entrepreneur de mener à bien ses projets.

Une société dans laquelle les investissements sont rares est, bien entendu, une société qui stagne, une société sans croissance. Il est donc de l'intérêt général que, dans une économie, les risques puissent être dissociés des projets qui leur donnent naissance. L'ingéniosité humaine a, dans le passé, trouvé bien des moyens pour réaliser cette dissociation. Rappelons, par exemple, que le statut juridique des sociétés anonymes permet, à la fois, le partage des risques entre les actionnaires, leur limitation à hauteur des apports en capital ([13]) et leur diversification (par constitution de portefeuilles d'actions et d'actifs divers). Plus généralement, il convient de constater que, dans une société prospère, les agents économiques doivent disposer de procédures et d'instruments de partage et de diversification des risques, et ceci quelle que soit la nature de ces derniers.

Les différents marchés à terme ont précisément pour fonction la réallocation des risques dans leurs domaines respectifs. Pour les produits agricoles, historiquement les premiers à avoir bénéficié de ces types de marchés, nous l'avons vu, il s'agit essentiellement des risques associés aux aléas du climat. Dans le cas des produits financiers, ce sont les variabilités des taux d'intérêt, des cours des actions et du change qui sont en jeu. Comme le résultat de toute opération future de prêt ou d'emprunt, de toute gestion d'actif ou de passif est tributaire de ces variabilités, il est dans l'intérêt général que les agents économiques disposent de marchés à terme d'instruments financiers.

6.2. *Les effets de la spéculation*

L'une des critiques adressées le plus souvent aux marchés à terme est de favoriser la spéculation (jugée *a priori* nocive) et de participer à ce que la presse appelle parfois la « société casino ». Même en admettant, en principe,

([12]) Dans la suite de ce texte, nous ne ferons aucune distinction entre les notions de risque (supposé, depuis les travaux de Frank Knight, pouvoir être quantifié subjectivement) et d'incertitude. L'une comme l'autre traduiront simplement l'absence de certitude associée à tous les événements futurs.

([13]) La limitation de la responsabilité des actionnaires à leur apport en capital revient en fait à transférer une partie des risques sur le créancier de l'entreprise.

l'utilité sociale des marchés à terme, il reste donc à se prononcer sur le caractère malfaisant ou, au contraire, bénéfique de la spéculation.

Rappelons la définition de cette activité donnée dans la section 2. Il s'agit de l'intervention sur un marché d'agents économiques qui prennent délibérément des positions, donc des risques, en espérant une évolution favorable des cours. Il est clair que la spéculation exerce des effets principalement dans deux domaines : celui de la liquidité et celui de la formation des prix.

En ce qui concerne le premier de ces critères, il paraît incontestable que plus le volume des interventions est important, et cela quelles que soient les motivations des opérateurs, plus la liquidité du marché est grande. A cet égard, la spéculation est donc incontestablement une activité non seulement souhaitable mais indispensable. En l'absence de spéculateurs, les activités de couverture seraient rendues plus difficiles et coûteuses par l'absence de liquidité de nombreux marchés ([14]).

Son effet sur la formation des prix est, en revanche et depuis fort longtemps, sujet à controverses. La question qui se pose est de savoir si la spéculation a un rôle stabilisant ou, au contraire, déstabilisant. Avocat de la première de ces propositions, Milton Friedman ([15]) a montré que les spéculateurs ne gagnent de l'argent que s'ils achètent lorsque les prix sont bas (et alors ils les font monter, donc les stabilisent) pour vendre lorsque les prix sont élevés (et alors ils les font baisser et les stabilisent encore). Bien entendu, des spéculateurs peuvent se tromper et agir à contretemps; mais ils ne peuvent le faire systématiquement car ils seraient alors rapidement ruinés et éliminés du marché. Seuls survivraient les spéculateurs avisés, dont les interventions seraient stabilisantes.

En opposition au point de vue ainsi résumé, Nicholas Kaldor ([16]) a supposé que sur les marchés coexistent deux catégories de spéculateurs qui pourraient être qualifiés de professionnels et d'amateurs. Les premiers, en petit nombre, agiraient bien de façon stabilisante, mais les seconds (qualifiés de *noise traders* dans la littérature moderne), bien plus nombreux et mal informés, interviendraient avec retard en achetant lorsque les prix sont déjà élevés et en vendant lorsqu'ils sont déjà bas. En agissant de cette manière déstabilisante, ils ne seraient éliminés des marchés que pour être remplacés par d'autres amateurs. Un tel modèle pourrait paraître séduisant s'il n'accordait une place démesurée au rôle des amateurs, rôle que ceux-ci ne peuvent pas tenir sur des marchés réservés aux professionnels.

([14]) Nous verrons au cours du chapitre suivant qu'une catégorie particulière de purs spéculateurs existe sur le Matif. Ce sont les « négociateurs individuels de parquet » dont le rôle est précisément d'apporter de la liquidité au marché.

([15]) Milton Friedman, The Case for Flexible Exchange Rates, *Essays in Positive Economics*, The University of Chicago Press, 1953.

([16]) Nicholas Kaldor, Speculation and Economic Stability, *Review of Economic Studies*, 1939-1940.

Depuis les travaux de Nicholas Kaldor, de nombreux économistes se sont efforcés de déterminer les conditions dans lesquelles la spéculation pourrait être déstabilisante. Tous les modèles ainsi mis en œuvre ne paraissent posséder aucun fondement empirique et ne pourraient, au mieux, que représenter des circonstances exceptionnelles. Il pourrait ne pas en être de même d'une classe de modèles apparus récemment dans la littérature et qui supposent que les intervenants sur un marché peuvent être conduits à tenir compte dans leurs décisions de variables qui en réalité n'ont aucune pertinence économique. De tels modèles décriraient des « bulles spéculatives » susceptibles de se produire épisodiquement.

6.3. *Les conditions du bon fonctionnement des marchés*

Une fois admise l'utilité des marchés à terme d'instruments financiers et de la spéculation, il convient de s'interroger sur les conditions qui permettent aux intervenants potentiels de réaliser leurs opérations au moindre coût et en prenant des risques minimaux. Quatre critères doivent être pris en considération :

— *Les coûts de transaction* qui se décomposent en coûts explicites de l'intermédiation payés sous forme de commissions ou d'écarts entre cours acheteurs et vendeurs, et coûts de recherche se mesurant par le temps passé à réunir les informations sur les prix nécessaires pour décider d'une opération ou à trouver une contrepartie sur le marché.

— *La liquidité* déjà mentionnée et dont il faut également distinguer deux aspects. Le premier est constitué par le degré de certitude de pouvoir opérer aux prix affichés par le marché ([17]) ou, ce qui revient au même, par le volume maximal d'une transaction qui ne perturbe pas ces prix. Le second de ces aspects est lié à la facilité (rapidité) avec laquelle un opérateur peut dénouer une position prise antérieurement.

— *La sécurité* également déjà rencontrée, qui assure chaque intervenant sur un marché qu'à l'échéance d'une opération la contrepartie avec laquelle il a engagé celle-ci s'exécutera conformément aux engagements pris. En l'absence de cette sécurité, il apparaît un risque dit de « contrepartie » (qu'il convient de distinguer du risque traditionnel de « signature »).

([17]) Bien entendu, la liquidité d'un marché n'est jamais parfaite et il existe toujours des limites aux quantités offertes ou achetées à partir desquelles les transactions ne peuvent pas s'effectuer aux prix proposés pour des transactions de plus faible volume.

— *L'efficience des prix* traduisant la rapidité avec laquelle une cotation incorpore toutes les informations disponibles. La notion d'efficience a été abondamment développée dans la littérature financière. Elle traduit l'idée selon laquelle, à un instant donné, un prix apparaissant sur un marché efficient devrait refléter toutes les informations pertinentes à sa formation ([18]). Il s'ensuit, en particulier, qu'il est impossible d'utiliser les prix passés pour prévoir l'évolution des prix futurs. Il s'ensuit également que les prix sur un marché n'obéissent pas à des tendances, idée pourtant chère à de nombreux professionnels, mais varient à tout moment de façon parfaitement aléatoire et indépendante de tous les événements passés.

Il est évident que la satisfaction des critères de faible coût de transactions, de liquidité, de sécurité et d'efficience des prix dépend des modes de fonctionnement particulières qu'adoptent les différents marchés. Ceux-ci sont nécessairement organisés selon des règles établies soit par des autorités de tutelle soit par leurs autorités propres. Ces règles ont trait, en particulier, à la négociation et à la cotation, au rôle des intermédiaires, à celui de la Chambre de Compensation, à l'admission des adhérents, à la police du parquet, au calcul des marges et des deposits, etc. Alors que l'expérience accumulée dans le passé, en particulier sur les places américaines, montre sans conteste l'utilité de certaines formes d'organisation (interposition des Chambres de Compensation entre acheteurs et vendeurs, ajustement des positions aux derniers cours de la veille, par exemple), l'optimalité d'autres de ces formes n'est pas encore définitivement trouvée ([19]). Les problèmes qui se posent aux autorités des marchés dans leur recherche d'une bonne réglementation sont d'autant plus ardus que les décisions visant à l'optimisation des quatre critères énumérés plus haut ont souvent un caractère contradictoire (c'est ainsi que la sécurité s'obtient en sacrifiant, en partie, la liquidité).

En conclusion, nous pouvons dire qu'un marché possède les qualités requises pour servir l'intérêt général — l'allocation du risque dans la société — si les agents économiques peuvent y intervenir facilement, c'est-à-dire en encourant de faibles coûts et en bénéficiant d'une forte liquidité et d'une grande sécurité. Par ailleurs, les prix doivent s'y former dans des conditions concurrentielles et refléter à tout moment les anticipations des opérateurs. Dans un environnement économique stable, ces anticipations doivent engendrer des prix et des volatilités également stables.

([18]) Sur cette question, voir en particulier les travaux d'Eugene F. Fama, et en particulier son ouvrage *Foundations of Finance*, Basic Books, 1976.

([19]) Une attention particulière doit être accordée au choix, sur un marché, du système de confrontation des ordres. Dans quels cas faut-il préférer un système de confrontation discontinue ? ou un système de négociation continue à la criée ? ou un système avec teneurs de marché ? ou encore un système avec des spécialistes ?

ANNEXE DU CHAPITRE 1

Relation entre cours future et cours forward

Un contrat à terme de type « forward » se distingue d'un contrat à terme de type « future » par l'absence des ajustements quotidiens de marge. En général, les cours des contrats « forward » et « futures » portant sur le même sous-jacent et possédant la même échéance devraient être différents. Cependant, il existe des circonstances particulières dans lesquelles ces cours sont théoriquement identiques ([20]).

Supposons en effet que les taux d'intérêt soient constants ([21]) (donc connus à l'avance) et qu'il n'y ait pas de coûts de transaction. Appelons :

F_t : le cours à la fin du jour t d'un contrat future d'échéance T;
G_t : le cours à la fin du jour t d'un contrat forward de même échéance T;
r : le taux d'intérêt (constant) auquel il est possible de prêter et d'emprunter au jour le jour.

Imaginons que la stratégie suivante soit mise en œuvre :

— à la fin de la première journée, que nous appellerons jour 0, acheter $(1 + r)$ contrats futures;
— acheter encore des contrats de sorte que la position totale soit égale à $(1 + r)^2$ contrats à la fin de la seconde journée (jour 1);
— faire passer cette position longue à $(1 + r)^3$ contrats à la fin du jour suivant (jour 2), et ainsi de suite.

Au commencement du jour t, nous avons donc une position longue de $(1 + r)$ contrats futures. Le profit (ou la perte) généré par la position du jour t est :

$$(F_t - F_{t-1})\,(1 + r)^t.$$

Cette somme placée (ou empruntée si elle est négative) au taux r jusqu'à l'échéance T du contrat produira la somme :

$$(F_t - F_{t-1})\,(1 + r)^t\,(1 + r)^{T-t} = (F_t - F_{t-1})\,(1 + r)^T.$$

La valeur, au commencement du jour T, de l'ensemble des opérations effectuées sera par conséquent :

$$\sum_{t=1}^{T} (F_t - F_{t-1})\,(1 + r)^T = (1 + r)^T \sum_{t=1}^{T} (F_t - F_{t-1}) = (1 + r)^T\,(F_T - F_0).$$

([20]) La démonstration qui suit a été proposée en temps continu par J. C. Cox, J. E. Ingersoll et S. A. Ross, The relationship between forward prices and future prices, *Journal of Financial Economics*, vol. 9, décembre 1981.

([21]) Il suffit en réalité qu'ils soient déterministes. La démonstration qui suit ne serait pas sensiblement affectée par cette généralisation.

Or, à l'échéance du contrat future, son cours F_T devient identique à celui du sous-jacent, soit S_T. La valeur finale produite par la stratégie envisagée est donc :

$$(S_T - F_0)\,(1 + r)^T.$$

Par ailleurs, il est également possible de vendre, en $t = 0$, un contrat forward. En $t = T$, le débouclage de cette position aura produit un gain (ou une perte) de :

$$(G_0 - G_T) = (G_0 - S_T).$$

Supposons maintenant que nous combinions la stratégie sur les contrats futures exposée plus haut avec la vente de $(1 + r)^T$ contrats forward. Le gain (ou perte) global sera :

$$(S_T - F_0)\,(1 + r)^T + (G_0 - S_T)\,(1 + r)^T = (G_0 - F_0)\,(1 + r)^T.$$

Comme dans une telle opération il n'y a avant la date $t = T$ aucun mouvement de trésorerie, ni aucun risque, pour des raisons évidentes d'arbitrage ce gain (ou perte) doit être nul, ce qui implique l'égalité :

$$G_0 = F_0.$$

Autrement dit, *à condition que le taux d'intérêt soit constant et qu'il n'y ait pas de coûts de transaction, les cours des contrats future et forward sont égaux.*

Dans une situation plus réaliste où les taux d'intérêt à court terme sont aléatoires, il est possible de montrer que la différence $G_0 - F_0$ dépend de la corrélation qui existe entre le taux d'intérêt à court terme et le cours des futures (en supposant des taux à court terme constants ou déterministes, on fait l'hypothèse d'une corrélation nulle). Des études empiriques ont montré qu'en pratique les écarts entre cours forward et cours future sur différents marchés sont très faibles et inférieurs, en tout état de cause, aux écarts constatés sur un marché donné entre cours acheteurs et cours vendeurs. L'assimilation des contrats futures à des contrats forward dans certaines modélisations mathématiques ne porte donc pas à conséquence, malgré la variabilité constatée des taux d'intérêt à court terme.

2 Le Matif de Paris : organisation et contrats

Institué par la loi du 11 juillet 1985 et le décret d'application du 9 octobre 1985, le Matif s'est ouvert à Paris le 20 février 1986. Initialement Marché à Terme d'Instruments financiers, il a été rebaptisé en janvier 1988 Marché à Terme international de France lors de la refonte de l'organisation de l'ensemble des marchés à terme (loi du 31 décembre 1987). Ce chapitre se propose de décrire ses acteurs et son fonctionnement (section 1), les caractéristiques des contrats à terme qui y sont négociés (section 2) et le parcours typique d'un ordre émanant de la clientèle (section 3). Il est complété par quelques statistiques permettant d'apprécier l'activité du Matif par rapport à celle des principaux marchés étrangers (section 4).

1 | Les institutions

Le marché à terme d'instruments financiers est organisé auprès de la Bourse des Valeurs de Paris sous le contrôle de la Commission des Opérations de Bourse (COB). Alors que sur les principales places étrangères des organismes uniques réglementent le marché, gèrent son fonctionnement et font office de chambre de compensation, à Paris plusieurs institutions remplissent ces différents rôles. Nous décrirons brièvement les intervenants sur le marché, à savoir la Chambre de Compensation, le Conseil des Marchés à Terme, les négociateurs du parquet (membres adhérents, adhérents mainteneurs de marché et négociateurs indépendants) et les clients finals.

1.1. *La Chambre de Compensation des Instruments financiers de Paris (CCIFP puis Matif SA)*

La CCIFP avait pour principal objet de tenir des comptes ouverts au nom des personnes admises à la négociation et agréées par elle (les adhérents — voir ci-dessous), d'enregistrer leurs opérations après en avoir vérifié la régularité, de garantir la bonne fin de ces opérations, d'assurer la surveillance de leurs positions, de débiter ou créditer les marges et d'effectuer, le cas échéant, la liquidation d'office des positions.

Il s'agissait d'un organisme juridiquement indépendant sous la forme d'une société anonyme au capital de 60 millions de francs, doté du statut d'établissement de crédit. En dehors de son président, le conseil d'administration de la CCIFP comptait parmi ses membres 4 représentants des agents de change, 3 représentants des compagnies d'assurances, 4 représentants des banques, 1 commissaire du gouvernement et 1 censeur représentant la Banque de France.

En février 1988, la CCIFP a été transformée en Matif SA. Cette nouvelle institution, dont la composition du conseil d'administration n'a pas changé, mais dotée de pouvoirs élargis, n'est pas une simple Chambre de Compensation mais est également un établissement financier et une banque. Son capital à fin 1989 est de l'ordre de 200 millions de francs, à porter à 550 millions d'ici au début de 1993, date de la grande ouverture européenne.

Matif SA a par ailleurs, en novembre 1989, absorbé en totalité la Chambre de Compensation des marchés à terme de marchandises, la Banque centrale de Compensation, dans le cadre des réformes mentionnées plus haut.

1.2. *Le Conseil des Marchés à Terme (CMT)*

Il s'agit d'un organe collégial représentatif de la place. Son rôle consiste, en particulier, à définir les types de contrats négociables sur le Matif et d'en prononcer l'admission ou la radiation. Il est également chargé de prendre toutes décisions de nature à assurer le bon fonctionnement du marché et d'en établir le règlement général. Enfin, il conseille la Chambre de Compensation, Matif SA.

La composition du CMT reflète les intérêts des principales professions appelées à avoir une activité sur le marché à terme. Ses 17 membres sont les suivants : 4 sociétés de Bourse, 4 personnalités exerçant des fonctions de responsabilité dans les établissements de crédit, 2 personnalités exerçant des fonctions de direction dans des compagnies d'assurances, 1 courtier de banque, 1 personnalité exerçant des fonctions de direction à la Caisse des Dépôts et Consignations, 1 représentant des entreprises industrielles et commerciales, 1 personnalité cooptée et 3 commissionnaires agréés des marchés à terme de marchandises.

1.3. *Les négociateurs du parquet*

En ce qui concerne les opérateurs proprement dits, par dispositions réglementaires, seuls les représentants des catégories professionnelles suivantes peuvent être admis comme négociateurs sur le parquet du Matif :

— sociétés de Bourse (ex-agents de change);
— établissements de crédit;
— agents des marchés interbancaires;
— gestionnaires de valeurs mobilières.

Parmi ces opérateurs, il convient de distinguer les adhérents à la Compensation (§ 1.3.1), les adhérents qui sont de plus mainteneurs de marché (§ 1.3.2) et les négociateurs indépendants du parquet qui ne sont pas adhérents à la Compensation (§ 1.3.3).

1.3.1. *Les adhérents*

Depuis la réforme du 31 décembre 1987, il existe deux grandes catégories de membres adhérents auxquelles est venue s'ajouter, le 6 février 1989, une troisième, plus modeste.

Les représentants des deux premières sont les compensateurs-négociateurs qui sont « ducroire » (c'est-à-dire juridiquement et financièrement responsables) de leurs positions propres et de celles de leurs clients, ce qui implique des fonds propres affectés à cette activité relativement importants.

Les ACI (adhérents compensateurs individuels) ont le droit de compenser leurs propres comptes et ceux de leurs clients. Leur capital affecté doit être de 200 millions de francs minimum.

Les ACG (adhérents compensateurs généraux) compensent en outre les autres adhérents et sont tenus d'apporter en capital 750 millions de francs minimum.

Pour être complet, on peut mentionner que le capital effectivement libéré de l'ACI ou de l'ACG peut être divisé par 2 si l'adhérent apporte une garantie bancaire égale au moins au cinquième de la moitié de capital manquante.

La troisième catégorie, plus modeste, est composée des NEC (négociateurs-courtiers) qui ne sont pas réellement compensateurs, c'est-à-dire qu'ils ne peuvent procéder à la compensation des contrats entre leurs clients, mais négocient sur le parquet pour le compte de ces derniers. Le capital requis est donc ici beaucoup plus faible et n'atteint que 7,5 millions de francs minimum.

L'admission comme adhérent est subordonnée, outre ces montants minimaux de fonds propres, au versement à Matif SA (ou à l'engagement de verser) d'une contribution aux frais techniques d'établissement de Matif SA, une souscription au capital de Matif SA sous forme de certificats d'investissement et un dépôt de garantie permanent. En novembre 1989, l'ensemble de ces sommes se montait à environ 1 million de francs par adhérent.

A la même date, les cent places (le maximum souhaité par les autorités de marché) disponibles étaient toutes vendues aux adhérents (72 établissements français et 28 établissements étrangers ou de maison mère étrangère, parmi lesquels on compte 74 ACI, 14 ACG et 12 NEC).

Il est difficile d'évaluer avec précision la valeur d'un siège d'adhérent compensateur sur le Matif en l'absence d'un cours coté (comme c'est le cas de nombreux marchés nord-américains). A titre indicatif, un postulant adhérent devant nécessairement racheter un siège existant, puisque le Matif n'en ouvre plus de nouveau, le paierait à fin 1989 entre 2 et 4,5 millions de francs (source non officielle).

Ce sont les membres adhérents qui *seuls* négocient le prix des contrats, soit pour leur propre compte, soit pour le compte de leur clientèle. La cotation en séance — sauf pour les obligations d'Etat à moyen terme dites BTAN (bons à taux annuel normalisé) qui sont en fait organisées par la société privée FMA, selon une procédure informatisée, cf. *infra* — se fait *à la criée physique* et sans interruption sur une plage horaire s'étalant de 8 h 30 à 17 heures selon les marchés (le détail est donné en section 2 à l'occasion de la présentation de chaque contrat. De plus, un récapitulatif est donné à l'Annexe de ce chapitre).

Depuis février 1988, il est possible de nouer des transactions en dehors des heures ouvrables du marché. En effet, les professionnels ont parfois besoin de réviser leurs positions (du fait d'un changement de leurs anticipations ou pour d'autres raisons) le soir après la clôture (notamment en raison des informations provenant des marchés étrangers). Matif SA enregistre ces transactions de gré à gré — dites THS, transactions hors séance — lors de la séance du lendemain (ouvré). Elle en assure de ce fait la garantie de bonne fin, puisqu'elle s'interpose entre les parties cocontractantes, mais sans exercer le moindre contrôle quant aux cours auxquels se seront négociés les contrats. Le lecteur se référera à l'Annexe de ce chapitre pour les horaires THS pratiqués selon les différents contrats.

1.3.2. *Les adhérents mainteneurs de marché*

Sur certains contrats — en particulier sur les contrats BTAN, sur les contrats Eurodem (cf. *infra*, § 2.4) et sur les options sur contrat notionnel 10 ans —, il existe une catégorie d'adhérents à vocation particulière de « market-makers » qu'on appelle AMM (adhérents mainteneurs de marché) ou spécialistes. En échange de la gratuité de toutes leurs transactions et de mise à leur disposition de moyens techniques, ils sont *tenus* à une présence obligatoire et permanente sur le parquet, à un affichage permanent de leurs fourchettes cours acheteurs - cours vendeurs sur tous les contrats dont ils sont responsables et doivent servir le marché pour un nombre minimal de contrats. Ils constituent donc les offreurs essentiels de liquidité sur les marchés où ils sont présents [1]. En novembre 1989, par exemple, il y avait 11 spécialistes sur le contrat Eurodem 3 mois et 6 mainteneurs de marché sur le contrat BTAN.

[1] Pour une discussion générale du rôle des market-makers et de la façon dont ils peuvent gérer leurs positions, se reporter à Ch. Bito et P. Poncet, Un nouveau métier sur la place financière de Paris : market-maker, revue *Banque*, janvier 1989. Pour une discussion plus détaillée du rôle joué par les market-makers sur un marché d'options, se reporter à P. Poncet, Market-Making sur le MONEP, revue *Banque*, février 1989.

1.3.3. *Les négociateurs indépendants du parquet*

Depuis le 9 janvier 1989, il existe une nouvelle catégorie d'intervenants sur le Matif, appelés NIP (négociateurs indépendants du parquet). Ces opérateurs n'exécutent aucun ordre émanant de tiers et n'interviennent que pour leur propre compte. Ce sont les homologues des « locals » anglo-saxons. Ils assurent la liquidité du marché, en faisant des aller-retour plusieurs fois dans la journée, quand celle-ci est insuffisante et, de par leur incessante poursuite de gains d'arbitrage ou de pseudo-arbitrage (cf. chap. 5), contribuent efficacement à la formation de cours à terme cohérents. Bien entendu, on ne peut être NIP que pour un seul type de contrat (en général le notionnel long terme).

Pour être NIP et pouvoir ainsi accéder au parquet, les candidats doivent être « parrainés » par un membre adhérent, justifier d'une surface financière suffisante et déposer en permanence auprès de Matif SA une somme de 100 000 F minimum (à laquelle s'ajoute une somme contractuelle entre le NIP et son « parrain »). En effet, leur activité étant éminemment périlleuse, ils représentent pour les adhérents et les autorités de marché un risque de signature non négligeable.

Leur nombre maximal a été fixé en 1989 à 50 par les autorités de marché mais devrait s'accroître sensiblement à l'avenir avec l'ouverture de nouveaux contrats. A la fin de l'année 1989, ils étaient effectivement 50, la plupart sur le contrat notionnel à long terme, et représentaient de 10 à 20 % des transactions sur ce marché (et même 20 à 25 % au premier semestre 1990), une proportion importante. Notons toutefois qu'il est rarissime qu'ils maintiennent une position ouverte à la fermeture du marché, leurs positions étant prises par nature pour de très courtes durées.

1.4. *Les clients finals*

Les acheteurs et vendeurs de contrats autres que ceux mentionnés plus haut peuvent être des personnes morales ou physiques. Ils sont tenus à un *dépôt de garantie* par contrat (acheté ou vendu) dont le montant, fixé par les autorités, dépend de la nature du contrat (cf. *infra*). Ce dépôt est effectué auprès d'un des membres adhérents qui le répercutera (en partie, du fait de la compensation partielle entre ses clients) à Matif SA.

D'après les autorités de marché, un peu plus de la moitié des ordres émaneraient des adhérents (y compris les NIP), un peu moins d'un tiers des établissements de crédit non adhérents et un sixième environ des organismes de placement collectif en valeurs mobilières (OPCVM, comprenant les SICAV et les fonds communs de placement), des entreprises et des particuliers. Les ordres émanant de l'étranger auraient représenté, pour l'année 1989, environ 20 % du total, ce pourcentage devant encore augmenter en 1990.

2 | Les différents contrats futures sur taux

Comme indiqué dans la Préface, cet ouvrage se limite aux contrats futures sur taux, et n'abordera donc pas la discussion des deux instruments importants que sont le contrat à terme sur l'indice CAC 40 (ouvert au public le 8 novembre 1988) d'une part et les options négociables sur le contrat à terme sur obligation notionnelle à long terme (marché ouvert en février 1988) d'autre part.

En revanche, nous traiterons des contrats à terme sur BTAN notionnel, bien que le marché soit organisé par la société privée OMF, devenue en août 1990 FMA, France Matif automatique (dont le Matif est d'ailleurs actionnaire depuis le début de l'année 1990 et destiné à terme à être l'actionnaire majoritaire), et non par le Matif, parce qu'il s'agit d'un instrument de taux très proche du notionnel long terme et que Matif SA se charge de la compensation des contrats.

A Chicago, en 1975, les premiers contrats futures proposés au public ont porté sur des instruments financiers à long terme (des obligations hypothécaires du type dit GNMA, suivies, quelques mois plus tard, par des Treasury-bonds). Le LIFFE (Londres) ou le TSE (Tokyo) ont également offert, initialement, des contrats sur obligations d'Etat.

Le Matif de Paris a suivi la même démarche. Il a inauguré son activité, le 20 février 1986, en cotant à terme des obligations d'Etat. C'est le 25 juin 1986 qu'il a introduit des contrats futures sur bons du Trésor à 90 jours. Les contrats futures Pibor 3 mois, Eurodeutschemark 3 mois et BTAN notionnel ont rapidement suivi, respectivement en septembre 1988, mai 1989 et juin 1989. Le contrat sur notionnel long terme libellé en ECU a été ouvert le 18 octobre 1990.

Nous présentons ci-dessous les caractéristiques principales de ces six contrats.

2.1. *Le contrat sur obligation notionnelle à long terme*

L'objet du contrat (ou plus exactement des contrats, puisque ceux-ci peuvent se nouer sur plusieurs échéances) est une obligation *notionnelle*, c'est-à-dire n'ayant pas d'existence réelle, définie comme suit :

— émetteur : l'Etat français;
— durée : 7 à 10 ans;
— intérêt nominal : 10 % (2);
— remboursement *in fine*;
— nominal : 500 000 F (3);
— coupon ayant pour point de départ l'échéance du contrat.

Les *échéances retenues* sont, depuis mars 1987 (4), les quatre échéances trimestrielles : MARS, JUIN, SEPTEMBRE et DÉCEMBRE. Le Conseil du Marché à Terme s'est réservé la possibilité de proposer ultérieurement des échéances plus lointaines si un besoin dans ce sens apparaissait. Mais l'expérience des marchés américains montre qu'en général les contrats se dénouant à plus d'un an sont relativement peu actifs et n'offrent par conséquent qu'une liquidité réduite.

Le 16 (ou le jour ouvrable postérieur le plus proche si le 16 est férié) du mois d'échéance, un *nouveau* contrat est ouvert pour une échéance trimestrielle supplémentaire. Aussi 5 contrats au lieu de 4 sont-ils cotés une quinzaine de jours par trimestre (les deux dernières semaines des mois de mars, juin, septembre et décembre).

Au cours des mois correspondant aux échéances, si J est le dernier jour ouvrable du mois, le calendrier suivant est appliqué :

— J — 4 : dernier jour de négociations et de cotation;
— J — 3 : publication du cours officiel du notionnel (cours de *liquidation*) et des emprunts livrables;
— J — 2 : arrêt du coupon des synonymes. Cette date est appelée *date de négociation des titres livrables*;
— J — 0 : livraisons et règlements en espèces et restitution des dépôts de garantie.

(2) Contre 8 % pour les obligations notionnelles du type T-bond ou GNMA aux Etats-Unis.

(3) Ce montant est du même ordre de grandeur que celui retenu pour les instruments à long terme par les principales Bourses étrangères. Les contrats sur les diverses obligations américaines, par exemple, ont des valeurs nominales de $ 100 000.

(4) Avant cette date, les échéances retenues étaient le mois en cours et les trois échéances trimestrielles les plus rapprochées. Une des originalités du marché parisien a donc disparu au profit du réalisme et de l'alignement sur la norme internationale.

Les *cotations* se déroulent exclusivement au sein d'un groupe spécialisé (autour d'une corbeille), sous le contrôle de surveillance de la Chambre de Compensation. Elles résultent de la confrontation, en continu, d'ordres produits « à la criée » par les représentants des adhérents. Le marché est *ouvert de 9 heures à 16 heures* sans interruption. Il faut remarquer que, malgré l'informatisation de la cotation dans de nombreuses Bourses de valeurs, le Matif, comme les marchés de Chicago, de New York ou de Londres, utilise ce système apparemment archaïque qui, seul, si l'on en croit les professionnels concernés, permet aux opérateurs de « sentir » le marché.

Les *cours* s'expriment en pourcentage de la valeur du *pair* (valeur nominale) de l'instrument traité, avec deux décimales, par exemple 97,64 ou 105,32. Ils sont nécessairement « au pied du coupon » (c'est-à-dire que le prochain coupon ne serait détaché que dans exactement un an) puisque, par définition, le coupon couru de l'obligation notionnelle est toujours nul. La *variation minimale* de la cote, appelée échelon de cotation *(tick)*, est de 0,02 % [5], c'est-à-dire de 100 F (0,0002 × 500 000), depuis janvier 1989. Avant cette date, le tick était de 0,05 % soit 250 F.

La *variation maximale*, à la hausse ou à la baisse, autorisée au cours d'une même journée de bourse est de 2 % (200 points d'indice) par rapport au dernier cours de la veille (l'échéance rapprochée ainsi que la première journée de négociation d'une échéance sont exemptes de cette limite).

Le dépôt de garantie *(deposit)* préalable à toute opération, et effectué auprès de la Chambre de Compensation, est en principe de 5 % de la valeur nominale des contrats achetés ou vendus (soit 25 000 F par contrat). La Chambre de Compensation peut cependant décider à tout moment de le modifier (il est souvent fixé à 4 %). Il est en outre rémunéré (pour les adhérents; pour les clients de ces derniers, cela dépend des cas) car il peut être constitué soit en bons du Trésor, soit en espèces portant intérêt.

Ce dépôt est minoré à 2 % (10 000 F) dans le cas des *straddles* (achat d'un certain nombre de contrats d'une échéance et vente du même nombre de contrats d'une autre échéance, stratégie que nous analyserons au chapitre 5) constitués antérieurement à la dernière quinzaine précédant la date d'échéance la plus proche du straddle. Le dépôt est au contraire majoré à l'approche d'une échéance (lors de la dernière quinzaine de cotation) — on parle de « deposit rapproché » — et atteint 6 %, même pour les straddles dont les deux composantes (l'une à l'achat, l'autre à la vente) sont alors traitées comme deux positions séparées.

Quant aux appels et restitutions de *marge* quotidiens, leur mécanisme est

(5) Cet échelon de cotation est de 1/32 de pour-cent pour les contrats à long terme traités sur les Bourses anglo-saxonnes.

illustré dans la troisième section de ce chapitre. Il suffit ici de dire que le cours de clôture quotidien à partir duquel sont calculées les marges, dit cours de compensation, est déterminé par les autorités de marché sur la base des derniers cours cotés (ce n'est donc pas en général le dernier cours coté) de la séance.

Les *livraisons*, lorsqu'elles se produisent, doivent s'effectuer par cession de titres livrables ou synonymes, dont la liste est établie par la Chambre de Compensation (pour plus de détails, se reporter au chapitre 4). Ces synonymes constituent un « gisement » (cf. l'Annexe 3 de l'ouvrage, où est donnée une liste des facteurs de concordance).

Les livraisons doivent se faire par lots de 500 000 F nominal d'un seul titre. Les vendeurs qui n'ont pas débouclé leurs positions sont obligés de livrer les titres pour une valeur nominale égale à celle des contrats négociés. Ce sont eux qui ont le choix du titre livré (qu'ils doivent faire connaître le jour de la publication du cours de liquidation), à la condition qu'il appartienne à la liste des synonymes du gisement. Le montant qui leur est dû par les acheteurs résulte d'un calcul tenant compte à la fois des caractéristiques du titre livré et du cours de liquidation du notionnel (le détail de ce calcul est donné au chapitre 4).

2.2. *Le contrat sur bons du Trésor*

Nous ne mentionnons (brièvement) ce contrat que pour être complet et parce que son mécanisme, d'ailleurs intéressant, est identique à celui de certains contrats futures étrangers (notamment les Treasury-bills américains). En effet, il ne fait plus, depuis le début de l'année 1989, l'objet de transactions et a été évincé par le contrat Pibor 3 mois.

Le support du contrat est un bon du Trésor à 90 jours du type IPA (intérêt payé d'avance). Son nominal est de 5 000 000 de francs [6].

Les *échéances retenues* sont les quatre échéances trimestrielles à venir, prises dans le cycle MARS, JUIN, SEPTEMBRE et DÉCEMBRE. Les échéances des contrats sont fixées, en appelant J le jour de la troisième adjudication (de bons à 13 semaines par le Trésor) du mois correspondant, de la manière suivante :

— J + 1 : dernier jour de négociations;
— J + 2 : livraisons et règlements en espèces.

[6] Contre $ 1 000 000 pour les contrats sur T-bills ou dépôts d'eurodollars à 90 jours.

En matière de contrats sur instruments courts, il faut distinguer le *cours* coté du contrat de son *prix*. Le premier s'exprime au moyen d'un indice dont la valeur est 100 moins un taux d'escompte annuel, exprimé en pour-cent et noté plus loin e. Par exemple, le contrat cote 91,8 parce que le taux d'escompte désiré par le marché est de 8,2 (% par an).

Le second, le prix correspondant à ce contrat, exprimé en pourcentage de sa valeur nominale (de 5 millions de francs), est obtenu en retranchant de 100 le taux d'escompte e multiplié par 90/360. Ici le prix s'établit donc à $100 - 8{,}2 \times (90/360) = 97{,}95$ (%).

Plus communément, le prix est exprimé en francs et non en pourcentage (probablement pour éviter des confusions), ce qui donne

$$5\,000\,000 \times 97{,}95/100 = 4\,897\,500 \text{ F.}$$

On utilise naturellement le cours pour les cotations et les transactions sur le marché, et le prix pour les règlements monétaires afférents à ces transactions.

Le taux e étant un taux d'escompte (précompté), le taux effectif à 3 mois postcompté, ou taux période, exprimé en pour-cent, est égal à :

$$r_3 = 100 . e(90/360)/(100 - e(90/360))$$

soit ici $100 . (8{,}2/4)/(100 - 8{,}2/4) = 2{,}0929$ %, ce qui correspond à $4 \times 2{,}0929 = 8{,}3716$ % en taux annuel proportionnel et à $(1{,}020929)^{365/90} - 1 = 0{,}087632 = 8{,}7632$ % en taux annuel actuariel.

Il convient de préciser à propos des contrats sur bons du Trésor qu'en cas de livraison le vendeur a la possibilité de céder des instruments non seulement à 90 jours mais également à 91 ou 92 jours. Le montant MD dû par l'acheteur se calcule alors au moyen de la formule suivante :

$$\text{MD} = 5\,000\,000 . \left(1 - \frac{\text{N}}{36\,000}(100 - \text{C})\right)$$

où C est le cours de liquidation et N la durée de vie du bon du Trésor effectivement livré. N peut prendre les valeurs de 90, 91 ou 92 jours et il est facile de vérifier qu'avec N = 90 on retrouve le calcul de prix effectué plus haut.

Notons que, pour les contrats sur bons du Trésor, le dépôt de garantie est de 0,3 % du nominal, soit 15 000 F, l'échelon de cotation est 0,01 %, soit 125 F et la variation maximale quotidienne de 60 points de base (0,6 %) par rapport au dernier cours de la veille, soit 7 500 F.

2.3. *Le contrat Pibor 3 mois*

C'est pour remédier aux insuffisances du contrat sur bons du Trésor à 90 jours que les professionnels de la place ont incité les responsables du Matif à lancer, le 8 septembre 1988, un contrat ayant pour support le taux interbancaire (à 3 mois) offert à Paris (Tiop en français et Pibor, Paris InterBank Offered Rate, en anglais, seule appellation réellement utilisée).

En effet, le contrat sur bons du Trésor souffre de deux lacunes qui le rendent peu attrayant. D'une part, le marché du support comptant du contrat est devenu relativement peu liquide; d'autre part et surtout, le taux des bons du Trésor n'est pas le taux de court terme réellement pertinent pour la plupart des opérations des banques, des investisseurs institutionnels et des intermédiaires financiers. Les véritables taux de référence sont les taux sur le marché interbancaire, d'où l'idée de création d'un contrat sur un tel taux.

Il aurait été concevable d'adopter un taux assis sur le taux au jour le jour du marché monétaire, dit TMP, taux moyen pondéré, parce qu'il est calculé (le lendemain matin, par la Banque de France) en pondérant par les volumes traités les différents taux au jour le jour auxquels ont été effectuées les transactions de la veille. C'est par exemple le cas du TMM, taux moyen mensuel du marché monétaire (encore appelé T4M) ou du TAM, taux annuel monétaire. Mais ces deux références souffrent du fait qu'elles sont calculées *ex post* (le TMP est lui-même un mauvais candidat car trop volatil en raison de facteurs techniques, comme la constitution des réserves obligatoires des banques) et donc ne reflètent pas nécessairement les conditions en vigueur sur le marché.

Or, des taux *ex ante* existent évidemment et font l'objet de marchés très liquides. Il s'agit des taux Pibor, pour des échéances allant de 1 à 12 mois, qui sont publiés quotidiennement depuis le 3 octobre 1986. Ces taux publiés officiellement sont calculés à partir des taux *offerts* aux débiteurs de première catégorie par les 12 principales (au sens de l'intervention sur ces marchés) banques de la place. Le taux sur chaque échéance résulte de la moyenne arithmétique simple des 8 taux offerts restant après élimination des 4 taux extrêmes. Ces taux Pibor sont publiés à 11 h 30 par l'AFB (Association française des Banques) sur Télérate. Ils sont analogues aux taux Libor du marché de Londres. Bien entendu, en dehors de ces taux officiels publiés une fois par jour, il existe tout un spectre de taux Pibor qui fluctuent en permanence.

Les taux Pibor jouent de plus en plus le rôle de référence tant pour les émissions de titres indexés sur un taux variable que pour certaines opérations financières de long terme ou de trésorerie. D'autre part et surtout, les titres de créances négociables à court terme (billets de trésorerie, certificats de dépôts, bons des institutions financières spécialisés et bons du Trésor négociables en compte courant) ont connu une croissance très soutenue ces dernières années. Or leurs taux de rémunération sont très fortement corrélés aux taux du marché monétaire, ce qui justifie la création d'un instrument de couverture assis sur un taux monétaire.

Du fait de la liquidité particulièrement importante du 3 mois et de sa « bonne » durée (ni trop courte ni trop longue), c'est cette maturité qui a été choisie comme support au contrat Matif. Le contrat est devenu lui-même suffisamment liquide pour que se développe un marché de gré à gré d'options sur ce contrat, puis, que s'ouvre, le 1er mars 1990 (7), le marché organisé par Matif SA.

Les caractéristiques du contrat à terme Pibor 3 mois sont les suivantes :

— valeur nominale : 5 millions de francs;
— la garantie de taux porte sur un taux à 3 mois (90 jours, pour une année de 360 jours). Il n'y a pas livraison de titres à l'échéance mais *règlement en espèces (cash settlement)* de la différence entre le taux implicite dans le cours du contrat et le Pibor 3 mois au comptant prévalant le jour de l'échéance et publié sur Télérate à 11 h 30 (8).

Les *échéances retenues* sont les 4 échéances trimestrielles : MARS, JUIN, SEPTEMBRE et DÉCEMBRE. Cependant, Matif SA se réserve la possibilité de proposer ultérieurement des échéances plus lointaines si le besoin s'en fait sentir.

Les *dates d'ouverture et de clôture* d'une échéance obéissent aux principes suivants. Une nouvelle échéance trimestrielle est *créée* le quatrième jour de bourse précédant le onzième jeudi de chaque trimestre civil, compte non tenu du premier jeudi si ce dernier est le premier jour du trimestre. Une échéance est *clôturée* au cours du deuxième jour de bourse (à 11 heures) précédant le onzième jeudi de chaque trimestre civil (compte non tenu du premier jeudi si ce dernier est le premier jour du trimestre).

Au cours des mois correspondant aux échéances, si J est le dernier jour

(7) Se reporter à J.-C. Augros, Les options sur taux d'intérêt, *Economica*, 1989, pour une description et une analyse détaillées des options sur taux, ou, pour une présentation plus générale des marchés financiers français, à J. Pilverdier-Latreyte, Le marché financier français, *Economica*, 1988, 2e éd.

(8) Il s'agit donc essentiellement d'un contrat de type FRA *(forward rate agreement)* standardisé, sauf pour ce qui concerne le deposit initial et les appels et restitutions de marges. Rappelons qu'un contrat FRA est une technique de gré à gré permettant de fixer au moment où il est négocié un taux d'intérêt pour un emprunt ou un prêt futur d'un montant M déterminé par les deux parties. Celles-ci conviennent d'un taux contractuel fixe et d'un taux de référence (par exemple le Pibor 3 mois) ainsi que de l'échéance du contrat (par exemple 5 mois). Au terme du FRA, seule la différence entre le taux fixé et le taux de référence prévalant sur le marché, multipliée par le montant M et compte tenu de la durée initiale du contrat, est versée par la partie perdante à la partie gagnante.

de négociation du contrat (typiquement entre le 10 et le 15 des mois de mars, juin, septembre et décembre), le *calendrier* suivant est appliqué :

— J, 11 heures	Arrêt des transactions.
— J, 15 heures (au plus tard)	Publication (AFB) du Pibor 3 mois. Le cours de liquidation est égal à : 100 — Pibor 3 mois arrondi à 2 décimales.
— J + 1, 8 h 30	Règlements des dernières marges.
— J + 2	Restitution des dépôts de garantie (si les marges débitrices ont été réglées).

Les *cotations* se font, comme pour le notionnel, « à la criée » par les représentants des adhérents. Le marché est *ouvert de 8 h 30 à 16 heures.*

Le cours est coté avec *deux* décimales et correspond à 100 moins le taux implicite du contrat exprimé en pour-cent. Par exemple, un cours de 91,22 implique un taux offert de 8,78 % par an. Comme l'instrument sous-jacent est à court terme, il faut bien distinguer, nous l'avons signalé à propos du contrat sur bons du Trésor, le cours de ce contrat Pibor de son prix.

L'échelon de cotation *(tick)* est de 0,01 (%), correspondant à un point de base, c'est-à-dire à 125 F : (0,01 × 5 000 000 × 90)/(100 × 360).

Lorsque la *variation*, à la hausse ou à la baisse, du contrat Pibor atteint 0,6 % (60 ticks) par rapport au cours de compensation de la veille, Matif SA peut suspendre les cotations. Elle procède dans ce cas à un appel de marge complémentaire. Les transactions reprennent après reconstitution des marges et éventuellement des dépôts de garantie.

Cependant cette procédure ne s'applique pas lors des 5 dernières séances de cotation de l'échéance la plus proche afin de ne pas entraver la convergence entre le taux à terme et le taux au comptant.

Le dépôt de garantie *(deposit)* préalable à toute opération est en principe fixé à 0,3 % de la valeur nominale des contrats achetés ou vendus (soit 15 000 F par contrat). La Chambre de Compensation peut toutefois décider à tout moment de le modifier, notamment quand la variation du cours du contrat a atteint 60 ticks. Il est en outre, comme pour le contrat notionnel, rémunéré.

Ce dépôt est minoré à 0,15 % (soit 7 500 F) dans le cas des *straddles* (achat d'un certain nombre de contrats d'une échéance et vente du même nombre de contrats d'une autre échéance, stratégie que nous rencontrerons plus tard dans ce livre) constitués antérieurement au cinquième jour précédant la date d'échéance la plus proche du straddle. Cependant, 5 jours avant l'échéance la plus proche du straddle, celui-ci est découplé et le taux plein de 0,3 % est exigé sur chacune de ses composantes.

Le dépôt est au contraire majoré à l'approche d'une échéance (aux environs de la dernière quinzaine de cotation) — c'est le « déposit rapproché » — et atteint 0,45 %.

Le *jour de l'échéance*, toute position non débouclée est liquidée automatiquement par la Chambre de Compensation et fait l'objet d'un(e) ultime appel (ou restitution) de marge, différence entre le cours de compensation de la veille (ou le cours de négociation du jour) et le cours de liquidation. Le cours de liquidation est obtenu en faisant la moyenne de trois échantillonnages sur 12 banques (voir plus haut) effectués à 9 h 30, 11 heures et 12 h 30.

Par exemple, le jour de l'échéance de septembre (le mardi 12), le Pibor 3 mois publié par l'AFB est de 8,9375 % arrondi à 8,94 %. Le cours de liquidation est par conséquent 91,06. Le cours de compensation du contrat la veille (le 11-9) s'établissait à 90,83. Un opérateur long (acheteur) de 10 contrats recevra donc en liquidation de sa position un payement (le 13-9) de :

$$10 \times (91{,}06 - 90{,}83) \times 5\,000\,000 \times 90/(360 \times 100) = 28\,750 \text{ F.}$$

Quant aux appels et restitutions de *marge* quotidiens, leur mécanisme est identique à celui rencontré pour le contrat notionnel et illustré dans la troisième section de ce chapitre.

2.4. *Le contrat Eurodeutschemark 3 mois*

Ouvert en mai 1989, le contrat Eurodeutschemark 3 mois, ci-après Eurodem 3 mois, est analogue au précédent contrat, sauf en ce qui concerne le support qui est ici le taux comptant offert sur des dépôts à 3 mois en deutschemarks aux signatures de première catégorie, hors la République fédérale d'Allemagne.

Bien qu'il souffre de la concurrence du LIFFE de Londres et qu'il ne bénéficie pas de la même liquidité que le contrat Pibor précédent, ce type de contrat libellé en deutschemarks a suscité un intérêt suffisant pour avoir justifié, le 5 avril 1990, l'ouverture par Matif SA d'un marché organisé d'options sur le contrat future Eurodem 3 mois.

Les caractéristiques du contrat Eurodem 3 mois sont les suivantes :

— valeur nominale : 1 million de deutschemarks;
— la garantie porte sur un taux à 3 mois (90 jours, pour une année de 360 jours). Il n'y a pas livraison de titres à l'échéance mais *règlement en*

espèces (cash settlement) de la différence entre le taux implicite dans le cours du contrat et le taux Eurodem 3 mois au comptant prévalant le jour de l'échéance et publié par Matif SA [9] (le mode de calcul de ce taux est expliqué plus loin).

Les *échéances retenues* sont les 4 échéances trimestrielles : MARS, JUIN, SEPTEMBRE et DÉCEMBRE. Matif SA se réserve naturellement la possibilité de proposer ultérieurement des échéances plus lointaines si le besoin s'en fait sentir.

Les *dates d'ouverture et de clôture* d'une échéance sont fixées par Matif SA. Du fait de la concurrence internationale, les règles sont alignées sur celles prévalant à Londres où est coté le même contrat. Chaque année, Matif SA publie un calendrier prévisionnel pour les deux années à venir (le calendrier pour les années 1990 à 1992 est donné à l'Annexe 2, p. 243). L'ouverture d'une nouvelle échéance s'effectue le jour ouvrable qui suit la date de clôture d'une échéance.

Au cours des mois correspondant aux échéances, si J est le dernier jour de négociation du contrat (typiquement entre le 13 et le 19 des mois de mars, juin, septembre et décembre), le *calendrier* suivant est appliqué :

— J, 11 heures	Arrêt des transactions.
— J, 15 heures (au plus tard)	Publication par Matif SA de l'Eurodem 3 mois. Le cours de liquidation est égal à : 100 — Eurodem 3 mois arrondi à 2 décimales.
— J + 1, 8 h 30	Règlements des dernières marges.
— J + 2	Restitutions des dépôts de garantie (si les marges débitrices ont été réglées).

Les *cotations* se font, comme pour les autres contrats, « à la criée » par les représentants des adhérents. Le marché, comme celui du Pibor 3 mois, est *ouvert de 8 h 30 à 16 heures.*

Le cours est coté avec *deux* décimales et correspond à 100 moins le taux implicite du contrat exprimé en pour-cent. Par exemple, un cours de 92,33 implique un taux offert de 7,67 % par an. Comme pour le Pibor 3 mois, il faut bien distinguer le cours du contrat de son prix.

L'échelon de cotation *(tick)* est de 0,01 (%), correspondant à un point de base, c'est-à-dire à 25 DM : (0,01 × 1 000 000 × 90)/(100 × 360).

Lorsque la *variation*, à la hausse ou à la baisse, du contrat Pibor atteint 0,3 % (30 ticks) par rapport au cours de compensation de la veille, Matif SA

[9] Il s'agit donc là encore d'un contrat de type FRA *(forward rate agreement)* standardisé, sauf pour ce qui concerne le déposit initial et les appels et restitutions de marges.

peut suspendre les cotations. Il procède dans ce cas à un appel de marge complémentaire. Les transactions reprennent après reconstitution des marges et éventuellement des dépôts de garantie. Cette procédure cependant ne s'applique pas lors des 5 dernières séances de cotation de l'échéance la plus proche afin de ne pas entraver la convergence entre le taux à terme et le taux au comptant.

Le dépôt de garantie *(deposit)* préalable à toute opération est en principe fixé à 0,1 % de la valeur nominale des contrats achetés ou vendus (soit 1 000 DM par contrat). La Chambre de Compensation peut toutefois décider à tout moment de le modifier, notamment quand la variation du cours du contrat a atteint 30 ticks. En ce qui concerne les adhérents, le déposit est à constituer en deutschemarks (il est alors, comme pour les autres contrats, rémunéré) ou en bons du Trésor français. Dans ce dernier cas, les autorités de marché appliquent au taux de change en vigueur une décote pour tenir compte du risque de change. Quant aux autres participants au marché, qui sont donc clients des adhérents, ils négocient avec ces derniers le montant et la nature du deposit requis.

Ce dépôt est minoré à 0,05 % (soit 500 DM) dans le cas des *straddles* constitués antérieurement au cinquième jour précédant la date d'échéance la plus proche du straddle.

Cependant, 5 jours avant l'échéance la plus proche du straddle, celui-ci est découplé et le taux plein de 0,1 % est exigé sur chacune de ses composantes. Il n'y a cependant pas, contrairement aux deux contrats précédents, de majoration du taux à l'approche de l'échéance (« deposit rapproché »).

Le *jour de l'échéance*, toute position non débouclée est liquidée automatiquement par la Chambre de Compensation et fait l'objet d'un(e) ultime appel (ou restitution) de marge, différence entre le cours de compensation de la veille (ou le cours de négociation du jour) et le cours de liquidation.

Il s'agit donc de la même procédure que pour le contrat Pibor. La seule différence tient au *mode d'établissement* du taux comptant de l'Eurodem 3 mois qui sert de base de calcul au cours de liquidation du contrat. Pour déterminer ce taux, Matif SA sélectionne au hasard 12 banques de référence prises dans une liste (établie par l'association Forex qui regroupe les courtiers de change du monde entier) des 40 établissements les plus actifs sur ce marché. Chacune des 12 banques communique à Matif SA, à 9 h 30, 11 heures et 12 h 30, le taux offert sur les dépôts Eurodem 3 mois aux meilleures signatures. A chaque fois, les 4 taux extrêmes sont éliminés et la moyenne arithmétique des 8 taux restants, arrondie à deux décimales, constitue le taux au comptant Eurodem 3 mois de référence. Le taux de référence finalement retenu pour la liquidation d'une échéance trimestrielle résulte de la moyenne des trois taux obtenus par la méthode ci-dessus aux trois horaires indiqués.

Quant aux appels et restitutions de *marge* quotidiens, leur mécanisme est identique à celui rencontré pour les autres contrats (sauf que les appels de marge pour les adhérents doivent être honorés en deutschemarks) et illustré dans la troisième section de ce chapitre.

2.5. *Le contrat sur BTAN 4 ans notionnel*

Comme indiqué dans l'introduction de cette deuxième section, nous traitons des contrats à terme sur BTAN notionnel, bien que le marché ne soit pas organisé par le Matif, parce qu'il s'agit d'un instrument de taux très proche du notionnel long terme et que Matif SA se charge de la compensation des contrats.

L'objet du contrat est un BTAN (bon à taux annuel normalisé) *notionnel*, c'est-à-dire n'ayant pas d'existence réelle, défini comme suit :

— émetteur : l'Etat français;
— durée : 4 ans;
— intérêt nominal : 8 %;
— remboursement *in fine*;
— nominal : 1 000 000 de francs;
— pied-de-coupon (coupon ayant pour point de départ l'échéance du contrat).

Les *échéances retenues* sont les 4 échéances trimestrielles : MARS, JUIN, SEPTEMBRE et DÉCEMBRE. Toutefois, la société FMA (ex-OMF) se réserve la possibilité d'ouvrir un plus grand nombre d'échéances si le besoin s'en ressent (ce qui est très peu probable).

La *clôture* d'une échéance intervient 3 jours de bourse avant la dernière séance du Matif du mois.

L'*ouverture* d'une nouvelle échéance intervient le jour de bourse suivant le 15 du mois de clôture d'une échéance.

Au cours des mois correspondant aux échéances, si J est le dernier jour ouvrable du mois, le calendrier suivant est appliqué :

— J — 3 : dernier jour de négociation, et solde des positions;
— J — 2 : publication du cours de liquidation et des cours des titres livrables du gisement. Les vendeurs indiquent les bons qu'ils désirent livrer;
— J — 1 : livraison des titres;
— J — 0 : règlements en espèces et restitution des dépôts de garantie.

Les *cotations* résultent d'un double système opérant simultanément. D'une part, les ordres « ordinaires » sont entrés par le personnel de FMA et traités purement informatiquement (système continu électronique similaire à celui en vigueur pour les actions du marché RM (règlement mensuel)). D'autre part, les « blocs » (ordres portant sur un plus grand nombre de contrats) sont traités par téléphone par des opérateurs de FMA, compte tenu des ordres informatisés.

Le marché est *ouvert de 9 heures à 17 heures* sans interruption.

Le marché est peut-être encore trop récent pour que le faible volume des transactions constaté soit réellement significatif, mais il est indéniable que ce double système constitue un frein au développement du marché car les intervenants potentiels ou actuels n'y sont pas habitués et sont enclins, par scepticisme professionnel peut-être outrancier, à s'interroger sur la transparence effective d'une telle organisation de marché.

Les *cours* s'expriment en pourcentage de la valeur du pair de l'instrument traité, avec deux décimales, par exemple 102,14 ou 99,36.

Ils sont nécessairement « au pied du coupon » puisque, par définition, le coupon couru du bon notionnel est toujours nul.

La variation minimale de la cote *(tick)* est de 0,02 %, c'est-à-dire de 200 F.

La *variation maximale*, à la hausse ou à la baisse, autorisée au cours d'une même journée de bourse est de 2 % par rapport au dernier cours de la veille (soit 20 000 F). En cas de déséquilibre persistant, le Conseil du Marché à Terme peut décider de suspendre les transactions qui ne reprennent qu'après reconstitution des dépôts de garantie.

Le dépôt de garantie *(deposit)* préalable à toute opération est en principe de 5 % de la valeur nominale des contrats achetés ou vendus (soit 50 000 F par contrat). La Chambre de Compensation (Matif SA) peut cependant, conjointement avec FMA, décider à tout moment de le modifier. Il est en outre rémunéré car il peut être constitué soit en bons du Trésor, soit en espèces portant intérêt.

Ce dépôt est minoré à 2 % dans le cas des *straddles* constitués antérieurement à la dernière quinzaine précédant la date d'échéance la plus proche du straddle.

Quant aux appels et restitutions de *marge* quotidiens, leur mécanisme est identique à celui des autres contrats et est illustré dans la troisième section de ce chapitre. Comme pour le notionnel long terme, le cours de clôture quotidien à partir duquel sont calculées les marges, dit cours de compensation, est déterminé par les autorités de marché sur la base des derniers cours cotés de la séance.

Les *livraisons*, lorsqu'elles se produisent, doivent s'effectuer par cession de titres livrables ou synonymes, dont la liste est établie par Matif SA et FMA. Ces synonymes, qui sont des BTAN à taux fixe, remboursement *in fine*, de maturité 3 à 5 ans le jour d'échéance du contrat, constituent un « gisement ». Le lecteur trouvera au chapitre 4 (§ 1.4) la composition du gisement à fin novembre 1989 (pour le contrat d'échéance décembre 1989). Il est à noter que les autorités de marché se réservent le droit d'introduire dans le gisement, si le besoin s'en fait sentir, des OAT de durée restant à courir de 3 à 5 ans.

Les livraisons doivent se faire par lots de 1 000 000 de francs nominal. Les vendeurs qui n'ont pas débouclé leurs positions sont obligés de livrer les titres pour une valeur nominale égale à celle des contrats négociés. Ce sont eux qui ont le choix des titres livrés (qu'ils doivent faire connaître le jour de la publication du cours de liquidation), à la condition qu'ils appartiennent à la liste des synonymes du gisement. Le montant qui leur est dû par les acheteurs résulte d'un calcul (plus complexe que celui utilisé pour le notionnel long terme) tenant compte à la fois des caractéristiques du titre livré et du cours de liquidation du BTAN notionnel (le détail de ce calcul est donné au chapitre 4).

2.6. *Le contrat sur notionnel long terme libellé en ECU*

Ce contrat, qui a été ouvert le 18 octobre 1990, est similaire au contrat sur obligation notionnelle à long terme défini au paragraphe 2.1 ci-dessus [10]. La différence essentielle est que le nominal du contrat n'est pas libellé en francs français mais en ECU, ce qui permet en particulier de couvrir des portefeuilles multidevises. L'obligation notionnelle est définie comme suit :

— durée : 6 à 10 ans;
— intérêt nominal : 10 %;
— remboursement *in fine*;
— nominal : 100 000 ECU;
— coupon ayant pour point de départ l'échéance du contrat.

Les *échéances retenues* (en octobre 1990) sont les deux échéances trimestrielles successives les plus proches parmi MARS, JUIN, SEPTEMBRE et DÉCEMBRE. Le Matif se réserve toutefois la possibilité d'ouvrir trois voire quatre échéances si la demande se manifeste.

[10] Pour plus de détails et l'intérêt que pourra susciter ce nouveau contrat Matif, se reporter à J. Werren, L'ECU, avenir des futures ?, revue *Banque*, nº 508, septembre 1990.

Le jour ouvrable qui suit le 15 du mois d'échéance, un *nouveau* contrat est ouvert pour une échéance trimestrielle supplémentaire. Aussi 3 contrats au lieu de 2 seront-ils cotés une quinzaine de jours par trimestre (les deux dernières semaines des mois de mars, juin, septembre et décembre).

Pour ce qui concerne la *clôture*, si J est le dernier jour ouvrable du mois de livraison, le calendrier suivant (en jours ouvrés) est appliqué :

— J — 4 : dernier jour de négociations et de cotation;
— J — 3 : publication du cours officiel du notionnel et des emprunts livrables;
— J — 2 : arrêt du coupon des synonymes. Cette date est appelée *date de négociation des titres livrables*;
— J à J + 7 : livraisons et règlements en espèces et restitution des dépôts de garantie.

Le marché est *ouvert de 9 heures à 16 heures* sans interruption.

Les *cours* s'expriment en pourcentage de la valeur du *pair* (valeur nominale) de l'instrument traité, avec deux décimales, par exemple 98,52 ou 103,60. Ils sont nécessairement « au pied du coupon » puisque, par définition, le coupon couru de l'obligation notionnelle est toujours nul.

La *variation minimale* de la cote *(tick)* est de 0,02 %, c'est-à-dire de 20 ECU (= 0,0002 × 100 000).

La *variation maximale*, à la hausse ou à la baisse, autorisée au cours d'une même journée de bourse est de 150 points de base par rapport au dernier cours de la veille.

Le *dépôt de garantie (deposit)* est en principe de 2 000 ECU par contrat. La Chambre de Compensation peut cependant décider à tout moment de le modifier. Il est en outre rémunéré.

Ce dépôt est minoré à 1 000 ECU dans le cas des *straddles*.

Les *livraisons*, lorsqu'elles se produisent, doivent s'effectuer par cession de titres livrables ou synonymes, dont la liste est établie par Matif SA. Ces synonymes constituent le « gisement » qui, en octobre 1990, ne comprenait que les deux obligations libellées en ECU émises par l'Etat français, mais qui pourra comprendre des obligations émises par d'autres Etats et des institutions supranationales.

Les livraisons se font par lots de 100 000 ECU de nominal d'un seul titre. Les vendeurs qui n'ont pas débouclé leurs positions livrent les titres pour une valeur nominale égale à celle des contrats négociés. Ce sont eux qui ont le choix du titre livré (qu'ils doivent faire connaître le jour de la publication du cours de liquidation), dans la mesure où il appartient à la liste des synonymes du gisement.

Le montant qui leur est dû par les acheteurs résulte, comme pour le contrat notionnel long terme libellé en francs, d'un calcul tenant compte à la fois des caractéristiques du titre livré et du cours de liquidation du notionnel.

Il faut signaler une innovation intéressante à cet égard : pour tenir compte d'éventuelles différences de risque de signature des Etats et institutions supranationales émetteurs, Matif SA pourrait calculer les facteurs de concordance propres à chaque titre du gisement à l'aide de taux d'actualisation différents, ces derniers étant d'autant plus élevés que le risque de défaut est perçu comme important.

3 | Parcours et exécution d'un ordre

Afin de faciliter la compréhension, par le lecteur, des opérations qui se déroulent sur le Matif, nous allons décrire dans la présente section le parcours d'un ordre, entre le moment où le client le transmet à son intermédiaire et celui où il reçoit confirmation de son exécution. Bien entendu ce parcours est plus simple lorsque l'ordre ne provient pas de la clientèle mais est généré par l'adhérent lui-même (et particulièrement par son négociateur de la corbeille). Les principales étapes de ce parcours, dans le cas le plus général, sont schématisées sur la figure 2.1 et peuvent être résumées de la façon suivante :

1 / Le client téléphone son ordre (au cours du marché, à un cours limite ou stop) à un intermédiaire, membre du marché.

1' / L'intermédiaire s'assure que le client a transféré sur son compte le « deposit » correspondant à la position qu'il désire prendre.

2 / L'intermédiaire téléphone immédiatement l'ordre au « box » qu'il occupe sur le parquet du Matif. L'ordre est inscrit sur une fiche.

3 / Un commis *(runner)* porte la fiche mentionnant la nature de l'ordre du box au négociateur se trouvant à la corbeille ([11]).

([11]) Sur les principales Bourses du monde, y compris sur le Matif, la transmission des ordres entre le box et la corbeille se fait par gestes soigneusement codifiés.

4 / Le négociateur exécute l'ordre puis inscrit les conditions obtenues sur la fiche, qui est horodatée. Des commis de Matif SA relèvent continuellement les prix de toutes les offres de contrats qu'ils observent autour de la corbeille (même si les offres ne donnent pas lieu à des opérations effectives).

5 / Un commis rapporte la fiche au box.

6 / Le box du vendeur remplit une fiche (horodatée) à trois volets fournie par la Chambre de Compensation dans un délai d'un quart d'heure suivant la négociation (si ce délai n'est pas respecté, l'ordre est caduc).

7 / La Chambre de Compensation, après avoir reçu un des volets de la fiche, enregistre l'ordre. Le troisième volet est remis au box de l'acheteur.

8 / Le box informe la société de Bourse ou la banque dont il dépend des conditions dans lesquelles l'ordre a été exécuté.

9 / Le client est informé à son tour.

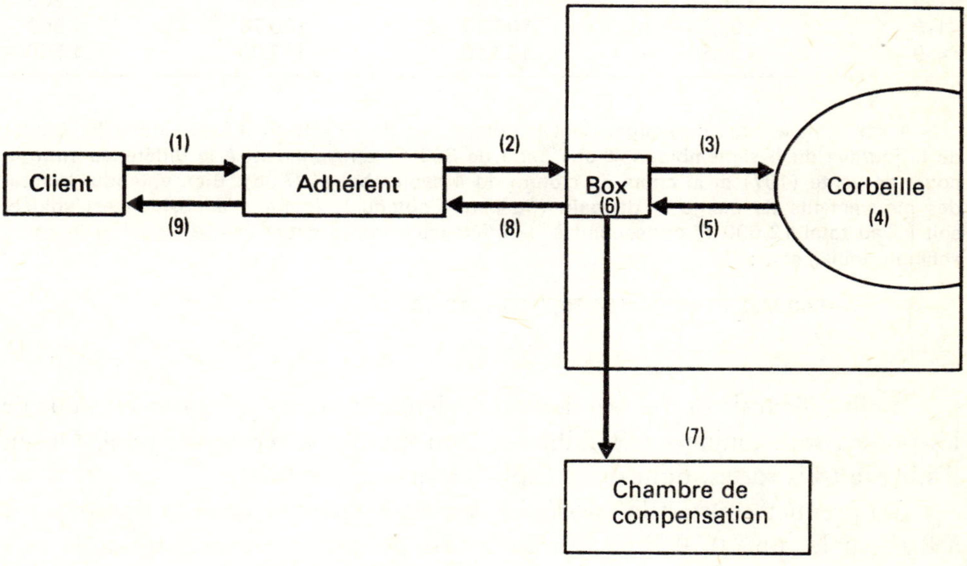

Fig. 2.1. — Parcours d'un ordre sur le Matif

Dans les minutes qui suivent la clôture du marché, la Chambre de Compensation détermine à partir des derniers cours cotés, comme on l'a vu plus haut, ce qu'elle estime être le cours de compensation.

Chaque adhérent effectue le dépouillement des ordres traités. Le lendemain matin il reçoit de Matif SA le détail des opérations qu'il a effectuées. Il informe chaque client de sa situation en termes de marge. Les opérations d'apport ou de restitution de marges qui ont lieu entre le moment où un opérateur prend une position à terme et le moment où il la solde peuvent être suivies à l'aide de l'exemple suivant :

▶ *Exemple 1.* — Le 25 août 1989 un opérateur a acheté un contrat sur obligation notionnelle à l'échéance de septembre 1989, au cours de 104,50. Si cet opérateur a vendu son contrat le 5 septembre au cours de 107, le tableau suivant indique les mouvements de marge générés par sa position (à titre indicatif, ce tableau contient également les cours les plus hauts et les cours les plus bas enregistrés entre le 25 août et le 4 septembre sur le contrat de septembre 1989) :

Date	*Bas*	*Haut*	*Clôture*	*Marge*
25-8	104,20	104,70	104,36	700 F
28-8	104,60	104,90	104,70	1 700 –
29-8	104,70	105,10	105,10	2 000 –
30-8	105,06	105,26	105,26	800 –
31-8	105,20	106,06	105,90	3 200 –
1-9	105,80	106,76	106,76	4 300 –
4-9	106,80	107,10	107,06	1 500 –

A ces mouvements de marge, dont la somme est de 12 800 F, il faut ajouter le résultat de la journée du 5 septembre, soit une perte de 300 F correspondant à la différence entre le cours de vente (107) et le cours de clôture du 4 septembre (107,06). Bien entendu, le total des mouvements de marge et du gain (ou perte) obtenu le jour où la position est soldée, soit ici au total 12 500 F, correspond à la différence entre le cours vendeur final et le cours acheteur initial, soit :

$$500\,000 \times (107 - 104{,}50)/100 = 12\,500 \text{ F.}$$

Enfin, les frais de transaction (qui viennent grever les gains et alourdir les pertes) sont toujours très faibles sur un marché à terme organisé. On en distingue trois sortes, dont deux explicites et une implicite.

Le premier coût est la *commission de compensation* qui s'établit sur le Matif à 8 F par lot plus 0,70 F par lot de *frais de parquet,* le tout majoré de la TVA au taux normal de 18,6 %, éventuellement récupérable (25 F hors taxes pour les contrats BTAN de FMA). Ce coût rémunère le service apporté par les autorités de marché. Il est même en pratique inférieur à cela, car Matif SA ristourne aux membres adhérents une partie de ces commissions en fin d'année au vu de ses propres résultats.

Le second coût est négociable et constitue le *courtage* rémunérant l'intermédiaire. La concurrence a fortement limé les prix de sorte qu'il n'est pas rare de pouvoir négocier aujourd'hui avec son courtier un coût par contrat de l'ordre de 20 ou 30 F avant TVA.

Le troisième coût, implicite, est *l'écart cours acheteur - cours vendeur (bid-ask spread)* affiché par les mainteneurs de marché (sur les contrats BTAN et Eurodem) ou implicite (en moyenne) dans les transactions en l'absence formelle de tels spécialistes. En effet, dans le premier cas, l'acheteur (le vendeur) paie au (reçoit du) mainteneur de marché le cours supérieur (inférieur) de sa fourchette; dans le second cas, il fait (en moyenne) décaler le cours du contrat, du fait de son ordre, dans le sens défavorable (sauf pour les petits ordres ou les applications). Sur des marchés liquides comme le Matif notionnel, cet écart ne représente qu'une minime fraction du prix des contrats.

4 | Comparaison des principaux marchés

Les statistiques disponibles concernent les cours, les volumes traités et les positions ouvertes (§ 4.1). Ceci permet de situer les principaux marchés à terme du monde les uns par rapport aux autres (§ 4.2).

4.1. *Cours, volumes et positions ouvertes*

Les principales informations concernant les marchés à terme portent sur les cours et sur les volumes traités. Les cours font l'objet de publications quotidiennes dans les journaux spécialisés. Comme on peut le voir d'après les exemples de la figure 2.2, la presse quotidienne, en France, reproduit systématiquement les cours d'ouverture et de clôture ainsi que le plus haut et le plus bas atteints par chaque contrat au cours de la même séance; ces données sont le plus souvent accompagnées, pour la cotation des contrats sur obligation notionnelle, du taux implicite (12) correspondant aux cours de clôture et du cours (souvent complété par le taux actuariel correspondant) des obligations du gisement.

(12) C'est-à-dire du taux de rendement interne (TRI) d'une série de flux de trésorerie constituée d'une sortie immédiate égale au cours coté et d'entrées ultérieures correspondant à un coupon de 10 % versé tous les ans pendant 10 ans et au versement au terme de cette période d'un principal de 100.

MATIF (21 août 1990 à 16 h)

EMPRUNTS DU GISEMENT				9,90 % 1987	9,70 % 1996	8,125 % 1999	9,50 % 1998	10 % 2000
Cours				98,92	96,60	87,40	95,57	97,99
Taux actuariel net acheteur				10,01	10,28	10,29	10,26	10,23

CONTRATS ECHEANCES	Premier	+ haut	+ bas	Dernier	Rendement	Posit. ouv.	Volume
Sept. 90	98,48	98,50	97,74	97,88	10,32	68.280	73.082
Déc. 90	98,56	98,56	97,82	97,96	10,34	17.490	5.180
Mars 91	98,52	98,52	97,82	97,82	10,41	2.944	355

(Source : Obliconsultant, 1, rue Favart, 75002 Paris)

PIBOR 3 mois le 21 août 16 h 30

	+ haut	+ bas	Dernier	Précédent
Septembre	89,66	89,54	89,55	89,62
Décembre	89,66	89,54	89,55	89,61

Volume (jour) 8.721 – *Source : Finacor/Peter.*

EURODEM 3 MOIS (21 août)

	+ haut	+ bas	Dernier
Sept.	91,36	91,36	91,36
Déc.	91,12	91,08	91,08

Volume (jour) : 734

Source : *La Tribune de l'Economie.*

Figure 2.2

L'activité d'un marché peut être mesurée de deux façons. Soit au moyen du nombre de contrats traités pendant un laps de temps donné (journée, mois, année) : c'est le *volume* du marché. Soit par le nombre de contrats qui ont été négociés depuis leur ouverture sans avoir encore été soldés et dont le total, à un moment donné, constitue la *position ouverte (open interest)*.

La figure 2.3 reproduit les volumes négociés et l'évolution des positions ouvertes concernant les contrats sur emprunt notionnel, Pibor 3 mois et Eurodem 3 mois pour l'ensemble de l'année 1989.

CONTRAT SUR EMPRUNT NOTIONNEL

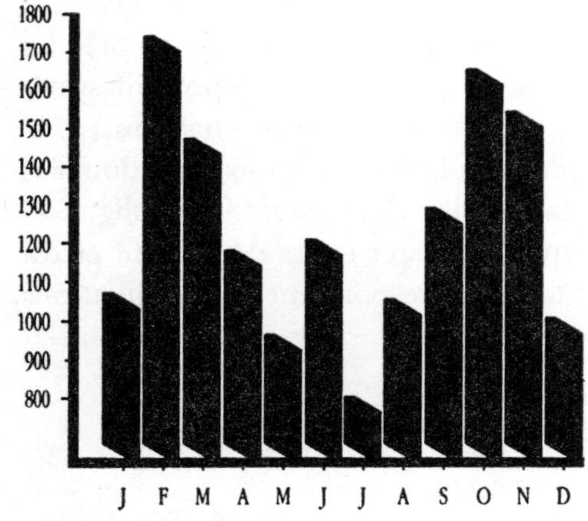

Volume négocié (en milliers de lots)

CONTRAT SUR EMPRUNT NOTIONNEL

Position ouverte (en milliers de lots)

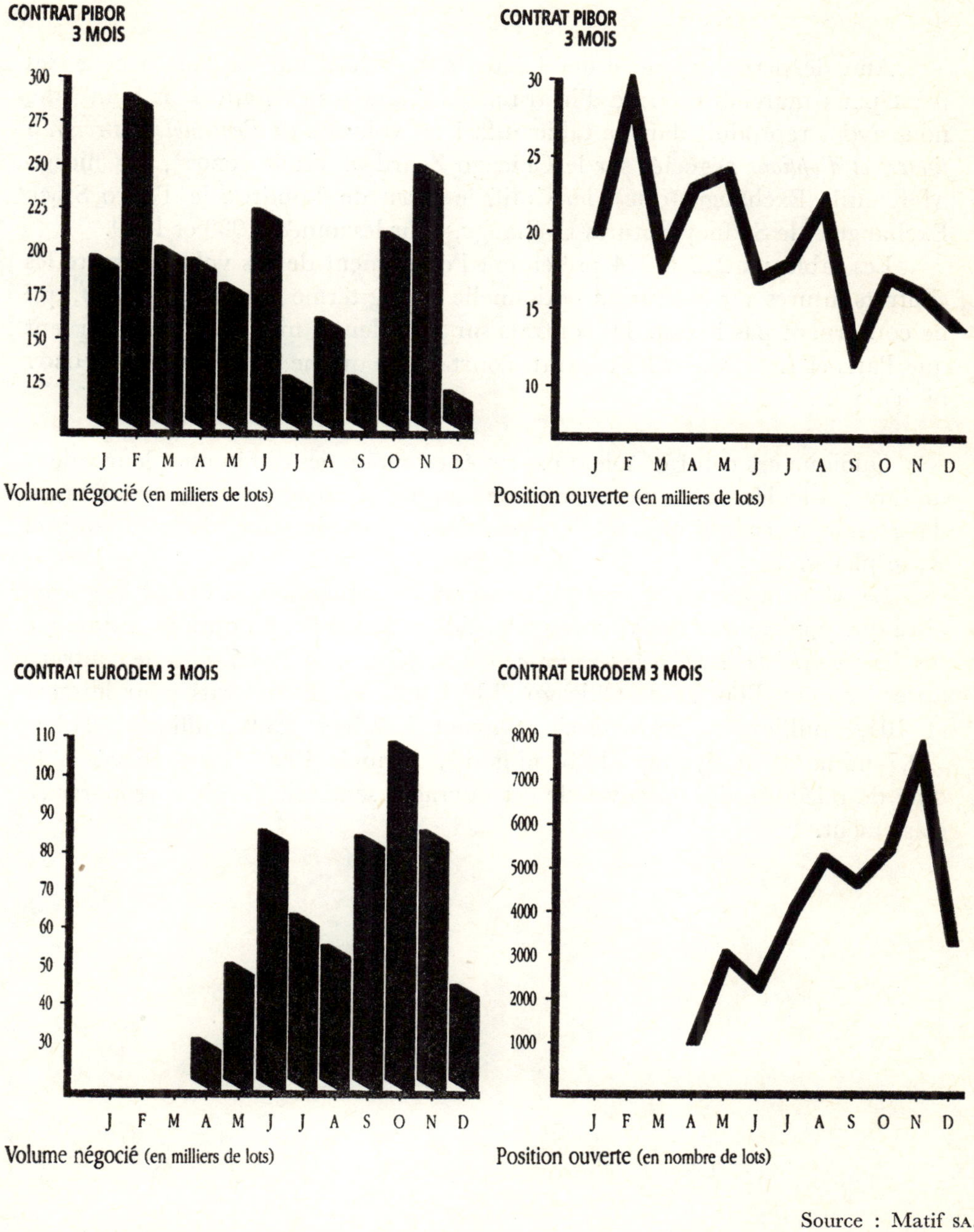

Source : Matif SA.

Figure 2.3

4.2. *Comparaisons internationales*

Afin de permettre de situer l'activité du Matif par rapport à celle des principaux marchés à terme d'instruments financiers existant dans le monde, nous avons reproduit dans le tableau 2.1 les volumes de *l'ensemble des contrats futures et d'options* négociés sur le Chicago Board of Trade (CBOT), le Chicago Mercantile Exchange (CME), le Matif, le LIFFE de Londres, le Tokyo Stock Exchange et le Sydney Futures Exchange, pour les années 1988 et 1989.

Les tableaux 2.2 à 2.4 présentent l'éclatement de ces volumes entre les contrats futures sur obligation notionnelle à long terme (sans les options), qui ne concernent pas le CME, les contrats sur Eurodem 3 mois qui ne concernent que Paris et Londres, et les contrats court terme qui ne concernent ni le CBOT ni Tokyo.

Quoique ces contrats soient exprimés en monnaies différentes, leur valeur unitaire, calculée dans une même monnaie de référence, est du même ordre de grandeur, ce qui permet, en première approximation, la comparaison entre places.

Le Matif apparaît, en ce qui concerne les obligations d'Etat *à long terme* ainsi que pour le *total* des volumes négociés en futures et en options, comme le *troisième marché du monde et le premier marché européen*, avec 26 millions de contrats, après les deux Bourses de Chicago (138,4 millions de contrats pour le CBOT et 104,7 millions pour le CME) et avant Londres (23,9 millions), Tokyo (22,7 millions) et Sydney (11,8 millions). L'année 1990 (non achevée à la date de relecture des épreuves de cet ouvrage) semblait devoir corroborer ce classement.

Tableau 2.1. — Contrats de futures et d'options : volumes (nombre de contrats)

(2e semestre 1989, années 1989 et 1988)

	Volumes					
	Chicago Board of Trade	*Chicago Mercantile Exchange*	*Matif* Paris*	*Liffe Londres*	*Tokyo Stock Exchange*	*Sydney Futures Exchange*
Juillet	10 981 942	7 851 928	1 695 780	1 703 398	2 036 108	1 081 255
Août	13 975 543	9 319 459	1 807 920	1 926 069	2 187 536	960 214
Septembre	9 411 252	8 636 037	2 163 592	2 107 310	2 394 080	1 152 128
Octobre	12 629 009	9 495 542	2 925 121	3 073 809	1 915 018	1 027 717
Novembre	11 458 086	7 887 588	2 597 152	2 626 712	1 927 872	931 448
Décembre	7 203 988	6 548 978	1 678 036	1 286 784	1 858 903	852 936
Total	65 659 820	49 739 532	12 867 601	12 724 082	12 319 517	6 005 698
Total 1989	138 351 317	104 654 457	26 002 085	23 859 395	22 698 136	11 821 593
Total 1988	143 038 495	78 011 668	16 511 739	15 546 610	21 020 762	7 869 021
Croissance 1989/1988 (%)	— 3,3	+ 34,2	+ 57,5	+ 53,5	+ 8,0	+ 50,2
Part de marché 1989 (%)	42,3	32,0	7,9	7,3	6,9	3,6
Part de marché 1988 (%)	50,7	27,7	5,9	5,5	7,5	2,8
Variation 1988/1989	— 8,4	+ 4,3	+ 2,0	+ 1,8	— 0,6	+ 0,8

* BTAN-OMF exclu. Marchandises à partir de juillet 1988.

Source : Matif SA.

Tableau 2.2. — Contrats long terme : volume et position ouverte

(2e semestre 1989)

	Chicago Board of Trade		*Tokyo Stock Exchange*		*Matif*		*Liffe*		*Sydney Futures Exchange*	
	T-bonds		*10-yr Govt bonds*		*Notionnel*		*Long gilt*		*10-yr T-bonds*	
	Volume	*PO*	*Volume*	*PO*	*Volume*	*PO*	*Volume*	*PO*	*Volume*	*PO*
Juillet	5 231 164	352 210	1 741 548	218 315	806 280	95 034	315 887	30 870	314 987	42 129
Août	7 639 856	286 429	1 835 039	261 822	1 056 807	74 138	328 171	30 557	266 340	66 429
Septembre	4 792 236	263 855	2 042 593	172 097	1 288 173	69 409	286 342	29 421	323 255	45 081
Octobre	6 329 313	331 284	1 622 235	201 827	1 647 983	81 536	420 671	29 660	231 752	50 157
Novembre	5 827 966	344 722	1 600 855	210 788	1 540 990	85 617	346 833	36 881	222 130	59 634
Décembre	3 244 170	285 650	1 503 701	182 517	1 012 470	70 282	201 815	31 049	255 857	37 650
Total	33 064 705		10 345 971		7 352 703		1 899 719		1 614 321	
Total 1989	70 303 195		18 941 890		15 004 901		4 062 472		3 214 713	
Total 1988	70 307 872		18 719 769		12 357 118		5 586 753		2 957 015	
Croissance 1989/88 (%)	— 0,1		+ 1,2		+ 21,4		— 27,3		+ 8,7	

NB. — Position ouverte fin de mois.

Source : Matif SA.

Tableau 2.3. — Contrats sur Eurodem : volume et position ouverte

(1er semestre 1989)

	Matif		Liffe	
	Eurodem 3 mois		*Eurodem 3 mois*	
	Volume	*PO*	*Volume*	*PO*
Janvier				
Février				
Mars				
Avril	31 235	1 027	34 361	6 067
Mai	50 608	2 973	92 813	16 891
Juin	86 155	2 286	104 993	17 023
Total	167 998		232 167	

(2e semestre 1989)

	Matif		Liffe	
	Eurodem 3 mois		*Eurodem 3 mois*	
	Volume	*PO*	*Volume*	*PO*
Juillet	63 845	3 982	69 126	14 092
Août	56 138	5 191	85 562	15 376
Septembre	84 808	4 645	132 379	23 420
Octobre	108 685	5 400	192 247	25 020
Novembre	86 040	7 506	163 142	32 563
Décembre	46 234	3 309	76 133	21 086
Total	445 750		718 589	
Total 1989	613 748		950 711	
Part de marché (%)	39,2		60,8	

NB. — Position ouverte fin de mois.

Source : Matif SA.

Tableau 2.4. — Contrats court terme : volume et position ouverte

(2e semestre 1989)

	Chicago Mercantile Exchange		*Matif*		*Liffe*		*Sydney Futures Exchange*	
	90-Day T-Bill		*Pibor 3 mois**		*Short Sterling*		*90-Day Bank Bill*	
	Volume	*PO*	*Volume*	*PO*	*Volume*	*PO*	*Volume*	*PO*
Juillet	89 341	22 030	129 566	18 220	536 847	90 547	500 099	130 212
Août	126 856	21 551	161 922	21 944	502 878	97 817	438 713	140 693
Septembre	135 948	26 092	129 692	12 265	633 556	89 608	574 440	114 590
Octobre	149 109	34 165	212 099	16 869	1 041 496	129 578	529 352	137 155
Novembre	130 093	36 127	251 545	15 903	741 501	142 368	492 326	155 880
Décembre	124 854	34 392	119 677	14 343	340 547	110 022	471 271	101 544
Total	756 201		1 004 501		3 796 825		2 952 201	
Total 1989	1 502 384		2 296 359		7 131 345		5 908 386	
Total 1988	1 373 553		452 374		3 537 950		3 013 929	
Croissance 1989/1988 (%)	+ 9,4		+ 407,6		+ 101,6		+ 96,0	

NB. — Position ouverte fin de mois.
* Ouverture du contrat : 8 septembre 1988.

Source : Matif SA.

ANNEXE AU CHAPITRE 2

Dates et horaires des contrats Matif

I – *Dates d'ouverture des marchés à la criée et THS :*

Contrats	*Criée*	*THS*
Notionnel	20-2-1986	4-2-1988
Bon du Trésor	25-6-1986	4-2-1988
Pibor 3 mois	8-9-1988	9-9-1988
Eurodem 3 mois	9-5-1989	20-4-1989
Notionnel ECU	18-10-1990	18-10-1990
BTAN	1-6-1989	

II – *Horaires :*

Contrats	*Criée*	*THS*
Notionnel	9 h-16 h	16 h 1-9 h 59
Bon du Trésor	Pas traité	Pas traité
Pibor 3 mois	8 h 30-16 h	16 h 1-8 h 29
Eurodem 3 mois	8 h 30-16 h	16 h 1-8 h 29
Notionnel ECU	9 h-16 h	16 h 1-8 h 59
BTAN	9 h-17 h	

3 Taux d'intérêt et gestion obligataire

La connaissance des notions fondamentales de la gestion obligataire est indispensable à une bonne compréhension des phénomènes qui se déroulent sur les marchés à terme d'instruments financiers. Ce chapitre est consacré au rappel de ces notions : il contient également quelques éléments essentiels concernant l'économie des taux d'intérêt.

La section 1 traite de l'actualisation et de la détermination théorique du prix d'une valeur mobilière à revenu fixe. La section 2 précise ensuite les concepts de duration, de sensibilité et d'immunisation, auxquels il sera abondamment fait appel dans la suite de cet ouvrage. La section 3, enfin, analyse la structure par termes des taux d'intérêt au comptant (ou gamme des taux), les taux à termes implicites dans la gamme des taux au comptant et les taux au comptant implicites dans les cours du marché à terme (1).

Il est recommandé au lecteur de se reporter à l'Annexe 1 en fin d'ouvrage pour une explication de la notation des taux d'intérêt utilisée.

(1) Pour une analyse de la technique de l'actualisation, voir R. Portait et Ph. Noubel, *Les décisions financières dans l'entreprise*, PUF, 2e éd., 1988; sur la gestion obligataire, consulter C. Bito, *Marché des obligations et gestion obligataire*, Dalloz, 1985; des éléments d'économie des taux d'intérêt sont présentés dans C. de Boissieu, *La structure par terme des taux d'intérêt*, Economica, 1976, ou dans F. Aftalion et P. Poncet, *Les taux d'intérêt*, PUF, coll. « Que sais-je ? », 2e éd., 1989.

1 | Actualisation et valeur des obligations

Nous examinons d'abord le modèle théorique d'évaluation par le marché financier d'une obligation à taux de coupon fixe (nous n'aborderons pas la question des obligations à taux variables ou révisables), puis nous présentons brièvement quelques règles élémentaires de gestion obligataire.

1.1. *Prix théorique d'une obligation à taux fixe*

D'un point de vue financier, une obligation à taux fixe classique peut être considérée comme un droit à percevoir une série de flux monétaires représentés par des coupons annuels (résultats de la multiplication de la valeur nominale de l'obligation par le taux d'intérêt nominal, appelé aussi taux facial ou taux de coupon) et le remboursement du principal (ce dernier s'effectuant soit par fractions sur plusieurs années soit en totalité à la fin de la durée de vie de l'obligation). Ce droit est obtenu en échange du paiement de la valeur du titre.

Le calcul théorique de celle-ci pose problème dans la mesure où il implique un décaissement immédiat contre l'espoir de recevoir des fonds à des moments différents du futur. Or, nous savons qu'un franc reçu aujourd'hui, même en l'absence d'inflation, a plus de valeur qu'un franc reçu par exemple dans un an (parce qu'avec un franc maintenant les agents économiques peuvent consommer immédiatement, ce qui est impossible avec un franc reçu plus tard; or, en général, il existe une préférence pour la consommation immédiate). Nous savons également que l'incertitude sur les encaissements futurs complique encore le problème de la comparaison intertemporelle des flux de trésorerie.

La *formule des intérêts composés* permet d'évaluer de manière simple la valeur d'une série de flux de trésorerie se produisant avec certitude à certaines périodes, et de résoudre le problème de la valorisation des obligations que nous venons d'évoquer.

Supposons en effet que l'on ait la possibilité d'investir une somme a_0 ($a_0 < 0$ — c'est le prix de l'obligation) aujourd'hui avec la certitude de recevoir en échange des sommes a_t telles que $a_1, a_2, \ldots, a_T$, au terme respectivement d'une, deux, ..., et T périodes, selon l'échéancier suivant :

Période t	0	1	2	...	T
Flux monétaire	a_0	a_1	a_2	...	a_T

Supposons encore que la possibilité existe de placer ou d'emprunter à tout moment, et pour des périodes de durée quelconque, au taux unique r. On peut alors faire le raisonnement suivant : pour obtenir la somme positive a_1 au terme d'une période ($t = 1$), il convient de placer une somme égale à $P_1 = a_1/(1 + r)$ au moment $t = 0$. De la même façon, la somme a^T pourrait être le résultat, en $t = T$, d'un placement $P_T = a_T/(1 + r)^T$ effectué en $t = 0$. La valeur nette de la somme des T placements fictifs ainsi obtenus grâce au paiement initial de l'obligation a_0 ($= P_0$) est donc :

$$\text{VNP} = \sum_{t=0}^{T} P_t = \sum_{t=0}^{T} \frac{a_t}{(1+r)^t} \tag{3.1}$$

Cette somme est aussi appelée *valeur nette présente* de l'investissement. Dans le cas d'une obligation, elle doit être nulle si r est le rendement constaté sur le marché pour des placements de même durée et de risque équivalent. Si elle ne l'est pas, des opérations d'arbitrage sont théoriquement (c'est-à-dire en l'absence de tout coût de transaction) réalisables. Ces dernières consistent soit à vendre à découvert le titre considéré (si $\text{VNP} < 0$, l'obligation est trop chère) et à placer le produit P_0 de celle-ci au taux r, jusqu'à ce que le prix P_0 baisse suffisamment pour que $\text{VNP} = 0$, soit à l'acheter dans le cas contraire (si $\text{VNP} > 0$, l'obligation est trop bon marché) en empruntant la somme P_0 au taux r, jusqu'à ce que le prix P_0 augmente suffisamment pour que $\text{VNP} = 0$. A l'équilibre, la relation (3.1) peut par conséquent s'écrire :

$$P_0 = \sum_{t=1}^{T} \frac{a_t}{(1+r)^t} \tag{3.2}$$

Cette relation, où les a_t représentent les coupons et/ou le remboursement du capital (comprenant éventuellement une prime de remboursement) et où r est le rendement sur le marché de titres de même durée et de risque équivalent, permet d'évaluer le prix ou la valeur d'une obligation. Elle indique que le prix d'une obligation au temps $t = 0$ est la *valeur présente* de tous les paiements futurs auxquels cette obligation donne droit. Alternativement, r peut aussi être interprété comme le rendement anticipé de l'obligation dont le prix est P_0.

▶ *Exemple 1.* — Soit une obligation d'une durée de 5 ans, de 1 000 F de valeur faciale remboursée au pair et de 5 % d'intérêt nominal (taux de coupon). Si le rendement exigé par le marché pour ce type d'instrument est de 10 %, son prix (sa valeur boursière) est :

$$P_0 = \frac{50}{(1,1)} + \frac{50}{(1,1)^2} + \ldots + \frac{1\ 050}{(1,1)^5} = 810,46.$$

1.2. *La notion de risque de taux*

Une règle simple, très importante et très connue, peut être tirée de la relation donnant le prix d'une obligation. Cette règle énonce que la valeur d'une obligation varie en sens contraire de son rendement exigé ou anticipé. Il est en effet évident d'après la formule (3.2) que, si le taux r croît, la valeur P_0 diminue et inversement que, si r décroît, P_0 augmente. L'éventualité de réaliser ainsi une perte (un gain) en capital en cas de hausse (de baisse) des taux du marché s'appelle le risque de taux (d'intérêt).

De façon générale, une firme subit un risque de taux d'intérêt lorsqu'une variation des taux d'intérêt provoque une modification de la valeur boursière de ses capitaux propres, c'est-à-dire lorsque ses actifs et ses dettes ne sont pas affectés de façon identique par une variation donnée des taux d'intérêt. Une illustration simple de ce concept, en attendant une analyse plus détaillée au chapitre 6, est donnée par les sociétés de portefeuille dont l'actif est presque entièrement constitué de placements en obligations et le passif comprend peu de dettes. Une augmentation des taux d'intérêt sur le marché fait diminuer la valeur de leurs actifs, tandis qu'une diminution de ces taux la fait croître. Ces sociétés présentent donc en général une forte exposition au risque de taux d'intérêt (dans quelle proportion exacte dépend de la composition de leur actif et également de la structure et de la composition de leur passif). Toutes les institutions financières sont exposées à ce risque de taux, dans une plus ou moins grande mesure ainsi que, mais à un degré en général bien moindre, les entreprises industrielles et commerciales.

Pour gérer ce risque, il est nécessaire de se doter au préalable d'instruments de mesure qui font l'objet de la section suivante. Aussi grande en effet que soit l'utilité de la règle énoncée plus haut pour apprécier la variation de la valeur des différentes obligations, elle est purement qualitative. L'appréciation précise du comportement du prix des obligations lorsque les taux d'intérêt du marché varient n'est possible que par application des concepts de *sensibilité* et de *duration*.

2 | Duration et sensibilité

2.1. *Définitions*

La relation (3.2) représente le prix d'une obligation comme une fonction du taux d'intérêt exigé par le marché *r*.

Si l'on veut savoir de quel montant varie la valeur de ce titre lorsque le taux d'intérêt change, par exemple de 1 %, il est toujours possible d'appliquer cette relation pour deux valeurs différentes de *r* et de comparer les deux résultats. Cette méthode, outre son caractère très fastidieux, ne permet pas d'établir une relation générale entre les caractéristiques d'une obligation et les variations de sa valeur.

Or, il est possible de calculer, pour toute obligation, deux mesures de l'*exposition* de sa valeur P aux variations du taux d'intérêt du marché. Ces mesures, propres à chaque obligation, sont données par les relations suivantes [2] :

$$\frac{\Delta P}{P} = -D \frac{\Delta r}{(1+r)} = -S\,\Delta r \tag{3.3}$$

où Δx est une variation de la variable x (en l'occurrence soit P, soit r) et par conséquent $\Delta x/x$ une variation relative qui, multipliée par 100, devient une variation en pourcentage. La mesure D, appelée *duration* (le terme vient de l'anglais), est donnée par la relation :

$$D = \frac{\sum_{t=1}^{T} \frac{t.a_t}{(1+r)^t}}{\sum_{t=1}^{T} \frac{a_t}{(1+r)^t}} = \sum_{t=1}^{T} \frac{t.a_t/P}{(1+r)^t} \tag{3.4}$$

dans laquelle on a tenu compte de l'expression du prix P donné par (3.2) [3]. On voit clairement, d'après le deuxième terme de cette double égalité, que la dimension de D est celle de t, c'est-à-dire le temps (en général exprimé en années).

[2] Obtenue par différenciation de la relation (3.2) par rapport au taux d'intérêt.

[3] Cette relation, due à Macaulay (1938), peut paraître complexe; son expression se calcule en fait facilement à l'aide, par exemple, d'un micro-ordinateur à condition de connaître le prix de l'obligation, les différents paiements auxquels elle donne droit et le taux d'intérêt du marché.

La mesure S, appelée *sensibilité* (ou *duration modifiée*, notée D^* pour utiliser une terminologie plus anglo-saxonne), s'obtient facilement d'après :

$$S(= D^*) = \frac{D}{(1 + r)} \qquad (3.5)$$

Nous constatons d'après ces relations qu'une variation relative $\Delta P/P$ du prix d'une obligation est proportionnelle à sa duration ; celle-ci est obtenue en faisant la somme des « flux relatifs » a_t/P actualisés et pondérés par le numéro des dates (1, 2, 3, ..., T) auxquelles ils sont encaissés et peut donc être interprétée comme une « *durée moyenne de vie* ». Elle dépend de l'ensemble de ces versements et non pas seulement de la période où a lieu le dernier d'entre eux. Mais, bien entendu, plus les versements ont lieu pendant longtemps et plus la duration correspondante est élevée. Notez que, mathématiquement, cette dernière est la dérivée de P par rapport à r, multipliée par le rapport $(1 + r)/P$.

Il faut remarquer que seules les obligations à coupon 0 ([4]), qui ne donnent lieu qu'à deux échanges de trésorerie, l'un au moment de l'émission (ou de l'achat en Bourse) et l'autre au moment du remboursement, ont des durations égales à leur durée de vie restant à courir (ceci peut se vérifier facilement dans la relation (3.4) où $a_t = 0$ pour tous les t sauf pout $t = T$). Les instruments à court terme peuvent à cet égard être assimilés à des obligations à coupon 0 et leur duration est égale à leur durée. Les obligations classiques à coupons ont des durations inférieures à leur durée de vie.

Par ailleurs, la sensibilité ou duration modifiée est une notion très proche de celle de la duration, puisqu'elle n'en diffère que par le facteur $1/(1 + r)$. On voit que la sensibilité d'une obligation est égale à la variation relative de sa valeur $\Delta P/P$, exprimée en pourcentage, se produisant pour une variation absolue r du taux d'intérêt d'une unité (1 %).

Pour résumer, la mesure correcte de l'exposition au risque de taux d'une obligation est sa duration ou sa sensibilité (duration modifiée) et non sa durée (sauf dans le cas d'un titre à coupon 0, qu'il soit à long ou à court terme). De ce concept de duration découlent les quatre règles suivantes de *gestion obligataire* :

— Si deux obligations ont la même durée de vie mais pas le même taux d'intérêt facial (taux de coupon), celle dont le taux de coupon est le plus faible subira la plus forte variation de valeur relative (en pourcentage) pour

([4]) Ces obligations sont surtout utilisées sur les marchés internationaux.

une variation donnée du rendement anticipé (car elle a une duration plus élevée).

— Si deux obligations ayant même taux facial diffèrent par leur durée de vie, celle dont la durée de vie est la plus longue subira la plus forte variation de valeur relative pour une variation donnée du rendement anticipé (car elle a une duration plus élevée).

— Pour une variation donnée du rendement exigé, la variation relative de valeur sera supérieure pour une obligation traitée au-dessous du pair (rendement du marché supérieur au taux d'intérêt nominal) que pour une obligation traitée au-dessus (rendement du marché inférieur au taux facial).

— Une augmentation du rendement exigé provoque, pour une obligation donnée, une variation de prix plus faible que celle produite en sens inverse par une diminution du rendement anticipé de même amplitude. Ce phénomène, appelé *convexité*, résulte du fait que la courbe (de pente négative) représentative de la valeur de l'obligation P en fonction du taux d'actualisation r exigé par le marché a sa concavité tournée vers le haut.

2.2. *Quelques applications*

L'exemple numérique suivant montre comment peuvent être calculées la duration et la sensibilité d'une obligation :

▶ *Exemple 2.* — Considérons à nouveau l'obligation de l'exemple 1, dont la durée de vie est de 5 ans, le coupon de 50 F, la valeur nominale de 1 000 F et qui vaut 810,46 F lorsque le taux du marché est de 10 %. Le tableau suivant montre comment on peut en calculer la duration :

t	1	2	3	4	5
a_t	50	50	50	50	1 050
$\dfrac{t \times a_t}{(1+0{,}1)^t}$	45,5	82,6	112,7	136,6	3 259,8

soit une duration égale à :

$$D = (45{,}5 + 82{,}6 + 112{,}7 + 136{,}6 + 3\,259{,}8)/810{,}46 = 4{,}49$$

et une sensibilité égale à :

$$S = 4{,}49/1{,}1 = 4{,}08$$

dont la signification est, d'une part, que la durée moyenne de vie de cette obligation est de 4,49 ans et, d'autre part, que si le taux d'intérêt varie de 1 % (passant à 11 ou 9 %), la valeur de ce titre varie de 4,08 % en sens contraire.

Certains considèrent que le risque de taux d'intérêt d'une obligation est fonction uniquement de son échéance, c'est-à-dire que plus une obligation est longue plus sa valeur varie fortement pour une variation donnée du taux d'intérêt. Une telle affirmation est inexacte, comme l'illustre l'exemple suivant :

▶ *Exemple 3.* — Avec un taux d'intérêt de 10 % sur le marché, une obligation qui verse un coupon de 100 F par an pendant 10 ans, puis est remboursée 1 000 F, a une sensibilité de 6,14 (ou une duration de 6,75 années). Celle-ci est pratiquement égale à la sensibilité d'une autre obligation à coupon 0 ayant une échéance de seulement 6 ans et 9 mois et qui sera aussi remboursée 1 000 F. Ces deux obligations valent respectivement sur le marché 1 000 F et 525,50 F. Une augmentation du taux d'intérêt du marché de 1 % ferait chuter leurs prix du même pourcentage, soit 6,14 %.

Les concepts de sensibilité et de duration s'avèrent être extrêmement utiles, et même indispensables, malgré leurs inévitables limites, dans la gestion des portefeuilles obligataires.

Envisageons en effet le problème du risque tel qu'il se pose à l'investisseur qui se fixe le moment du futur — l'horizon — où il aura besoin de liquidités. S'il veut, par exemple, investir pour dix ans à un moment où les taux longs sont de 15 %, il lui suffit d'acheter une obligation à coupon 0 d'une durée de vie de 10 ans (5) (nous avons déjà précisé que pour une telle obligation la durée de vie est égale à la duration). Il la paiera 247,18 F, recevra 1 000 F dans 10 ans et sera ainsi certain d'obtenir le rendement de 15 % désiré. On dit que son investissement est *immunisé*, c'est-à-dire qu'il produit à l'horizon souhaité, sans aucun risque, le rendement fixé au début de la période.

Si ce même investisseur achète une obligation à coupons, il faut qu'il puisse réinvestir tous les coupons au même taux de 15 % pour réaliser *ex post* le rendement de 15 %. Comme une totale stabilité des taux sur 10 ans est parfaitement invraisemblable, ce type d'investissement présente un risque de taux d'intérêt. Cependant l'investisseur considéré pourrait acheter une obligation à coupons d'une durée de vie supérieure à 10 ans. S'il se produit une hausse des taux, les réinvestissements des coupons produiront davantage que les 15 % visés. En revanche, la valeur de l'obligation baissera.

On peut montrer que, moyennant certaines hypothèses restrictives (pas de coûts de transaction et des taux d'intérêt identiques pour toutes les échéances, c'est-à-dire une *gamme des taux plate*), en choisissant une obligation dont la duration est égale à l'horizon d'investissement (10 ans ici), l'investissement sera immunisé : il produira en fin de compte les 15 % recherchés. En effet, dans ce cas, le gain (la perte) réalisé(e) sur le réinves-

(5) En supposant bien entendu que de telles obligations soient disponibles.

tissement des flux intermédiaires du(e) à la hausse (baisse) des taux d'intérêt est exactement compensé(e) par la perte (le gain) en capital. Dans la mesure où les hypothèses mentionnées ne se réalisent pas, le taux obtenu ne sera pas exactement 15 % mais seulement proche de ce chiffre, un risque marginal subsistant.

Une autre application du concept de duration peut être trouvée dans la gestion des institutions financières qui, en général, sont particulièrement exposées aux variations des taux d'intérêt. Leurs actifs ont le plus souvent une duration supérieure à celle de leurs passifs, ce qui provoque, en cas de hausse des taux, une baisse de la valeur des capitaux propres, la dépréciation de l'actif étant supérieure à celle des dettes. Le calcul des durations de l'actif et du passif permet, du moins en théorie, de connaître la perte de valeur se produisant, en cas de hausse des taux, pour une structure donnée du bilan (cf. le chapitre 9 pour des explications plus détaillées et des exemples). Il est alors possible de modifier cette duration de manière à contrôler l'exposition de l'institution au risque de taux d'intérêt. Comme nous le verrons au cours des chapitres ultérieurs, cette modification est facilement réalisable à l'aide des marchés à terme d'instruments financiers.

2.3. *Examen d'une complication*

Pour ce faire, il faut au préalable résoudre le problème posé par le fait que le premier flux (a_1) n'est pas en général reçu dans exactement une année : par exemple, le coupon couru n'est nul qu'une seule fois par an (juste après son paiement). Les formules (3.4) et (3.5) doivent donc être amendées pour tenir compte de cette complication.

Appelons α la *fraction* d'année restant à courir jusqu'au prochain flux (donc $1 - \alpha$ est la fraction déjà écoulée depuis le versement du dernier flux). La valeur de l'obligation est donc :

$$P = \sum_{t=1}^{T} \frac{a_t}{(1+r)^t} (1+r)^{1-\alpha}.$$

En effet, la valeur donnée par la sommation est celle d'une obligation dont le prochain coupon serait détaché dans un an. C'est donc le prix de l'obligation à l'instant $t = -(1 - \alpha)$ du passé (en considérant l'instant présent comme $t = 0$). Il faut donc multiplier ce prix par le facteur de capitalisation $(1 + r)^{1-\alpha}$ pour obtenir le prix aujourd'hui. Cette valeur est supérieure à la valeur donnée par l'équation (3.2) puisque le premier flux est reçu dans moins d'un an.

Convenons de noter par D_t^- et D_t^+ les durations calculées à l'instant t respectivement juste avant et juste après le détachement d'un flux. Soit $t = 0$ l'instant courant et D_0 la duration du titre à cet instant. L'instant (passé) se situant juste après le dernier détachement (ou, si aucun flux n'a encore été versé, la date se situant exactement un an avant le prochain détachement) est donc $t = -(1 - \alpha)$ et la duration du titre est $D^+_{-(1-\alpha)}$. L'instant (futur) du prochain versement de flux est $t = \alpha$ et la duration du titre juste avant le détachement est D_α^-.

La duration du titre aujourd'hui ($t = 0$), qui est mathématiquement la dérivée de P par rapport à r multipliée par le rapport $(1 + r)/P$, est par conséquent égale à :

$$D_0 = D^+_{-(1-\alpha)} - (1 - \alpha) = D^-_\alpha + \alpha \qquad (3.4')$$

On voit que $D^+_{-(1-\alpha)}$ est la duration (calculée avec l'équation (3.4)) qu'aurait l'obligation aujourd'hui si le prochain coupon (ou flux) était encaissable dans un an exactement ($\alpha = 1$).

De la même façon, la sensibilité (ou duration modifiée) à l'instant $t = 0$ est égale à :

$$S_0(= D_0^*) = S^+_{-(1-\alpha)} - \frac{(1 - \alpha)}{(1 + r)} \qquad (3.5')$$

où $S^+_{-(1-\alpha)}$ est la sensibilité qu'aurait le titre si le prochain flux était encaissable exactement dans un an.

2.4. *Deux autres résultats propres à la duration*

Deux autres résultats s'avéreront utiles pour la gestion obligataire et, plus particulièrement, pour l'utilisation de la duration à des fins de couverture des positions (cf. chap. 7 à 9).

Rappelons au préalable qu'au moment du détachement d'un coupon la valeur de l'obligation diminue du montant de celui-ci : elle change de P^- à P^+ avec la relation évidente :

$$P^+ = P^- - a_1 \qquad (3.6)$$

où a_1 est le coupon versé.

Le premier résultat est que le produit D.P de la duration par la valeur de l'obligation reste constant au moment du détachement d'un coupon :

$$D^{-}.P^{-} = D^{+}.P^{+} \tag{3.7}$$

Pour comprendre cela, il suffit de réécrire l'équation (3.3) de la façon suivante :

$$\frac{\Delta P}{\Delta r/(1 + r)} = - D.P$$

et de remarquer que les dérivées respectives de P^{-} et P^{+} par rapport à r sont identiques, puisque ces deux valeurs ne diffèrent entre elles que d'une constante (le flux a_1), en vertu de l'équation (3.6). Les membres de gauche de l'équation étant identiques, les membres de droite le sont aussi.

Le deuxième résultat, corollaire du précédent, est que la duration augmente immédiatement après le détachement du coupon. En effet, en combinant les équations (3.6) et (3.7), on obtient :

$$D^{+} - D^{-} = \frac{a_1 . D^{-}}{P^{+}} > 0 \tag{3.8}$$

Les relations (3.7) et (3.8) mettent en évidence certaines propriétés importantes de la duration. Il convient en particulier de noter que, dans l'intervalle de temps pendant lequel aucun flux n'est encaissé, la duration d'une obligation (à taux fixe) diminue exactement comme le temps réel (par exemple, en un mois, la duration diminue d'un mois), si, bien entendu, le taux de rendement r exigé par le marché ne varie pas. Toutefois, au moment du détachement du coupon, la duration, on l'a vu, augmente brutalement.

Par conséquent, pendant un laps de temps au cours duquel intervient un détachement de coupon, la duration diminue moins que le temps réel et peut même augmenter. En particulier, le passage d'une année entraîne une diminution de la duration inférieure à l'unité. Notons que ce résultat n'est pas surprenant : la duration étant inférieure à la durée de vie de l'obligation (sauf pour les coupons 0), et ces deux grandeurs convergeant vers 0 à l'approche de l'échéance, il faut bien que la duration diminue moins vite que la durée de vie.

2.5. *Duration et sensibilité d'un portefeuille*

Il est hautement souhaitable de pouvoir calculer l'exposition d'un portefeuille d'obligations diverses au risque de taux d'intérêt. Toutefois, à moins de supposer que le taux d'actualisation est le même pour toutes les lignes composant le portefeuille, il n'est pas possible de calculer de façon à la fois simple et exacte sa duration ou sa sensibilité à partir des durations ou sensibilités individuelles. Les deux formules ci-dessous ne sont par conséquent que des approximations commodes que l'on devra se contenter d'utiliser en pratique :

$$D_p = \frac{\sum_{i=1}^{n} D_i . P_i}{\sum_{i=1}^{n} P_i} \qquad (3.4'')$$

où D_p, la duration du portefeuille composé de n titres, est la moyenne des durations D_i des titres individuels $i = (1, \ldots, n)$ pondérées par les valeurs boursières P_i, où :

$$\sum_{i=1}^{n} P_i = P \quad \text{est la valeur du portefeuille.}$$

De façon similaire, l'on utilisera :

$$S_p = \frac{\sum_{i=1}^{n} S_i . P_i}{\sum_{i=1}^{n} P_i} \qquad (3.5'')$$

Nous utiliserons ces formules aux chapitres 8 et 9 traitant des couvertures.

3 | La gamme des taux d'intérêt

Après la définition de la structure par termes des taux d'intérêt et l'examen des théories qui ont tenté de l'expliquer (§ 3.1), nous définirons la notion de taux à terme implicites dans les taux au comptant (§ 3.2), puis la notion, symétrique, de taux au comptant implicites dans les cours à terme (§ 3.3), avant de conclure par l'évocation des primes de risque de défaut (§ 3.4).

3.1. *La structure par termes des taux au comptant*

Dans toute économie moderne, il existe des actifs financiers de différentes échéances (on dit aussi maturités). Celles-ci vont du jour le jour jusqu'à des durées de 30 ans (sur les marchés de capitaux américains) et même l'infini pour des rentes perpétuelles. Or il est facile de constater que, toutes choses égales par ailleurs, et en particulier à risque de défaut et à liquidité de marché donnés, les rendements associés aux instruments financiers dépendent des échéances de ces derniers. En général, les rendements sont d'autant plus élevés que les échéances sont plus éloignées. Il arrive cependant que, pendant des périodes plus ou moins longues, à la suite en général d'une forte hausse du niveau d'ensemble des taux déclenchant une vague d'anticipations à la (future) baisse de ceux-ci, on trouve une situation inverse caractérisée par des taux courts plus élevés que les taux longs.

3.1.1. *Définition*

On appelle structure par termes (ou par échéances ou par maturités) des taux au comptant, ou gamme des taux au comptant, la relation existant *à un moment donné* entre les rendements des titres financiers à taux fixe ayant des durées de vie différentes (mais par ailleurs les mêmes autres caractéristiques). Le terme anglais est *yield curve*.

Pour obtenir à un moment donné la forme de la gamme des taux, il faut établir un graphique semblable à celui de la figure 3.1. Sur l'axe des abscisses de ce graphique sont portées les échéances (ou maturités) des titres

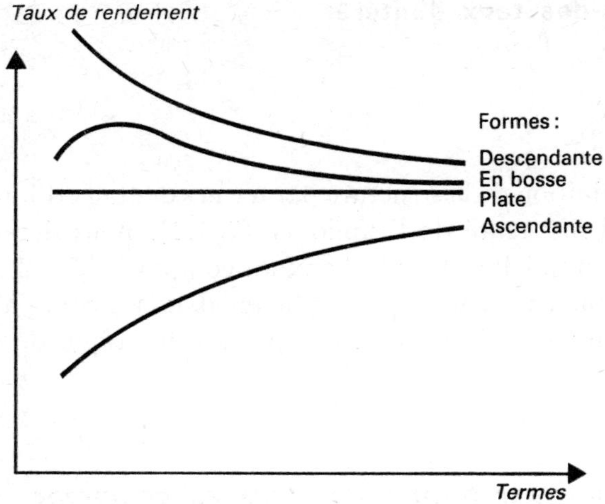

Fig. 3.1. — Structure par termes des taux d'intérêt

et sur l'axe des ordonnées leurs rendements anticipés. Quatre formes de gammes de taux sont ainsi représentées : ascendante (cas « normal », le plus fréquent), descendante ou inversée, plate ou en bosse.

3.1.2. *La théorie des anticipations pures*

L'existence de ces différentes formes de la gamme des taux implique que la relation, constatée à un moment donné, entre les taux courts et les taux longs varie dans le temps. Une théorie explicative de cette relation, c'est-à-dire une théorie qui donne les causes de la déformation de la gamme des taux, est nécessaire pour comprendre l'évolution relative des taux d'intérêt ([6]). Nous indiquons ici, dans un premier temps, les fondements de la théorie dite des « *anticipations pures* » qui, bien qu'ancienne, a été au cours du temps affinée par divers auteurs et reste à la base de toutes les explications (autres que celles utilisant explicitement la théorie des probabilités) de la gamme des taux.

Pour comprendre le principe de cette théorie, supposons qu'il existe deux obligations à coupon 0 de durée d'un et deux ans dont les rendements

([6]) Pour un exposé complet de cette question, consulter P. Poncet et R. Portait, *Macroéconomie financière,* Dalloz, 1980.

annuels sont, respectivement, r_1 et r_2. Un investisseur a le choix, à un moment donné, entre deux stratégies :

— Soit investir immédiatement pour une durée de deux ans en achetant l'obligation longue ; dans ce cas il recevra au terme de ces deux années $(1 + r_2)^2$ francs par franc investi. S'il désire désinvestir au terme d'un an, il devra revendre au cours du marché son obligation en prenant le risque qu'une hausse des taux en ait fait baisser la valeur.

— Soit investir immédiatement pour un an en achetant l'obligation courte, et réinvestir au terme de cette période les $(1 + r_1)$ francs reçus au taux futur des placements à un an (7), soit ${}_1a_1$, la notation « a » indiquant qu'il s'agit d'un taux anticipé, non connu aujourd'hui. Il recevra alors au terme des deux années la somme anticipée $(1 + r_1)(1 + {}_1a_1)$. S'il veut en revanche désinvestir après un an, il sait qu'il disposera avec certitude de la somme $(1 + r_1)$.

Si tous les investisseurs présents sur le marché sont indifférents au risque résultant de leurs opérations et s'ils prévoient que le taux à un an qui prévaudra dans un an sera ${}_1a_1$, les deux stratégies doivent être équivalentes. Il faut donc que s'établisse la relation (3.9) qui traduit cette équivalence (8) :

$$(1 + r_2)^2 = (1 + r_1) \times (1 + {}_1a_1) \qquad (3.9)$$

De cette relation, on peut tirer :

$$r_2 = \sqrt{(1 + r_1)(1 + {}_1a_1)} - 1 \qquad (3.10)$$

▶ *Exemple 4.* — Avec $r_1 = 8$ % et ${}_1a_1 = 12$ %, on trouve $r_2 = 9{,}98$ %. Lorsque, comme dans cet exemple, le taux long (9,98 %) est *plus élevé* que le taux court (8 %), le marché prévoit, selon la théorie des anticipations, une *hausse* des taux courts futurs (ici 12 %). Inversement, si le taux long est *plus faible* que le taux court, le marché anticipe une *baisse* des taux.

Deux défauts majeurs de cette théorie des « anticipations pures » sont, d'une part, que les agents sont supposée implicitement neutres à l'égard du risque, et, d'autre part, que la gamme des taux observée empiriquement devrait être plate en moyenne. Ce dernier résultat vient du fait qu'en moyenne,

(7) Dans le cas d'opérations futures, le préindice (ici 1) indiquera la date à partir de laquelle ces opérations auront lieu (ici dans un an).

(8) Cette relation peut bien entendu être généralisée pour un nombre n quelconque de périodes.

sur très longue période, les agents s'attendront environ une fois sur deux à une hausse des taux et une fois sur deux à une baisse.

Or, il est connu que la gamme des taux « normale », observée en moyenne dans tous les pays développés, est ascendante. Pour obtenir ce résultat, il faut amender la théorie précédente en lui adjoignant un comportement des agents face au risque plus réaliste. Le modèle qui en découle est souvent appelé « *théorie de la préférence pour la liquidité* » ([9]).

3.1.3. *La théorie de la préférence pour la liquidité*

En admettant que les investisseurs ne visent pas nécessairement à réaliser un placement à deux ans, mais qu'ils veulent être en mesure de liquider leur position avant (dans notre exemple à la fin de la première année), la stratégie consistant à acheter l'obligation longue apparaît comme la plus risquée (sa duration est de 2, tandis que celle de l'obligation courte est de 1). En effet, si les taux montent, la vente au terme d'un an de l'obligation à deux ans s'accompagnera, comme nous l'avons déjà vu, d'une perte en capital.

Pour que les investisseurs, qui en général éprouvent de l'aversion à l'égard du risque (c'est-à-dire sont prudents), acceptent d'acheter cette obligation, celle-ci doit leur offrir une rémunération supplémentaire. Autrement dit, l'équilibre entre les rendements des obligations à un et à deux ans ne peut se réaliser que si la rentabilité des deux investissements successifs est en moyenne inférieure à celle de l'investissement long, c'est-à-dire s'il s'établit une relation du type :

$$(1 + r_2)^2 = (1 + r_1) \times (1 + {}_1a_1 + L_1) \qquad (3.11)$$

qui peut être mise sous la forme :

$$r_2 = \sqrt{(1 + r_1)\,(1 + {}_1a_1 + L_1)} - 1 \qquad (3.12)$$

où L_1 est appelée *prime de liquidité* (au sens qu'un actif est plus liquide qu'un autre si sa duration est plus courte; nous préférerions quant à nous l'appeler *prime de risque de taux*, le terme liquidité ayant plusieurs sens). C'est la prime que doivent recevoir les investisseurs pour qu'ils acceptent d'acheter l'obligation longue.

([9]) Quelques noms illustres comme ceux de Keynes et de Hicks lui sont associés.

D'après la relation (3.12), il est clair que, même si le marché prévoit que les taux resteront stables (c'est-à-dire que $r_1 = {}_1a_1$ dans notre cas), r_2 est supérieur à r_1 et la gamme des taux a la forme ascendante, dite « normale » car c'est le cas le plus fréquent.

En généralisant la relation (3.12) à un nombre n de périodes courtes, on obtient une formule du type :

$$r_n = \sqrt[n]{(1 + r_1)(1 + {}_1a_1 + L_1) \ldots (1 + {}_{n-1}a_1 + L_{n-1})} - 1 \quad (3.13)$$

où r_n est le taux d'intérêt annualisé pour une période longue comprenant n périodes courtes (les taux courts étant également annualisés). On constate ainsi que tout taux d'intérêt est une fonction des taux (plus) courts futurs anticipés et éventuellement de primes de liquidité attribuées aux investisseurs pour les inciter à prendre des positions à plus long terme et donc plus risquées.

Bien que cette théorie des anticipations majorées de primes de liquidité (ou théorie de la préférence pour la liquidité) soit aujourd'hui quelque peu dépassée sur le plan technique par l'approche probabiliste (qu'il serait beaucoup trop long et hors de notre propos de présenter ici), elle présente l'avantage de fournir une explication plausible des formes particulières qu'épouse la gamme des taux. Elle permet également d'interpréter cette dernière par référence aux anticipations du marché concernant l'évolution des taux.

En effet, si la gamme des taux a sa pente positive habituelle (modérée), on peut en conclure que les anticipations du marché sont à la *stabilité des taux*, les écarts entre taux courts et longs étant imputables aux seules primes de liquidité.

Si le marché anticipe une *hausse des taux futurs*, les deux effets (primes de liquidité et anticipation haussière) jouent dans le même sens et les écarts entre taux courts et taux longs se creusent : la gamme des taux a une pente positive anormalement forte.

Enfin, si les opérateurs prévoient une *baisse des taux futurs*, et si celle-ci est suffisamment importante, la gamme des taux peut être inversée et présenter une pente négative, *malgré* les primes de liquidité. Les taux courts sont alors plus élevés que les taux longs. Ce fut le cas en France en 1986 et 1987, du fait de la stabilité anticipée du taux d'inflation à un niveau faible, après la forte inflation des années 70 et début 80.

Signalons pour conclure cette section que les taux que l'on devrait idéalement utiliser pour tracer la gamme des taux au comptant sont des taux « purs » (on les appelle souvent *spot*, mot anglais signifiant au comptant), c'est-à-dire afférents à des instruments coupons 0 (il ne faut pas en effet qu'il y ait de flux intermédiaires à réinvestir à des taux qui, vus de l'instant initial, sont évidemment aléatoires). Cependant, les obligations à coupon 0 étant assez rares, la plupart des professionnels utilisent encore les taux de rendement interne (TRI) des obligations à coupons, et ceci malgré le fait que ces TRI posent de nombreux problèmes et qu'il existe des méthodes permettant d'estimer les taux « purs ».

3.2. *Taux à terme implicites dans la gamme des taux au comptant*

Si sur un marché existent des instruments financiers au comptant de différentes échéances, il est possible de réaliser des opérations dites *terme-à-terme* (*forward-forward* en anglais). Ces opérations reviennent à effectuer des placements (ou des emprunts) à une date bien définie du futur et pour une durée déterminée. Elles sont donc, comme nous le verrons formellement plus loin (chap. 5), assimilables à des opérations à terme.

Supposons, pour simplifier, qu'il soit possible de prêter et d'emprunter au même taux (ce qui revient en particulier à négliger les coûts de transaction) et que r_1 et r_2 représentent les taux des opérations à un et deux ans, respectivement.

Supposons en outre que l'on envisage d'effectuer dans un an un emprunt d'une durée d'un an pour un montant X. Malgré l'absence de contrats à terme, il est possible de réaliser l'opération. Il convient pour ce faire d'emprunter aujourd'hui la somme $X/(1 + r_1)$ pour une durée de deux ans (au taux annualisé r_2) et de placer le produit de cette opération pendant un an (au taux annualisé r_1). Le flux net de trésorerie sera donc bien nul aujourd'hui (comme dans toute opération à terme). On recevra dans un an la somme $(X/(1 + r_1)).(1 + r_1) = X$ que l'on voulait emprunter. Dans deux ans, on remboursera la somme $(X/(1 + r_1)).(1 + r_2)^2$. L'emprunt futur aura par conséquent supporté un taux ${}_1r_1$ tel que

$$X.(1 + {}_1r_1) = (X/(1 + r_1)).(1 + r_2)^2.$$

De cette expression on tire :

$$ {}_1r_1 = \frac{(1 + r_2)^2}{(1 + r_1)} - 1 \qquad (3.14)$$

Le taux ${}_1r_1$ est, *par définition*, le taux d'intérêt *à terme* (approprié pour des opérations initiées dans un an et durant un an) implicite dans la gamme des taux au *comptant* r_1 et r_2. Ce taux est implicite car on peut le calculer directement, sans faire aucune hypothèse, à partir des taux observés au comptant.

De proche en proche, c'est-à-dire en calculant ensuite le taux à un an ${}_2r_1$ obtenu pour des opérations à réaliser dans deux ans (par comparaison des rendements des obligations à deux et à trois ans), puis le taux à un an obtenu pour des opérations réalisables dans trois ans ${}_3r_1$, il est facile d'obtenir toute la gamme des taux à terme implicites dans la structure des taux au comptant.

Comme indiqué à l'Annexe 1 de ce livre, nous utilisons deux notations (chacune ayant des avantages) pour désigner un taux à terme : le taux à terme prévalant pour des opérations commençant t périodes dans le futur et durant d périodes (s'achevant donc à la date $t + d$), peut s'écrire ${}_tr_d$ ou ${}_tr_{t+d}$. En utilisant ici la première notation, on obtient la formule généralisant (3.14) :

$$(1 + {}_tr_d)^d = \frac{(1 + r_{t+d})^{t+d}}{(1 + r_t)^t} \qquad (3.15)$$

En faisant varier t et d, c'est-à-dire en utilisant les taux au comptant r_t et r_{t+d} que l'on veut, on peut obtenir tous les taux à terme désirés.

▶ *Exemple 5.* — Le lecteur vérifiera aisément que si les taux (annualisés) au comptant r_1, r_2 et r_3 sont respectivement égaux à 9, 10 et 12 %, les taux à terme (annualisés) ${}_1r_1$, ${}_2r_1$ et ${}_1r_2$ sont respectivement égaux à 11,01 %, 16,11 % et 13,53 %.

Si l'on compare les équations (3.13) et (3.15), avec $t = 1$ et $t + d = n$, on s'aperçoit que les *taux à terme* ${}_tr_d$ ne sont pas autre chose, selon la théorie de la préférence pour la liquidité, que les *taux au comptant anticipés* ${}_ta_d$ *majorés d'une prime de liquidité* L_{t+d-1}.

Sur le plan pratique, il est bien entendu possible de mettre en œuvre ces taux pour réaliser des opérations futures à des conditions fixées dès maintenant. A cet égard, les opérations terme-à-terme sont assimilables à des opérations *forward* ou « futures » et peuvent en théorie être utilisées à la place de ces opérations à terme. Seules des considérations de liquidité de marché (au sens de volume des négociations), de coûts de transaction et de risque de signature justifient dans la pratique le choix entre les deux méthodes.

L'équation (3.15) fait intervenir des *taux actuariels*, comme il est d'usage en matière obligataire (instruments moyens et longs). Dans certains cas cependant, et notamment sur le marché monétaire (instruments à moins d'un an), les opérateurs utilisent des *taux proportionnels*. Il convient alors d'employer la formule générale suivante :

$$1 + d\,.\,{}_t r_d = \frac{1 + (t + d)\,.\,r_{t+d}}{1 + t\,.\,r_t} \qquad (3.15')$$

dans laquelle, le plus souvent, les durées d, t et $(d + t)$ sont exprimées en fraction d'année « bancaire » (nombre de jours divisé par 360).

▶ *Exemple 6.* — Le 1er janvier 1990, le trésorier d'une entreprise sait que le 13 mars prochain (date correspondant à l'échéance du contrat à terme Pibor 3 mois), il aura à emprunter exactement 1 million de francs pour 90 jours au taux du Pibor 3 mois.

Ce trésorier peut se couvrir contre la hausse des taux d'ici mi-mars en vendant un contrat Pibor mars au cours de 88,37. Il assure ainsi à son opération d'emprunt un coût (annualisé) de 11,63 %.

Mais il peut également emprunter pendant 161 jours au taux au comptant en vigueur sur le marché, soit 12,88 %, et placer la somme obtenue pendant 71 jours (de façon à en disposer le 13 mars) au taux en vigueur de 14,05 %.

Il lui faut dans ce cas emprunter aujourd'hui sur 161 jours et prêter sur 71 jours la somme exacte : 1 MF/(1 + 0,1405 × 71/360) = 973 037 F, qui produira 1 million de francs le 13 mars, comme souhaité. Il paiera le 11 juin la somme de :

973 037 × (1 + 0,1288 × 161/360) = 1 029 086 F.

On peut facilement vérifier que cette opération correspond à un emprunt de 1 million de francs à 90 jours réalisé le 13 mars au taux annuel de 0,029086 × 360/90 = 11,63 %.

On constate que, dans ce cas, la couverture contre la hausse des taux réalisée sur le marché des futures revient *exactement* au même que la couverture par le terme-à-terme.

3.3. *Taux au comptant implicites dans la gamme des cours à terme*

Au cours ou au prix (rappelons que cours et prix sont égaux pour les contrats à support long terme, mais différents pour ceux à sous-jacent court terme) d'un instrument à terme correspond de façon univoque un taux d'intérêt à terme. Ce dernier sera effectivement réalisé si l'opérateur qui a acheté (vendu) le contrat prend livraison du (livre le) support à l'échéance.

Par conséquent, à partir de l'ensemble des différents cours à terme d'un instrument déterminé cotés sur le marché à un instant donné *(gamme des cours à terme)*, il est facile de calculer et de tracer une gamme de taux à terme (explicites). On peut alors utiliser cette gamme à des fins de couverture, de spéculation ou d'arbitrage (cf. chap. 5) et, en particulier, la comparer à la gamme des taux à terme implicites dans la gamme des taux au comptant.

Mais on peut aussi, symétriquement, reconstituer, à partir de ces cours ou taux à terme, une gamme de taux au comptant implicites (en anglais *strip yield curve*).

En pratique, on construira ces gammes de taux à partir des contrats sur instruments courts (essentiellement le Pibor 3 mois) pour les maturités inférieures à l'année et des contrats sur instruments moyens (BTAN) et longs (Notionnel 10 ans) pour les échéances plus lointaines.

Par souci de simplicité, nous allons illustrer la méthode de détermination de la gamme des taux au comptant à partir des cours à terme en n'utilisant que les seuls contrats sur supports court terme. Nous ne pourrons alors dériver que la partie « courte » de la gamme. Sa partie « longue » s'obtient toutefois de façon analogue à l'aide des contrats sur instruments moyens et longs (c'est même un peu plus facile car tous les taux sont postcomptés et annuels; à noter cependant qu'il faut utiliser des taux actuariels et non pas proportionnels et des années de 365 ou 366 jours et non de 360 jours).

Soient par exemple C_1, C_2, C_3 et C_4 les cours cotés sur le marché des 4 contrats Pibor d'échéances respectives 1, 2, 3 et 4 trimestres (nous sommes par exemple le 2 janvier et nous prenons provisoirement le trimestre comme période unitaire, pour simplifier les notations). A ces cours correspondent des taux à terme (précomptés!) annualisés (exprimés en %) :

$$ {}_t i'_1 = 100 - C_t \qquad t = 1, 2, 3, 4 $$

et des taux postcomptés annualisés :

$$ {}_t i_1 = \frac{(100 - C_t)/4}{100 - (100 - C_t)/4} \times 400 \qquad t = 1, 2, 3, 4. $$

Par exemple, si $C_2 = 88$, le taux pour un prêt ou un emprunt débutant dans 6 mois (2 trimestres) et remboursable dans 9 mois (3 trimestres) est égal à ${}_2 i'_1 = 12\ \%$ annualisé en taux précompté et à ${}_2 i_1 = (3/97) \times 400 = 12{,}37\ \%$ en taux annualisé postcompté.

Il faut se donner un taux au comptant de départ. En effet, la théorie de la gamme des taux concerne la structure des taux *relatifs* mais ne peut rien dire quant au niveau *général (absolu)* de ces derniers. Seul un modèle macroéconomique complet permettrait de déterminer le niveau général des taux ([10]).

([10]) Consulter sur ce point P. Poncet et R. Portait, *op. cit.*, chap. 11 et 13.

Adoptons par exemple le taux du Pibor 3 mois au comptant, r_1, comme « pivot ».

En prêtant sur un trimestre à ce taux et en prêtant sur un trimestre dans un trimestre au taux ${}_1i_1$ (par achat d'un contrat Pibor d'échéance 3 mois), on réalise l'équivalent d'un prêt au comptant sur deux trimestres dont le taux spot implicite i_2 est égal à ([11, 12]) :

$$i_2 = ((1 + r_1/4)\ (1 + {}_1i_1/4) - 1) \times 4/2.$$

Par un raisonnement analogue, il est facile de calculer ensuite le taux implicite i_3 pour des opérations au comptant de 3 trimestres, en combinant un prêt implicite à 2 trimestres (obtenu comme précédemment par un prêt spot sur un trimestre couplé à l'achat — au taux ${}_1i_1$ — d'un contrat Pibor d'échéance 3 mois) avec l'achat — au taux ${}_2i_1$ — d'un contrat Pibor d'échéance 6 mois. On obtient alors :

$$i_3 = ((1 + i_2/2)\ (1 + {}_2i_1/4) - 1) \times 4/3$$

et de façon générale pour une échéance T (multiple de trimestre) :

$$i_T = ((1 + i_{T-1}(T - 1)/4)\ (1 + {}_{T-1}i_1/4) - 1) \times 4/T \qquad (3.16)$$

Les formules précédentes utilisent le trimestre comme période unitaire. Cependant, dans la pratique, c'est souvent la journée qu'il convient d'employer. Une relation telle que (3.16) devient alors :

$$i_T = ((1 + i_{T-90}(T - 90)/360)\ (1 + {}_{T-90}i_{90}\ 90/360) - 1) \times 360/T \qquad (3.16')$$

où T désigne un nombre de jours.

▶ *Exemple 7.* — Le 12 décembre 1989, on observait les cours suivants pour le Pibor 3 mois :

Comptant	*Mars 1990*	*Juin 1990*	*Septembre 1990*	*Décembre 1990*
88,56	88,72	88,96	89,08	89,16
auxquels correspondaient les taux apparents :				
11,44	11,28	11,04	10,92	10,84

([11]) Par souci de simplicité, la difficulté pratique qui pourrait résulter de la non-divisibilité des contrats ne sera pas prise en compte.

([12]) Rappelons (cf. Annexe 1 en fin d'ouvrage) que r_d dénote un taux au comptant explicite (coté sur un marché au comptant) alors que i_d dénote un taux au comptant implicite dans un cours à terme.

et les prix des contrats (en pourcentages de leurs valeurs nominales) :

97,14	97,18	97,24	97,27	97,29

donc les taux annualisés postcomptés *à terme* (sauf le premier) :

11,44 (13)	11,61	11,35	11,23	11,14

On pouvait obtenir par la méthode exposée ci-dessus la gamme des taux *au comptant* suivante (en supposant qu'exactement 90 jours séparent les différentes échéances des contrats) :

90 jours	*180 jours*	*270 jours*	*360 jours*	*450 jours*
11,44	11,69	11,80	11,91	12,02

Notons que si la gamme des taux à terme est légèrement descendante, la gamme des taux spot qui est impliquée par ces taux à terme est, elle, légèrement ascendante.

Si la gamme des taux au comptant implicites i_t dans la gamme des cours à terme n'est pas identique à la gamme des taux au comptant explicites r_t, des opérations d'*arbitrage* sont en théorie possibles. Nous verrons de façon détaillée au chapitre 5 dans quelles conditions ces arbitrages entre le terme et le comptant peuvent être effectivement réalisés.

3.4. *Primes de risque de défaut et taux d'intérêt*

Les obligations cotées sur un marché présentent, en fonction de la situation financière de leurs émetteurs, des caractéristiques de risque de défaut (on dit aussi de signature) extrêmement variables. Aux Etats-Unis, les différences de rendement qui peuvent être observées entre des obligations du secteur privé classées dans des catégories peu risquées (A*aa* ou A*a*) et d'autres titres n'ayant qu'un classement légèrement moins favorable (B*aa*) peuvent atteindre 2 %. L'écart est beaucoup plus important lorsque la comparaison porte sur des obligations dites « spéculatives » (classés B ou C). Même entre instruments à court terme tels que Treasury-bills ou Certificates of Deposit à 90 jours, la différence de taux d'intérêt est souvent de l'ordre de 2 %.

En France, les différences entre obligations de première ou de seconde catégorie sont beaucoup plus faibles, mais cette situation pourrait changer avec l'élargissement du marché, le développement du rôle de l'ADEF (Agence d'Evaluation financière), une agence de notation *(rating)* créée en avril 1986, et la venue à Paris des agences américaines Moody et Standard and Poor.

(13) Rappelons que le taux du Pibor comptant est un taux postcompté. On retrouve donc le taux apparent de 11,44.

Cette dernière attribue des notes aux émetteurs d'obligations à long terme (AA_1, ...) et de billets de trésorerie (T_1, ..., T_4). L'activité de l'ADEF est à ce jour trop récente pour que son efficacité puisse être jugée de manière objective. Notons toutefois que la demande de notation par l'ADEF est facultative et non obligatoire, ce qui probablement biaise favorablement la qualité des titres évalués.

Les primes de risque de défaut qui expliquent les écarts de rendement sont instables dans le temps. Cette instabilité complique les problèmes de couverture dans la mesure où l'instrument du comptant et celui du terme ne sont pas les mêmes et présentent des caractéristiques de risque de signature différentes. D'un autre côté, l'apparition de primes de risque anormales peut offrir à des spéculateurs une opportunité de profits, s'ils sont prêts à parier sur un retour à la normale de ces primes (cet aspect sera examiné brièvement au chapitre 5).

Les quelques notions de gestion obligataire et d'économie des taux d'intérêt que nous venons de rappeler trouveront de nombreuses applications au cours des chapitres suivants. En particulier, la notion de taux à terme implicites dans la gamme des taux ou prix au comptant et celle de taux au comptant implicites dans les cours ou prix à terme sont indispensables à la compréhension de la relation existant à l'équilibre entre les marchés au comptant et les marchés à terme. Elles permettent notamment aux opérateurs de choisir le « lieu » et la nature de leurs interventions.

4 Les outils analytiques

La détermination du nombre de contrats à terme qui doivent être achetés ou vendus pour assurer la couverture du risque de taux constitue un problème capital pour les opérateurs du marché. Avant d'en entreprendre l'étude au cours des cinq derniers chapitres, nous présentons ici quelques concepts qui seront utilisés par la suite.

Nous étudions d'abord (section 1) les difficultés inhérentes à la livraison physique des obligations à long et moyen termes car elles interviennent dans tous les raisonnements ultérieurs. La notion de base, nécessaire notamment pour apprécier le risque subi lorsque l'horizon d'une couverture ne correspond pas à une échéance du marché à terme, est ensuite analysée (section 2). Nous présentons enfin (section 3) les définitions statistiques des coefficients de corrélation et de régression, coefficients qu'il est indispensable de mesurer quand l'instrument support du contrat à terme n'est pas identique à celui que l'on désire couvrir.

1 | Problèmes liés à la livraison des titres

Nous examinerons dans le détail les problèmes relatifs à la livraison des obligations dans le cas du contrat notionnel sur obligations à long terme d'Etat (sous-sections 1 à 3) et traiterons plus rapidement le cas du contrat sur BTAN (sous-section 4).

1.1. *Obligations notionnelles*

Comme nous l'avons indiqué dans le premier chapitre, la plupart des opérations effectuées sur les marchés à terme d'actifs financiers ne donnent pas lieu à des livraisons physiques. En général, les opérateurs qui travaillent sur ces marchés soldent leurs positions avant l'échéance des contrats en prenant une position symétrique, c'est-à-dire de même date et même montant mais de sens opposé à celle qu'ils ont prise à l'origine.

Il arrive cependant que des livraisons physiques aient lieu. En prévision de tels cas, les différentes Bourses où sont traités des contrats à terme d'actifs financiers doivent préciser les conditions exactes dans lesquelles doivent se dérouler ces livraisons (rappelons qu'il y a des cas où aucune livraison physique n'a lieu, le dénouement étant réalisé par règlement en espèces de la dernière marge; c'est le cas des contrats Pibor et Eurodem 3 mois; cf. chap. 2).

Dans le cas des instruments à court terme tels que les bons du Trésor, les problèmes sont relativement simples, tous les titres d'Etat de même échéance ayant la même valeur. En revanche, ces problèmes sont beaucoup plus complexes lorsqu'il s'agit de titres longs. Il existe en effet, à un moment donné, tant aux Etats-Unis qu'en France et dans les autres pays, une grande variété d'obligations du Trésor. Elles se différencient par leur durée de vie résiduelle, par leur taux d'intérêt nominal et souvent par certaines autres caractéristiques, en particulier leur fiscalité.

Dans ces conditions, trois solutions sont possibles :

— coter à terme toutes les obligations du comptant avec les complexités et les lourdeurs que cela entraîne;
— coter à terme un indice des obligations, mais le problème de la livraison reste alors entier et il faut accepter que celle-ci ne puisse pas avoir lieu (le marché du terme est alors moins directement relié au marché du comptant et les arbitrages que nous abordons au chapitre suivant ne sont pas réalisables tels quels);
— coter une obligation théorique dite *obligation notionnelle* et fixer des règles stipulant clairement comment des obligations réelles (dites synonymes) peuvent lui être substituées en cas de livraison.

C'est cette dernière solution qui a été adoptée sur tous les marchés qui proposent des contrats portant sur des titres longs. C'est ainsi que le Chicago Board of Trade utilise une obligation notionnelle à 8 % à laquelle sont substituables des Treasury-bonds qui ne sont pas remboursables avant au moins 15 ans (une trentaine de titres remplissent en général cette condition).

Pour sa part, le Matif a adopté une obligation notionnelle à 10 % et publie, pour chaque échéance cotée, une liste (le *gisement*, comprenant en général 7 à 8 lignes) d'emprunts d'Etat pouvant être livrés à sa place. On trouvera à l'Annexe 3 du livre une liste de ces emprunts dont la durée de vie restante doit être supérieure à 7 ans le jour de l'échéance du contrat.

1.2. *Le facteur de concordance*

Un problème épineux apparaît à propos de la livraison des synonymes du gisement. L'emprunt notionnel qui fait l'objet des contrats à terme a des caractéristiques de taux d'intérêt facial et de durée de vie qui sont différentes de celles des titres réels livrables à sa place. Pour un même montant nominal, les valeurs boursières du titre notionnel et d'un synonyme quelconque ne sont alors pas égales. Mais, comme le premier n'est pas coté puisqu'il n'existe pas physiquement, il est impossible de connaître directement le rapport de valeur (donc d'échange) des deux titres. Ce dernier ne peut donc résulter que d'un calcul théorique effectué selon des règles préétablies.

Ce rapport d'échange est appelé *facteur de concordance* (en anglais *conversion factor* ou *price factor*). Il est obtenu facilement si l'on suppose (provisoirement) que le titre synonyme est livré le jour du détachement de son prochain coupon. On détermine alors le prix V pour lequel il a un taux de rendement égal au taux nominal de l'emprunt notionnel (10 % sur le Matif). Le calcul correspondant est réalisé à l'aide de la relation (4.1) ci-dessous et revient à actualiser au taux de l'obligation notionnel les flux engendrés par un nominal de 100 de l'emprunt livré (supposé remboursé *in fine*) :

$$V = c\left[1 + \frac{1}{(1+k)} + \ldots + \frac{1}{(1+k)^{T}}\right] + \frac{100}{(1+k)^{T}} \quad (4.1)$$

où c est le coupon en pourcentage, T la durée de vie du synonyme et k l'intérêt nominal du notionnel.

$f = V$ est alors le facteur de concordance recherché, c'est-à-dire le rapport entre la valeur du synonyme et celle du notionnel.

En général, cependant, le règlement considéré n'a pas lieu le jour du versement du coupon du synonyme. Pour tenir compte du coupon couru, appelons :

y : le nombre de jours du précédent coupon annuel au suivant (365 ou 366);
x : le nombre de jours séparant le premier jour (inclus) du mois d'échéance de la date (exclue) du prochain coupon;

z : le nombre de jours séparant le premier jour (inclus) du mois d'échéance de la date (exclue) de négociation des titres livrables (J — 2; cf. chap. 2).

La valeur V, calculée le jour du versement du coupon, doit être actualisée au jour du règlement. De plus, pour avoir une valeur au pied du coupon, la valeur du coupon couru à la date du règlement doit être soustraite du résultat. On obtient alors une expression générale de la valeur du facteur de concordance f qui, pour le Matif, est :

$$f = (1 + k)^{-(x-z)/y} . \mathrm{V} - c . \frac{y - x + z}{y} \qquad (4.2)$$

où la valeur de f (autour de 100) est exprimée avec la quatrième décimale, V est donnée par l'expression (4.1) et c est le coupon exprimé en pourcentage (1).

▶ *Exemple 1.* — Le 28 septembre 1990, les valeurs des variables entrant dans le calcul du facteur de concordance de l'emprunt d'Etat 9,9 % 1997, remboursable le 13 décembre 1997, sont : $c = 9{,}9$; $k = 0{,}10$; T = 7, qui, par application de la relation (4.1), donnent une valeur de V égale à : 109,41316.

Avec $y = 365$, $x = 103$ $(= 30 + 31 + 30 + 12)$ et $z = 25$ (J — 2 = 26), on a, par application de la relation (4.2), $f = 99{,}4228$, qui est le résultat présent dans l'Annexe 3.

Finalement, lors du règlement du contrat, le *montant dû* pour un synonyme, MD, est égal (pour un contrat portant sur la livraison de 500 000 F nominal d'emprunts synonymes sur le Matif) à :

$$\mathrm{MD} = 50 \times f \times \mathrm{CPN} + cc \qquad (4.3)$$

où :

— CPN est la cotation en pourcentage du contrat notionnel (son cours de liquidation; cf. chap. 2). Etant donné que l'ajustement des marges provoque la revalorisation des positions au dernier cours de clôture, c'est ce cours-là, commun à tous les opérateurs, qui doit être utilisé dans la formule (et non pas le cours quelconque qui prévalait à l'instant où a été prise la dernière position);
— cc est le coupon couru du synonyme à la date du règlement pour 500 000 F de nominal, soit :

$$cc = 5\,000\, c(y - x + z)/y.$$

(1) Les règles de calcul des facteurs de concordance ne sont pas exactement les mêmes pour toutes les Bourses. Sur le Chicago Board of Trade, par exemple, on ne tient pas compte du coupon couru.

Précisons que le facteur de concordance tel qu'il est calculé, un jour d'échéance, à l'aide de l'expression (4.2) n'est qu'une approximation de ce que serait, compte tenu de la structure par termes des taux prévalant *ce jour-là*, le véritable rapport des prix du synonyme et du notionnel si ce dernier avait une existence physique. Cette approximation est d'autant meilleure que la gamme des taux d'intérêt est plus plate, c'est-à-dire que les différences de taux d'intérêt en fonction des maturités sont plus faibles.

Malgré leur caractère un peu approximatif, on utilise ces facteurs de concordance pour la simple raison qu'ils peuvent être *calculés à l'avance*, et donc *tabulés*, puisqu'ils ne dépendent que des caractéristiques propres des synonymes (et du taux de coupon, fixe, du notionnel) et non de l'évolution des taux du marché. Dans la pratique, d'ailleurs, les Bourses sur lesquelles se négocient des contrats à terme d'obligations publient les tables des facteurs de concordance qui dispensent les opérateurs de faire les calculs que nous venons de décrire (2).

Il est important de noter que nous utiliserons parfois (comme ci-dessus) le facteur de concordance tel que calculé avec la formule (4.2) et publié par Matif SA, mais le plus souvent (notamment au chapitre 5 consacré à l'arbitrage) en le divisant par 100, de façon à obtenir un chiffre proche de 1. Dans l'exemple 1 ci-dessus, f deviendrait alors 0,994228. En cas d'ambiguïté, nous préciserons quelle acception de f nous adoptons.

L'examen de la relation (4.1) montre que plus le taux du coupon est grand plus la valeur du facteur de concordance est élevée. On peut remarquer également que, si le taux du coupon est supérieur au taux nominal de l'obligation notionnelle ($c > 100\ k$), la valeur du facteur de concordance croît avec la durée de l'obligation. Inversement, si c est inférieur à 100 k, la valeur du facteur de concordance décroît avec la durée de l'obligation.

1.3. *Titre le moins cher à livrer*

Rappelons ici que la valeur attribuée à un synonyme le jour de sa livraison ne dépend pas de son prix réel de marché; elle n'est fonction que des flux futurs auxquels le titre donne droit, actualisés au taux d'intérêt du notionnel. Comme nous l'avons vu, le facteur de concordance est calculé en supposant que la structure par termes des taux d'intérêt est parfaitement plate, donc que le rendement des obligations ne dépend pas de leur échéance. Ceci, on

(2) L'Annexe 3 présente un extrait des tables publiées par le Matif.

l'a vu, n'est en général pas le cas sur le marché où le rendement d'une obligation dépend de sa durée de vie.

De plus, même lorsque les taux d'intérêt sont indépendants des échéances, des différences entre les rendements des diverses obligations du gisement peuvent apparaître pour des raisons tenant à la fiscalité, à la liquidité du titre ou son risque de signature, ou encore à d'autres imperfections du marché obligataire. En tout état de cause, des écarts apparaissent entre les cours des synonymes, même ajustés par leurs facteurs de concordance respectifs (qui ne sont, rappelons-le, qu'approximatifs). Il existe par conséquent une obligation particulière appartenant au gisement dont la livraison sera moins coûteuse pour le vendeur (qui a le choix des titres qu'il livre) que celle de tout autre titre synonyme. Cette obligation est appelée *titre* ou *synonyme le moins cher à livrer* (*cheapest*, dans le jargon du marché).

Si l'on ne tient pas compte des impôts et frais divers, le titre le moins cher à livrer est celui qui minimise les coûts pour le vendeur, c'est-à-dire celui qui maximise la différence :

$$50 \times f_i \times \text{CPN} - 5\,000 \times \text{CPE}_i \qquad (4.4)$$

où :

— CPN est la cotation en pourcentage du contrat notionnel, identique au CPN de l'équation (4.3) [3];
— CPE_i la cotation en pourcentage au pied du coupon du titre *i* du gisement, et
— f_i son facteur de concordance.

Dans cette expression, le premier terme représente la valeur du contrat sur le marché à terme et le second le coût d'acquisition sur le marché au comptant du titre devant être livré.

Sur le marché à terme, le cours à terme $F(t)$ observé à tout instant t fait référence en réalité, non pas à l'obligation notionnelle qui n'existe pas, mais au titre le moins cher à livrer. C'est d'ailleurs la raison pour laquelle la durée de vie exacte de l'obligation notionnelle (« entre 7 et 10 ans ») n'est pas précise, puisqu'elle ne rentre dans aucun calcul effectué par les participants du marché. Autrement dit, *le cours* $F(t)$, qui sera dérivé formellement au paragraphe 2.2.2 ci-dessous, résulte implicitement *du cours au comptant du synonyme le moins cher à livrer* (cf. section 2.2).

(3) Compte tenu des appels et restitutions de marge, il s'agit, comme nous l'avons vu, de la dernière cotation et non de la valeur du contrat à terme initialement cotée.

1.4. *Les contrats BTAN*

Le support du contrat à terme BTAN étant, comme celui du 10 ans, notionnel, il faut adjoindre à chaque synonyme livrable, d'une durée de 3 à 5 ans, un facteur de concordance et ce, pour chaque échéance. Les promoteurs du contrat ont en fait estimé qu'il fallait tenir compte de deux ajustements, l'un pour le fait que le taux de coupon du synonyme est différent de 8 % et l'autre pour le fait que sa duration ou sensibilité est différente de celle du notionnel. La formule exprimant le montant dû par l'acheteur en cas de livraison par le vendeur du synonyme *s* est la suivante :

$$MD = 10\,000(A_s . C_n + B_s) + CC_s \qquad (4.5)$$

où :

- A_s dénote le *ratio* de la variation du cours du synonyme sur celle du cours du notionnel; la variation (théorique) du cours est calculée pour une variation du taux du marché de 10 centimes, et constitue une mesure liée à la sensibilité du titre;
- C_n est le cours de liquidation du notionnel;
- B_s est le *coefficient d'ajustement* du synonyme, égal à $f_s - 100\,A_s$, avec f_s le *facteur de concordance* de *s* pour l'échéance en question, et
- CC_s est le coupon couru de *s* le jour de l'échéance.

Par exemple, si f_s était égal à 100 et A_s à 1, le montant dû serait égal à 10 000 C_n majoré du coupon couru du synonyme.

Les autorités de marché publient périodiquement, comme pour le contrat sur notionnel 10 ans, une liste des BTAN pouvant être livrés à sa place. Le gisement avait par exemple, à fin novembre 1989, la composition suivante (pour le contrat d'échéance décembre) :

- BTAN janvier 1993, taux de coupon 9 %;
- BTAN avril 1993, taux de coupon 9 %;
- BTAN juillet 1993, taux de coupon 8 %;
- BTAN octobre 1993, taux de coupon 8 %;
- BTAN janvier 1994, taux de coupon 8 %;
- BTAN avril 1994, taux de coupon 8 %;
- BTAN juillet 1994, taux de coupon 8 %;
- BTAN octobre 1994, taux de coupon 8 %.

Pour les mêmes raisons que précédemment, il y a un synonyme moins cher à livrer (les différences entre BTAN étant toutefois moins prononcées que pour le gisement du notionnel 10 ans en vertu du double ajustement pratiqué). Ce dernier est le titre qui maximise la différence :

$$A_s . C_n + B_s - C_s$$

où C_s est le cours pied-de-coupon du synonyme s.

2 | Relations entre prix à terme et prix au comptant

Après avoir défini la notion de base d'un contrat à terme, nous en calculerons l'expression théorique dans les deux cas où le support du contrat est un instrument à court terme puis un instrument à long terme. Nous indiquerons enfin en quoi la notion de base est importante en pratique.

2.1. *Définition de la base*

Lorsqu'un même instrument s'échange sur le marché du comptant et sur celui du terme, il est utile d'en comparer les deux cours. Les praticiens des marchés de marchandises *(commodities markets)* sont, depuis longtemps, convenus d'appeler base la différence entre le cours à terme et le cours au comptant. Bien entendu, si plusieurs échéances à terme sont cotées, les opérateurs parlent des bases mars, juin, etc.

La notion de base a été étendue aux marchés à terme d'instruments financiers. Elle peut être aisément formalisée. Si F et C sont respectivement le cours d'un contrat à terme et celui de son support au comptant, constatés à un instant quelconque, la base de ce contrat à terme est par définition :

$$B = F - C \tag{4.6}$$

La formule s'applique aussi bien aux contrats à support *long terme* qu'aux contrats à support *court terme*.

Pour les seconds, cependant, trois remarques importantes sont à signaler. Tout d'abord, bien que les instruments sous-jacents soient typiquement à trois mois, la base donnée par l'équation (4.6) est *annualisée*. Ensuite, il est *équivalent* de calculer la base à partir des taux d'intérêt annualisés, *à condition de changer le sens de la définition* : la base est la différence entre le taux au comptant et le taux à terme :

$$B = r_c - {}_ti_c \tag{4.7}$$

▶ *Exemple 2.* — Si le taux du Pibor 3 mois est de 11 %, le cours correspondant est de 100 — 11 = 89. Si le même jour le contrat sur Pibor pour une échéance donnée est coté 88, son taux d'intérêt implicite est de 12 %. La base de ce contrat est par conséquent égale à 88 — 89 = — 1 (sous-entendu — 1 %).

Alternativement, nous obtenons 11 % — 12 % = — 1 %.

En troisième lieu, si cette définition de la base, utilisée par les professionnels, convient bien pour les bons du Trésor à 90 jours et (feu) leurs contrats futures qui font tous deux l'objet de taux précomptés, elle pose en revanche un *problème de cohérence* — que nous reverrons sous une autre forme au chapitre 5 —, pour les contrats Pibor et Eurodem.

En effet, les taux au comptant sur ces instruments sont des taux postcomptés alors que le règlement en espèces le jour de l'échéance fait que les taux implicites des contrats à terme sont des taux précomptés (cf. chap. 2). Malgré son caractère hétérogène, cependant, nous utiliserons la formule (4.7) pour les contrats Pibor et Eurodem parce que tel est l'usage sur le Matif [4].

2.2. *Expressions théoriques de la base*

Le rendement d'un instrument négocié au comptant et celui de son contrat à terme, quelle que soit l'échéance, ne varient pratiquement jamais de façon parallèle. Il s'ensuit que la base d'un contrat à terme fluctue dans le temps.

La figure 4.1 représente l'évolution de la base (annualisée) du contrat Pibor d'échéance juin 1990 pendant une période allant du 2 octobre 1989 au 12 avril 1990. Nous constatons dans cet exemple que les variations de la base peuvent être très importantes (elles atteignent ici la valeur extrême

[4] Notons que la formule (4.6) n'est pas directement pertinente pour ces deux contrats (contrairement aux bons du Trésor) puisque ces instruments (sans support physique) n'ont pas de cours au comptant C (ils ne font que l'objet d'un taux d'intérêt r_c).

de — 95 points (— 0,95 %) en taux annuel. Comme nous le verrons plus loin, l'évolution de la base est en général très difficile à prévoir.

Toutefois, le jour de l'échéance d'un contrat, les cours du comptant et du terme finissent en théorie par se confondre. L'instrument à terme devient en effet un instrument au comptant lorsque son échéance est nulle. La base est alors nécessairement égale à 0. Ce phénomène d'après lequel la base tend vers une valeur nulle est appelé *convergence de la base*. Comme il apparaît sur la figure 4.2, qui présente un exemple d'évolution de la base (affectée d'un signe moins) sur le contrat notionnel long terme (échéance mars 1990), pour la période allant du 1er septembre 1989 au 21 mars 1990, celle-ci est loin d'être progressive et régulière.

Des constructions théoriques peuvent mettre en évidence les facteurs qui influencent l'évolution des bases. Elles reposent sur la notion d'arbitrage (pour une définition précise, cf. chap. 5) entre les opérations au comptant et les opérations à terme. Dans le cas des marchandises non périssables, il est clair qu'un cours à terme doit être, à l'équilibre du marché, égal au cours au comptant majoré du coût du stockage et de celui du financement des stocks : en effet, ces deux coûts étant évités par l'acheteur à terme, ce dernier accepte de payer un cours plus élevé que le cours au comptant. La base est donc égale à un coût total, dit coût de portage.

Dans le cas de certains instruments financiers, les modèles d'arbitrage sont légèrement plus complexes à mettre en œuvre en pratique. Il convient en outre de distinguer ceux qui sont applicables aux instruments à court terme de ceux applicables aux obligations à moyen et long terme. Nous ne donnons ici qu'un bref aperçu des relations d'arbitrage qui seront en effet analysées en détail au chapitre 5.

2.2.1. *Base des contrats sur titre à court terme*

Dans le cas d'un contrat à terme sur instrument à court terme, nous pouvons utiliser ici directement l'équation (3.15′) du chapitre précédent, en choisissant le mois comme période.

Nous sommes en $t = 0$, à T mois de l'échéance d'un contrat à terme sur Pibor 3 mois cotant ${}_{T}i_3$, et nous constatons sur le marché monétaire au comptant les taux r_T et r_{T+3}. Nous supposons que, du fait des arbitragistes, le taux à terme ${}_{T}r_3$ implicite sur le marché monétaire est égal au taux à terme ${}_{T}i_3$ explicite sur le Matif. Il vient par conséquent :

$$1 + (3/12)\,.\,{}_{T}i_3 = \frac{1 + ((T + 3)/12)\,.\,r_{T+3}}{1 + (T/12)\,.\,r_T} \tag{4.8}$$

(Echéance juin 1990)

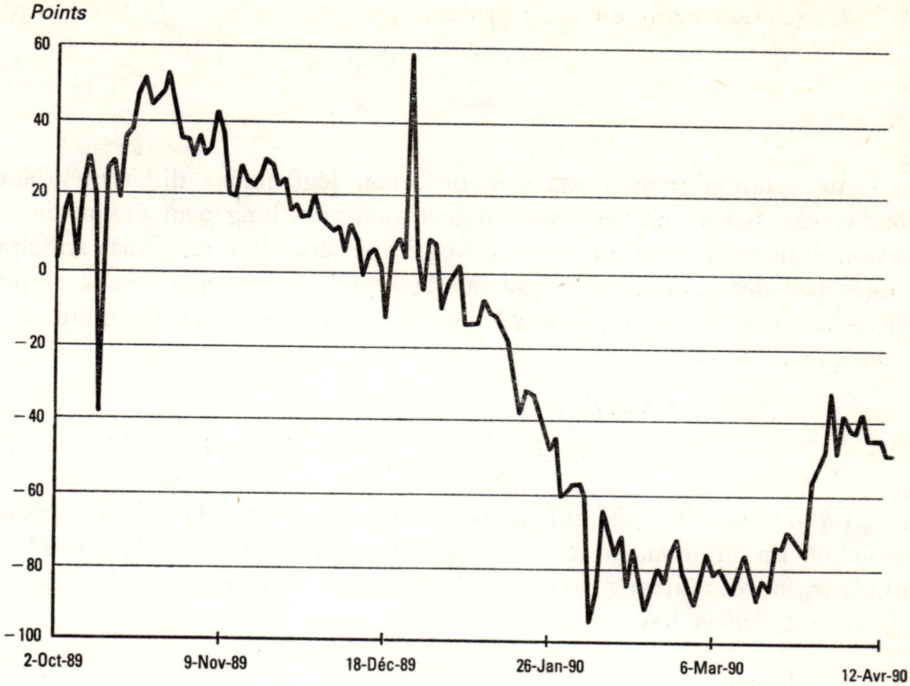

Source : Matif SA.

Fig. 4.1. — Base Pibor cash 3 mois - Pibor à terme

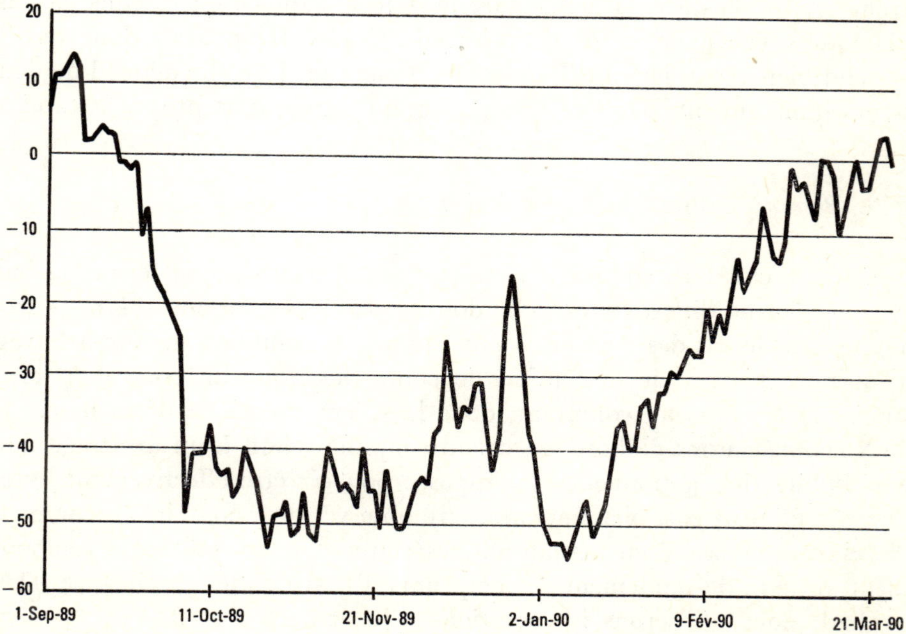

Source : Matif SA.

Fig. 4.2. — Base OAT 8,50 % sur mars 1990.
Base du contrat notionnel long terme

Cette relation peut s'exprimer de façon légèrement différente. Nous avons vu en effet au chapitre précédent qu'un taux long peut s'exprimer en fonction d'un taux court au comptant et d'une série de taux courts anticipés corrigés par des primes de risque ou de liquidité. Ici, en utilisant l'équation (3.13) avec des taux proportionnels, le taux « long » au comptant r_{T+3} est tel que :

$$1 + ((T + 3)/12) . r_{T+3} = (1 + (3/12) . r_3) (1 + (T/12) . {}_3a_T + (T/12) . L) \qquad (4.9)$$

où ${}_3a_T$ est le taux à T mois anticipé pour dans 3 mois et L la prime de risque pertinente. En éliminant le terme en r_{T+3} entre les équations (4.8) et (4.9), on obtient, après réarrangement et en négligeant les termes croisés, l'expression suivante de la base annualisée :

$$B = r_3 - {}_Ti_3 = (r_T - {}_3a_T - L) (T/3) \qquad (4.10)$$

D'après cette expression, qui n'est qu'approximative dans la mesure où elle ne tient pas compte des coûts de transaction impliqués par les opérations d'arbitrage, la base dépend à la fois du taux court anticipé par le marché ${}_3a_T$, de la durée T qui sépare la date à laquelle est calculée la base de la date d'échéance, et d'une prime de risque. Il apparaît donc que la base tend bien vers 0 lorsque T tend vers 0 mais aussi qu'elle dépend de deux facteurs éminemment instables (r_T et ${}_3a_T$), ce qui explique sa propre instabilité.

2.2.2. *Base des contrats sur titre à long terme*

Dans le cas d'un contrat à terme sur instrument à long terme, la base prend une forme différente de celle donnée par les expressions (4.8)-(4.10). Comme dans le cas des marchés « physiques », la condition de non-arbitrage à l'équilibre permet de déterminer le cours théorique du contrat à terme connaissant le cours au comptant, donc la valeur théorique de la base.

Nous présentons d'abord un calcul simplifié relatif à un arbitrage dans lequel l'obligation notionnelle est supposée pouvoir être effectivement livrée. Son cours ne peut pas, bien entendu, être observé sur le marché au comptant mais peut être estimé en actualisant ses coupons et sa valeur de remboursement au taux de rendement des emprunts d'Etat de même échéance. Dans ce calcul, nous utiliserons les notations suivantes :

— C est le cours au comptant (exprimé en %) aujourd'hui ($t = 0$) de l'obligation qui sera livrée (ici le cours au comptant de l'obligation notionnelle); nous supposons pour simplifier, sans que cela ne modifie fondamentalement le résultat, que le coupon de cette obligation vient d'être détaché (5);

— F est le cours à terme aujourd'hui (en %) pour l'échéance T (T exprimée en fraction d'années);
— r_C désigne le taux d'intérêt (au comptant) à court terme pour la durée T;
— k représente le taux de coupon du titre considéré, et
— r_L son taux de rentabilité (L indiquant le long terme).

Si un opérateur a vendu pour F un contrat à terme, et s'est donc engagé à livrer en T le titre notionnel, il peut l'acheter au comptant aujourd'hui en empruntant la somme C (donc en ne déboursant rien) et le livrer à l'échéance prévue. Il recevra alors le paiement F ainsi que le coupon couru $100.k.T$, tandis qu'il devra rembourser l'emprunt C majoré des intérêts $C.r_C.T$. Pour que cette opération ne génère ni perte ni bénéfice (condition pour qu'aucun arbitrage ne soit possible), il faut que le flux de trésorerie soit nul en T et par conséquent que l'égalité suivante soit respectée :

$$F = C(1 + r_C T) - 100\,kT \tag{4.11}$$

d'où l'on peut déduire l'expression suivante de la base :

$$B = F - C = (Cr_C - 100\,k)\,T \tag{4.12}$$

Compte tenu de la relation approximative (6) : $r_L = 100\,k/C$, l'on écrit parfois :

$$B = F - C = C(r_C - r_L)\,T \tag{4.13}$$

On constate, comme pour les instruments à court terme, que la base est proportionnelle au temps restant à courir jusqu'à l'échéance du terme et qu'elle dépend d'une différence entre taux courts et taux longs (7). Cette différence entre le taux auquel on emprunte pour acheter une obligation et

(5) Au cours du chapitre 5, nous donnerons avec précision le résultat d'un calcul d'arbitrage entre le comptant et le terme.

(6) La relation est exacte pour une rente perpétuelle. En effet, la valeur boursière de cette dernière, C, est égale au coupon annuel (100 k) divisé par le taux d'intérêt à long terme r_L requis par le marché. La relation est approximative pour des obligations ayant une échéance finie de remboursement.

(7) En tenant compte d'un coupon couru à la date de l'achat comptant, un terme du second ordre serait apparu dans l'expression de la base (cf. chap. 5).

le rendement qu'apporte celle-ci est analogue au coût du portage pour les marchandises. D'autre part, une différence entre un taux long et un taux court reflète, comme nous l'avons vu au chapitre précédent, les anticipations du marché. Les modifications de ces dernières concernant les taux futurs se traduisent donc par des variations de la base.

Il convient de remarquer ici que la relation (4.12), en dehors du cas théorique de l'obligation notionnelle supposée avoir une existence physique, est exacte dans un cas particulier réel. Ce cas est celui où l'arbitrage porterait sur une obligation synonyme du gisement, livrable à l'échéance considérée, et dont le facteur de concordance serait égal à 1.

Dans le cas général, si f est le facteur de concordance d'une obligation synonyme, la relation d'arbitrage devient :

$$B = f.F - C = (Cr_C - 100\,k)\,T \qquad (4.14)$$

car c'est le montant $f.F$ qui est reçu au moment de la livraison.

La base B est dite alors *base ajustée.*

Conformément à notre discussion en fin de paragraphe 1.3 ci-dessus, ce n'est en réalité que pour le seul synonyme le moins cher à livrer que la formule d'arbitrage (4.14) est vérifiée (à l'équilibre du marché) :

$$\frac{C_m.(1 + r_C\,T) - 100\,k_m\,T}{f_m} = F$$

où l'indice m indique le moins cher à livrer.

Pour les *autres emprunts du gisement,* l'on a nécessairement (puisqu'ils sont plus chers à livrer) :

$$\frac{C_i.(1 + r_C\,T) - 100\,k_i\,T}{f_i} > F$$

où l'indice i indique un titre quelconque du gisement.

Pour des raisons qui seront explicitées au chapitre 5 (§ 2.2), le fait que le membre de gauche de l'équation précédente soit supérieur au membre de droite n'est pas en lui-même suffisant pour que des arbitrages soient possibles.

▶ *Exemple 3.* — Une obligation d'Etat, faisant partie du gisement de titres livrables sur le marché à terme et versant un intérêt nominal de 13,7 %, est cotée le 25 juin 115,5. Si à la même date le taux à court terme est de 10 %, la valeur théorique de la base pour l'échéance de septembre est, d'après le second membre de la relation (4.14) :

$$(115{,}5 \times 0{,}10 - 13{,}7) \times (90/365) = -\,0{,}5301.$$

Si le 25 juin le contrat à terme sur la notionnelle est coté pour l'échéance de septembre 96,07, la base observée pour l'emprunt d'Etat 13,7 % (dont le facteur de concordance à la fin de septembre est 119,6642), est de :

$$1{,}196642 \times 96{,}07 - 115{,}5 = -0{,}5386,$$

valeur très proche de la valeur théorique calculée précédemment. On en déduit que c'est cet emprunt qui constitue le titre le moins cher à livrer.

D'après cet exemple, on peut voir également qu'un instrument financier négocié sur un marché à terme peut avoir une base négative. En fait, il s'agit pour les obligations du cas le plus fréquent, comme le montre l'examen de la relation (4.13). Le plus souvent en effet, les taux courts étant plus faibles que les taux longs, la différence $(r_C - r_L)$ qui apparaît dans cette relation est négative.

2.3. *Utilité de la notion de base*

A partir du chapitre 5 sont présentés de nombreux cas d'applications des marchés à terme d'actifs financiers au cours desquels il sera largement fait appel à la notion de base. En attendant nous voulons, sur un exemple simple, montrer pourquoi il est souvent utile d'avoir recours à cette notion.

Supposons que le trésorier d'une entreprise sache le 26 juin 1990 qu'il aura le 16 août à faire un placement de 1 million de francs à 90 jours, à un taux identique à celui du Pibor 3 mois. Le terme le plus proche est celui de septembre (plus précisément le 18 de ce mois). Il observe sur le marché les conditions suivantes :

— taux au comptant du Pibor 3 mois : 10,20 % ;
— cours du contrat Pibor septembre : 89,95.

Si le placement envisagé devait avoir lieu le 18 septembre, il suffirait d'acheter tout de suite un contrat de 1 million de francs à ce terme pour avoir la *certitude* (aux ajustements de marge près) d'obtenir un intérêt nominal annuel de 10,05 % en débouclant le contrat le jour de son échéance. Mais, puisque le prêt doit s'effectuer avant la date d'échéance du contrat, le trésorier devra revendre ce dernier le 16 août, date du placement.

Pour mettre en évidence le risque que représente une telle couverture, appelons $r(0)$ et $r(t)$ les taux au comptant le 26 juin et le 16 août et $F(0)$ et $F(t)$ les cours du contrat septembre aux mêmes dates. Bien entendu,

$r(0)$ et F(0) sont connus le 26 juin, mais pas $r(t)$ ni F(t). Au moment où a lieu le placement (le 16 août), on constate que le placement couvert par le contrat rapporte (en taux annualisé) :

$$r(t) + (100 - F(0)) - (100 - F(t)) = r(t) + F(t) - F(0).$$

Comme le 26 juin le taux au comptant est $r(0)$, l'augmentation (algébrique) du taux de rentabilité du placement du fait de la couverture — c'est-à-dire le gain (algébrique) procuré par celle-ci exprimé en taux annuel — est égale à :

$$r(t) + F(t) - F(0) - r(0) = r(t) - (100 - F(t)) - r(0) + (100 - F(0)) = B(t) - B(0)$$

où B(0) et B(t) représentent les valeurs de la base respectivement le 26 juin et le 16 août.

Plusieurs constatations s'imposent.

D'une part, le gain est *aléatoire* puisque la base B(t) est inconnue le jour de la couverture (seule B(0) est connue).

D'autre part, par rapport aux conditions qui prévalaient lorsque l'opération de couverture a été décidée, l'amélioration (la détérioration) de la rentabilité est d'autant plus élevée que la base a augmenté (diminué), et cela *quelle que soit l'évolution du niveau général des taux d'intérêt.* C'est donc *la variation de la base qui détermine le rendement (ou le coût) final d'une opération couverte à terme*!

Ensuite, dans le cas particulier où l'horizon de l'opérateur coïncide avec la date d'échéance du contrat septembre (soit $t = T$), le gain (ou la perte) de la couverture est *certain(e)*. Il se réduit en effet à — B(0) dont la valeur est connue dès le début de l'opération, en raison du phénomène de convergence de la base vers 0 (B(T) = 0).

Remarquons enfin que, lorsqu'un opérateur désirant se couvrir envisage un placement futur, il a intérêt à ce que la base augmente : étant acheteur à terme (position longue sur le contrat), il est en effet long en base. Inversement, lorsqu'il envisage un emprunt futur, il est vendeur à terme (position courte sur le contrat), et par conséquent court en base, et il a donc intérêt à ce que la base diminue. Nous reprendrons cette terminologie occasionnellement lors de certains chapitres consacrés aux couvertures.

3 | Analyse statistique

La réalisation d'opérations de couverture implique souvent l'utilisation sur les marchés à terme d'instruments différents de ceux sur lesquels existe le risque initial : il en est ainsi par exemple de la couverture par des contrats Pibor d'un emprunt futur émis au taux des billets de trésorerie, ou de la couverture par des contrats sur le notionnel 10 ans de placements futurs effectués en obligations privées de durée 15 ans.

Idéalement, un trésorier d'une grande entreprise qui envisage des émissions futures de billets de trésorerie et désirerait s'assurer immédiatement des conditions de réalisation de ses opérations devrait vendre à terme ces mêmes billets. Malheureusement, cet instrument n'est pas traité à terme sur le Matif. En revanche, comme nous l'avons vu, un marché de futures existe pour le taux Pibor 3 mois. Il est raisonnable de penser que le taux d'intérêt porté par ce dernier instrument varie « parallèlement » à celui des billets de trésorerie émis par les grandes entreprises (et à celui sur d'autres titres à court terme).

Cependant, le « parallélisme » entre les variations de cours des différents instruments financiers est loin d'être parfait. De façon générale, si l'on constate bien que les taux d'intérêt ont tendance à varier dans le même sens, les différentes variations individuelles ne sont pas égales. Pour cette raison, il est nécessaire de bien connaître les relations qui existent entre les taux d'intérêt des divers instruments présents sur un marché afin de toujours choisir l'instrument de couverture dont les variations sont les plus proches de celles de l'instrument exposé au risque de taux d'intérêt.

Deux mesures statistiques permettent le choix judicieux des couvertures lorsqu'il faut utiliser un instrument autre que celui qui est exposé au risque de taux (on parle alors de couverture croisée ou *cross hedging* — pour plus de détails, voir les chapitres 6 à 9). Il s'agit du coefficient de corrélation et du coefficient de régression.

Le premier indique dans quelle mesure deux variables telles que les rendements ou les cours, relatives à deux instruments (les taux des billets de trésorerie et les taux Pibor par exemple), varient dans le même sens ou *covarient*. Autrement dit, il mesure l'intensité de la liaison entre ces deux variables. A la limite, le coefficient de corrélation entre deux taux peut être égal à 1 (corrélation positive parfaite) ou au contraire égal à 0 (les variations des deux taux ne sont pas du tout liées) ([8]).

([8]) A l'autre extrémité (corrélation négative parfaite), le coefficient de corrélation entre deux variables aléatoires peut être égal à — 1. En matière de taux d'intérêt, cependant, il est peu probable que l'on observe des corrélations inverses et donc des coefficients négatifs.

La figure 4.3 compare, pour la période du 2 octobre 1989 au 12 avril 1990, l'évolution du taux actuariel implicite dans le contrat notionnel long terme juin 1990 et celle du taux actuariel pour les obligations à long terme du secteur public. On constate en l'espèce une très forte (mais non parfaite) corrélation entre les deux taux.

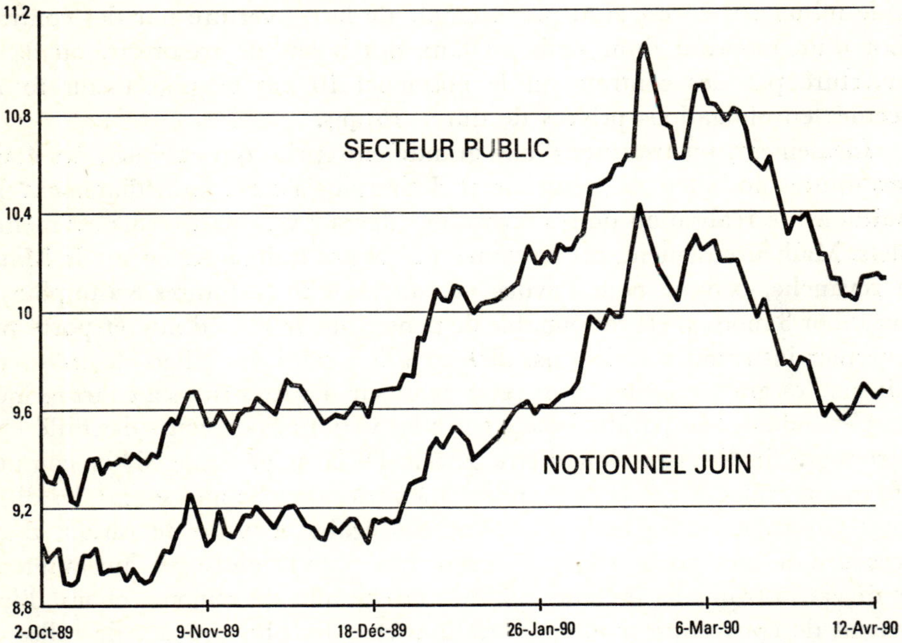

Source : Matif SA.

Fig. 4.3. — Taux actuariel notionnel - Taux actuariel secteur public

Le second coefficient, dit de régression, montre de combien change « en moyenne » l'une de ces deux variables lorsque la valeur de l'autre varie d'une unité. Il peut donc s'interpréter comme une mesure de la *sensibilité* d'un instrument aux variations d'un autre instrument.

Nous allons, dans cette section, examiner de façon qualitative la signification de ces deux coefficients et indiquer comment ils sont calculés dans la pratique. Dans les chapitres ultérieurs, nous présenterons des exemples d'application de ces concepts à des problèmes de choix de couverture.

3.1. *La corrélation*

Pour illustrer les notions de corrélation et de coefficient de régression, nous allons utiliser des données concernant le marché américain. La raison de ce choix réside dans la richesse et la variété de ce marché sur lequel sont utilisés davantage d'instruments financiers que sur le marché français naissant, instruments qui comprennent bien entendu des contrats à terme sur plusieurs instruments financiers. Nous examinerons en particulier les quatre instruments ou indices suivants, cotés sur le marché du comptant, les trois derniers étant cotés également sur des marchés à terme :

— le *commercial paper* à 3 mois;
— les T-bills à 3 mois;
— les *certificates of deposit* ou CDS à 3 mois;
— les indices des T-bonds à 20 ans.

Sur la figure 4.4 nous avons représenté l'évolution des taux du commercial paper, des T-bills et des T-bonds, pendant la période allant de juin 1983 à juin 1985. Comme il est facile de le constater par simple inspection de cette figure, les différents taux représentés ne varient pas de façon identique.

Si l'on veut comparer les évolutions d'un couple d'instruments tels que commercial paper et T-bills par exemple, une représentation graphique différente peut être utilisée. Elle consiste à porter dans un système de coordonnées rectangulaires les variations du taux d'un des instruments sur l'axe des X (variations du taux des CDS sur la figure 4.5) et celles de l'autre instrument (ici papier commercial) sur l'axe des Y. Dans les figures 4.6 et 4.7, sur l'axe des X, on a représenté à la place des variations du taux des CDS, respectivement, celles des taux d'intérêt des T-bills et des T-bonds.

Il est évident à l'examen de ces graphiques que ce sont les CDS qui constituent, du moins pour la période considérée, l'instrument le plus proche du papier commercial. En revanche, les variations du rendement des T-bonds ne suivent que très approximativement les variations du taux d'intérêt du papier commercial.

Pour ne pas avoir à se fier à l'impression visuelle, qui est en général insuffisamment précise, les statisticiens définissent une mesure du « parallélisme » des variations de deux variables. Cette mesure, appelée *coefficient de corrélation* (la définition mathématique peut en être trouvée dans la section 3.3), peut prendre n'importe quelle valeur comprise entre — 1 et + 1. Cette valeur s'interprète facilement car le coefficient de corrélation est d'autant plus grand que la valeur d'une variable implique celle de l'autre.

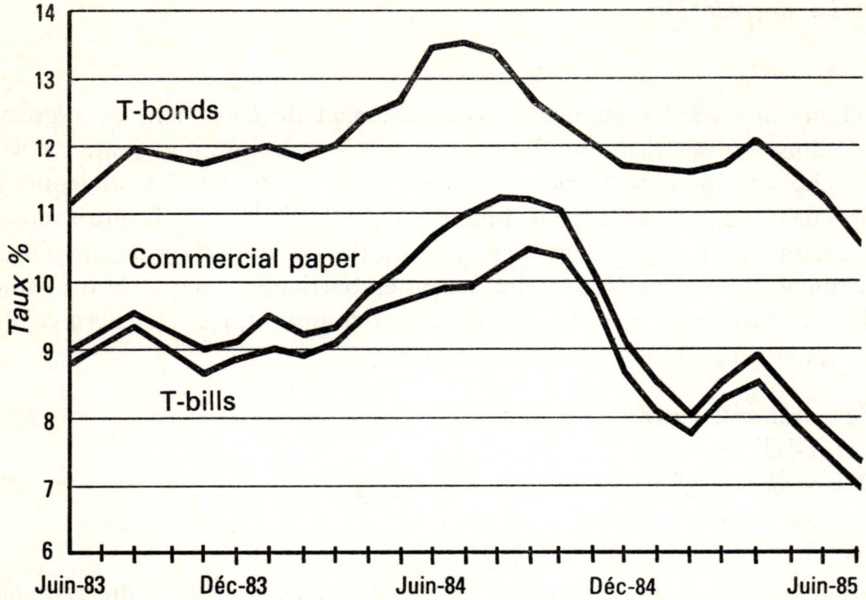

Fig. 4.4. — Evolution des taux du commercial paper, des T-bills et des T-bonds

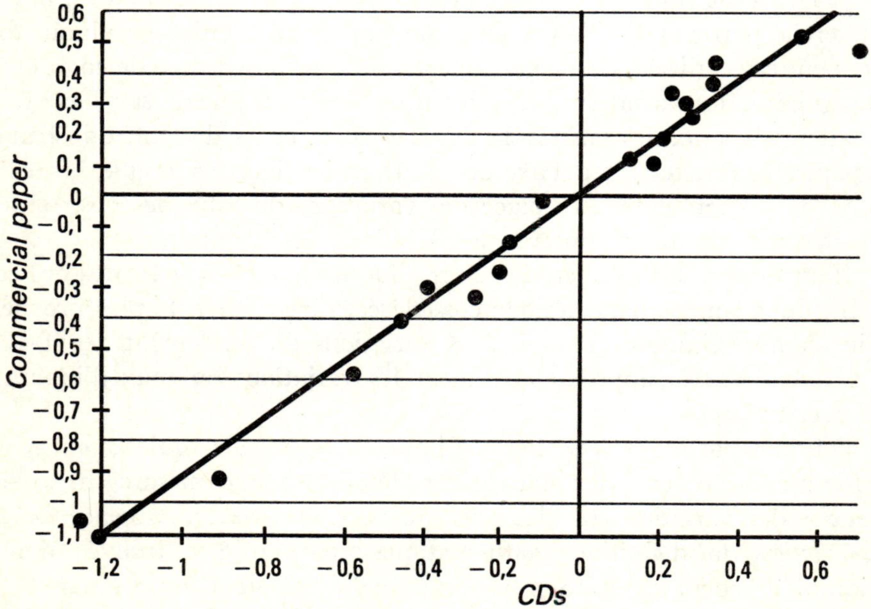

Fig. 4.5. — Variations du commercial paper et des CDs

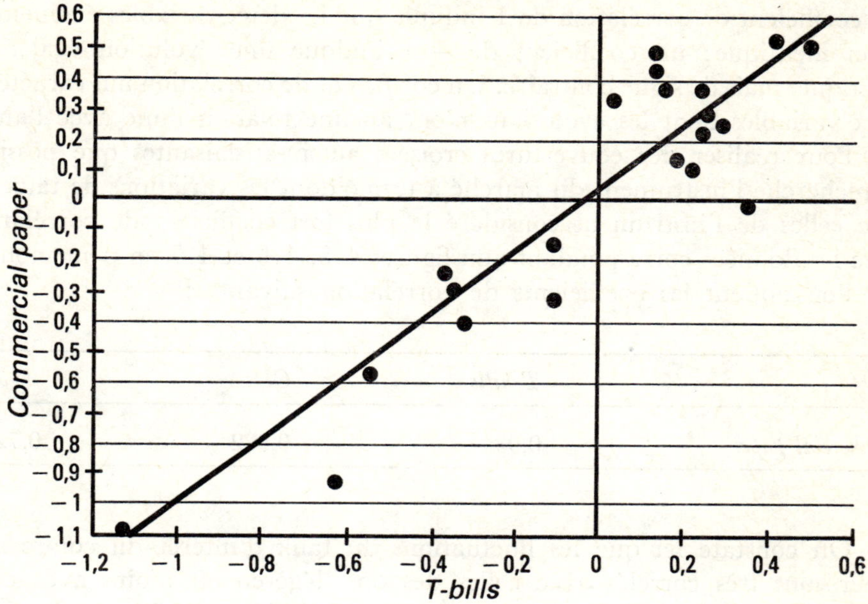

Fig. 4.6. — Variations du commercial paper et des T-bills

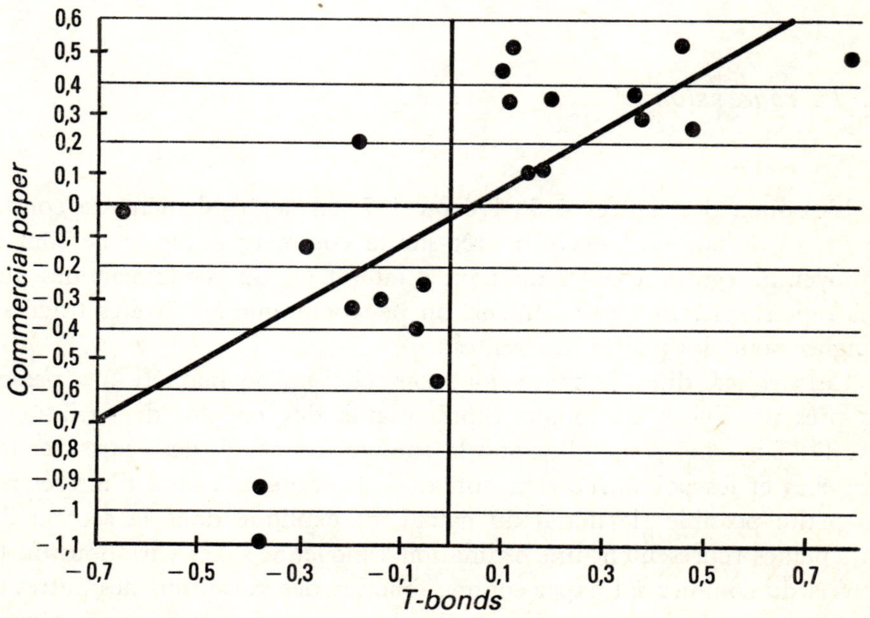

Fig. 4.7. — Variations du commercial paper et des T-bonds

Un coefficient de corrélation de 1 indique que les deux variables évoluent de façon identique; un coefficient de — 1 indique une évolution également identique, mais de signe contraire. Un coefficient de corrélation nul caractérise deux variables dont les évolutions n'ont aucune relation l'une avec l'autre.

Pour réaliser des couvertures croisées aussi satisfaisantes que possible, on recherche l'instrument du marché à terme dont les variations de taux ont avec celles de l'instrument considéré le plus fort coefficient de corrélation. Avec les données correspondant aux figures 4.5, 4.6 et 4.7 on peut montrer que l'on obtient les coefficients de corrélation suivants :

	T-bills	*CDs*	*T-bonds*
Commercial paper	0,934	0,982	0,726

On constate ici que les fluctuations du taux d'intérêt du commercial paper sont très corrélés avec celles des CDs, légèrement moins avec celles des T-bills et relativement peu avec celles des T-bonds. C'est donc bien, comme les graphiques nous le suggèrent, à l'aide de contrats à terme sur des CDs qu'il faudrait couvrir une émission future de papier commercial.

3.2. *La régression*

L'examen des figures 4.5, 4.6 ou 4.7 permet également de constater que les variations du taux d'intérêt sur le commercial paper ne sont pas, en moyenne, égales à celles du taux d'intérêt ou du rendement des autres actifs représentés. Plus précisément, on peut voir que les droites tracées sur ces figures ont des pentes différentes.

Ces droites, dites de régression, sont choisies de manière à « passer le plus près possible » des points représentatifs des couples de variations de taux. De fait, elles sont telles que la somme des carrés des écarts verticaux entre elles et les points représentatifs des variations des taux d'intérêt est la plus petite possible (le détail du calcul est expliqué dans la section 3.3). Leurs pentes représentent une estimation « moyenne » des variations du taux d'intérêt du commercial paper comme fonction des variations des autres taux d'intérêt ou de rendement. Une telle pente, appelée *coefficient de régression*, mesure donc l'effet d'une variation du taux des T-bills, des CDs ou des T-bonds sur le taux d'intérêt du commercial paper. Les valeurs de ces coefficients de régression sont :

	T-bills	*CDs*	*T-bonds*
Commercial paper	1,049	0,941	0,927

La signification pratique des coefficients de régression est la suivante : si l'on choisit de couvrir le risque de variation de taux d'intérêt qui affecte par exemple une émission future de papier commercial à trois mois par une vente à terme de CDs également à trois mois, il faudrait, en théorie, ne vendre le contrat à terme que dans la proportion de 0,941 contre 1 (cette proportion peut d'ailleurs ne pas être respectée exactement du fait du caractère indivisible des contrats disponibles sur les marchés à terme officiels).

Nous verrons plus loin (chap. 7 à 9) comment, à l'aide des coefficients de régression, peuvent être calculées concrètement les couvertures. Le plus souvent, les régressions les plus utiles en pratique lieront les variations du cours de l'instrument à couvrir aux variations du cours de l'instrument à terme.

3.3. *Calculs*

La formule qui permet le calcul du coefficient de corrélation entre deux variables X (variation du cours du contrat notionnel 10 ans par exemple) et Y (variation du cours d'une obligation privée par exemple) lorsque l'on dispose de n observations est la suivante :

$$\rho(X, Y) = \text{Covariance}\ (X, Y)/\sigma(X)\ \sigma(Y) \qquad (4.15)$$

avec $$\text{Covariance}\ (X, Y) = \frac{1}{n} \sum_{i=1}^{n} (X_i - \overline{X})\ (Y_i - \overline{Y})$$

$$\sigma(X) = \sqrt{\frac{1}{n} \sum_{i=1}^{n} (X - \overline{X})^2} \quad \text{appelé écart-type de X}$$

$$\sigma(Y) = \sqrt{\frac{1}{n} \sum_{i=1}^{n} (Y - \overline{Y})^2} \quad \text{appelé écart-type de Y}$$

$\overline{X} = \sum_{i=1}^{n} X/n$ moyenne arithmétique de la série des X

$\overline{Y} = \sum_{i=1}^{n} Y/n$ moyenne arithmétique de la série des Y.

Le coefficient de régression b de la droite :

$$Y = a + bX$$

qui représente les valeurs de Y en fonction de celles de X, peut être calculé à l'aide des définitions précédentes. En effet :

$$b = \text{Covariance}\ (X, Y)/\sigma^2(X) \qquad (4.16)$$

où $\sigma^2(X)$ est la variance de X (le carré de l'écart-type).

En principe, si les données possédaient certaines propriétés statistiques désirables, on devrait obtenir la même valeur du coefficient de régression b, que l'on fasse la régression en niveaux ou en variations de cours (ou de taux d'intérêt). En fait, les taux d'intérêt observés sur les marchés ne possèdent en général pas ces propriétés et il est préférable de travailler sur les variations et non sur les niveaux ([9]). Nous reviendrons sur ces questions aux chapitres 7 à 9 consacrés à la couverture.

Comme il sera par la suite question de la notion d'espérance mathématique, nous donnons ici la définition de ce concept. Supposons qu'un investissement puisse produire des rentabilités $R_1, R_2, \ldots, R_n$ avec des probabilités respectives $p_1, p_2, \ldots, p_n$, telles que la somme de ces probabilités soit égale à 1. On appelle espérance mathématique de la rentabilité la quantité :

$$E(R) = \sum_{i=1}^{n} R_i \times p_i \qquad (4.17)$$

qui représente la « moyenne » de ce qui est attendu de l'investissement. Noter que cette espérance est formellement identique à la moyenne arithmétique

([9]) Il y a en effet autocorrélation des résidus dans les régressions effectuées sur les niveaux. Des problèmes d'autocorrélation, donc de mesure, se manifestent également pour des instruments tels que le taux de base bancaire (ou le *prime rate*) dont le taux est « inerte » et ne suit qu'avec retard les hausses ou les baisses du marché monétaire.

d'une série statistique, rencontrée un peu plus haut (avec $p_i = 1/n$ pour tout $i = 1, 2, \ldots, n$).

Ce chapitre nous a permis de présenter les problèmes particuliers qu'entraîne la livraison physique des obligations et de définir la notion, commune à tous les marchés à terme, de base. Nous y avons également rappelé des définitions statistiques telles que celles des coefficients de corrélation et de régression. Les connaissances nécessaires pour aborder l'étude des opérations d'arbitrage et de couverture sur le Matif se trouvent ainsi maintenant réunies.

5 Les opérations d'arbitrage

Nous avons eu l'occasion au cours des chapitres précédents de faire à plusieurs reprises appel à la notion d'arbitrage sans toutefois montrer comment, dans la réalité complexe des marchés, peuvent être exécutées les opérations correspondantes. En principe, un arbitrage est possible quand existe à un moment donné une incohérence entre les prix de deux biens ou qu'un même bien a deux prix différents en même temps. C'est dire qu'un arbitrage n'est possible que lorsque se présentent des imperfections exploitables sur le marché (compte tenu d'éventuels coûts de transaction) et donc que ce dernier n'est pas en équilibre. L'arbitrage constitue donc une violation de la présomption de principe selon laquelle les marchés sont en équilibre permanent.

Après quelques définitions et généralités concernant les arbitrages (section 1), nous étudierons successivement les opérations faisant intervenir les contrats sur obligation à long terme notionnelle (section 2), les contrats sur bon à moyen terme notionnel BTAN (section 3) et les contrats sur instruments à court terme, Pibor 3 mois et Eurodem (section 4).

1 | Définitions et généralités

Les marchés réels se comportent conformément à la théorie de l'équilibre le plus souvent, mais pas toujours. Des opportunités d'arbitrage apparaissent de temps à autre dont l'opérateur avisé et rapide peut tenter de tirer parti. Comme on le verra cependant, ces arbitrages, relativement simples dans leur principe, sont en fait de réalisation très « technique ». En particulier, les marchés à terme organisés ne peuvent jamais offrir les conditions d'un arbitrage pur, à cause de l'incertitude provenant des appels et restitutions de marge, d'une part, et en raison de certains autres risques résiduels que nous préciserons, d'autre part.

Il apparaît utile de donner une définition précise d'un arbitrage pur. Cette définition, théorique, présente l'avantage décisif de n'être entachée d'aucune ambiguïté. Elle peut par conséquent servir de norme à toutes les opérations qui relèvent de l'activité d'arbitrage. De plus, c'est uniquement à partir de cette définition que l'on peut obtenir les formules mathématiques sans lesquelles on ne saurait détecter et réaliser les arbitrages.

Définition (théorique) de l'arbitrage :

Une opération d'arbitrage procure à celui qui la réalise un flux de trésorerie positif, sans mise de fonds et sans risque.

Il est clair qu'un tel arbitrage est caractérisé par un *taux* de rentabilité *certain* et *infini* puisqu'il n'y a pas d'investissement initial. Ceci est à l'évidence incompatible avec un marché en équilibre.

En pratique, un arbitrage apparaît souvent sous la forme d'un investissement sans risque rapportant plus que le taux sans risque du marché. Ceci revient évidemment au même que l'opération décrite dans la définition ci-dessus, si l'on suppose que l'investissement en question peut être financé par un emprunt au taux du marché.

Par exemple, une opération qui rapporte de façon certaine un taux de 15 %, alors que le taux du marché sans risque est de 10 %, est un arbitrage. Supposons en effet qu'en investissant 100 F l'opérateur encaisse 115 F de façon certaine dans un an. Il va emprunter ces 100 F sur le marché monétaire au taux sans risque de 10 % et n'aura par conséquent aucune mise de fonds propres initiale. Dans un an, il encaissera 115 F, remboursera à son créancier 110 F et aura ainsi réalisé un gain monétaire de 5 F sans investissement et sans risque.

En pratique, cependant, il subsistera toujours un risque résiduel (même infime) et les opérateurs devront se contenter de réaliser ce que nous appellerons des « *quasi-arbitrages* ». Il n'y a malheureusement pas de définition précise, totalement dépourvue d'ambiguïté, d'un quasi-arbitrage, car l'appréciation d'un risque, même « résiduel », est subjective et dépend de l'attitude de l'opérateur face au risque.

Par exemple, il semblera probablement « anormal » à la plupart des lecteurs de réaliser une opération rapportant 100 % (en taux annualisé) avec probabilité 0,99 et — 10 % avec probabilité 0,01 (l'espérance de rentabilité est égale à 98,9 % avec un risque infime).

Cependant, certaines opérations seront des (quasi)-arbitrages pour les uns et de la (quasi)-spéculation pour les autres. Rappelons que, si la spéculation n'a pas de définition théorique très précise, elle consiste en pratique à prendre une position risquée dans l'espoir d'un gain et suppose en général que le spéculateur a des anticipations différentes de celles du marché. Pour ce qui concerne les arbitrages — désignés comme tels — de ce chapitre — et plus généralement de cet ouvrage —, c'est le bon sens qui indiquera si en pratique le gain attendu justifie le risque résiduel subi.

Une ligne de démarcation imprécise, cependant, facilite certains abus de langage. En particulier, nous analyserons à l'occasion des opérations parfois improprement appelées arbitrages, sans doute parce qu'elles ne comportent pas de risque lié à des mouvements d'ensemble de la gamme des taux d'intérêt. Elles sont néanmoins de nature *spéculative* dans la mesure où leur rentabilité dépend des déformations attendues de cette gamme, déformations qui peuvent très bien ne pas avoir lieu ou se produire dans le sens contraire. Nous les qualifierons de *pseudo-arbitrages* ou *spread trading* pour les distinguer des autres et insisterons sur leur caractère intrinsèquement risqué.

En résumé, ce chapitre sera pour l'essentiel consacré aux arbitrages et accessoirement aux pseudo-arbitrages.

2 | Arbitrages sur le contrat notionnel long terme

En dépit de sa relative ambiguïté (que l'on comprendra mieux plus tard), nous adopterons la classification habituelle qui distingue les arbitrages de type comptant-terme ou cash-and-carry, qui font intervenir dès l'origine le support comptant des contrats à terme, des arbitrages de type terme-à-terme ou forward-forward qui ne mettent pas en jeu ce support initialement. Nous commencerons par analyser les arbitrages du premier type.

2.1. *Le cash-and-carry*

Nous avons évoqué, en le simplifiant beaucoup, ce genre d'arbitrage au chapitre 4 à propos de l'analyse des facteurs explicatifs de l'évolution de la base. Nous avions signalé qu'une opération d'achat au comptant *(cash)* et de vente à terme impliquait un coût de portage *(cost-of-carry)* égal à la différence entre le coût brut de financement à court terme et le coupon couru (pendant la période de détention) de l'obligation, d'où le nom de « cash-and-carry » donné à cet arbitrage.

Il nous faut maintenant en donner un traitement plus complet et plus précis en insistant sur le rôle joué, d'une part, par les appels de marge et, d'autre part, par le synonyme du gisement le moins cher à livrer.

Un arbitrage *cash-and-carry* ou *par portage* est réalisable quand la valeur du contrat future constatée sur le marché est *supérieure* à sa valeur théorique. Le notionnel n'existant pas physiquement, il faut raisonner sur l'obligation la moins chère à livrer du gisement. Le principe de l'opération est le suivant (se reporter à l'Annexe 1 en fin d'ouvrage pour la liste des notations standard utilisées) :

— L'obligation la moins chère à livrer est achetée au comptant pour sa valeur pied-de-coupon C(0) plus son coupon couru CC(0), le zéro indiquant la date de l'arbitrage (aujourd'hui). Le taux de coupon de ce synonyme est noté k.

— Cet achat est financé intégralement par un emprunt sur le marché monétaire, au taux (proportionnel) r_c du court terme prévalant pour des opérations au comptant de durée T. T est exprimé en fraction d'année (de 360 jours) et correspond à la période séparant la date d'aujourd'hui de l'échéance du contrat à terme surévalué *plus 4 jours* (délai séparant le dernier jour de cotation du contrat du jour de règlement en espèces, cf. chap. 2, section 2.1).

— Simultanément sont vendus, au cours F(0), non pas un mais f contrats d'échéance T, où f est le facteur de concordance (proche de 1, et non de 100; cf. chap. 4) du synonyme le moins cher pour l'échéance T. On comprendra plus loin pourquoi il convient de raisonner sur f contrats plutôt qu'un.

Le flux net de trésorerie à l'instant 0 est bien nul, puisque l'on néglige le déposit initial. Rappelons qu'il faut bien en pratique le négliger ici car il est effectué par les professionnels (qui seuls sont à même de tenter ces arbitrages) par dépôt de bons du Trésor dont la rémunération reste acquise au dépositaire. Il n'y a donc aucun coût d'opportunité associé à ce déposit.

A l'échéance du contrat à terme (T), l'opérateur déboucle son arbitrage comme suit :

— L'emprunt sur le marché monétaire est remboursé, ce qui implique un décaissement, compte tenu des intérêts, de :

$$-[C(0)+CC(0)](1+r_c T).$$

— La marge sur les f contrats vendus est encaissée ou décaissée, soit :

$$f[F(0)-F(T)]$$

où F(T) est le cours de liquidation du contrat, bien sûr inconnu à l'instant initial.

Il est à noter que cette marge est obtenue en faisant la somme *non capitalisée* des appels et restitutions de marge quotidiens entre les instants 0 et T. Ceci revient à traiter les contrats futures comme des opérations « forward » (cf. chap. 1) pour lesquelles il n'y a aucun flux de trésorerie avant l'échéance T. Il est impossible de procéder autrement du fait du caractère aléatoire tant des appels de marge que des taux d'intérêt à court terme successifs (prévalant en t pour des opérations de durée $(T-t)$). On néglige donc les intérêts que les placements des restitutions de marge et les emprunts des appels de marge auront pu générer.

— Sur les f contrats vendus, $(f-1)$ sont soldés par simple clôture automatique de la position (rachat des contrats et versement ou encaissement de la dernière marge), mais un contrat est soldé par livraison, c'est-à-dire que l'obligation détenue en portefeuille est livrée contre réception du montant dû, soit :

$$fF(T)+CC(0)+CC(0,T)$$

puisque le montant dû est le cours de liquidation multiplié par le facteur de concordance majoré du coupon couru. Ce dernier est égal au coupon initial CC(0) plus le coupon ayant couru pendant la période T :

$$CC(0,T)=100.k.(J-2)/365,$$

où $(J-2)$ est le nombre de jours calendaires d'ici l'échéance moins *deux* jours *ouvrables* (cf. le calendrier du Matif au chapitre 2).

Le flux total reçu par l'arbitragiste en T est donc égal (les deux termes aléatoires en $fF(T)$ s'annulant) à :

$$fF(0)+CC(0)+CC(0,T)-[C(0)+CC(0)](1+r_c T)$$

c'est-à-dire :

$$fF(0) - C(0) - [C(0) + CC(0)]\, r_c T + CC(0, T) \qquad (5.1)$$

L'opérateur réalise un gain d'arbitrage certain si le flux (5.1) est positif, c'est-à-dire si le contrat à terme F(0) est surévalué aujourd'hui. Il est important de noter que c'est parce que nous avons vendu f contrats pour chaque obligation achetée que les termes aléatoires s'éliminent. Le lecteur vérifiera aisément qu'en raisonnant un pour un l'arbitrage strict n'est pas réalisable. En effet, un terme aléatoire, $(f - 1)\,F(T)$, subsiste à l'échéance, sauf naturellement si le facteur de concordance du synonyme le moins cher est égal à 1, ce qui n'est en pratique jamais le cas.

Notons également qu'on peut raisonner, de manière équivalente, sur un contrat vendu et $1/f$ obligation(s) achetée(s), ce qui atténue en pratique le problème d'arrondi, car la valeur nominale d'un contrat (500 000) est très supérieure à celle des obligations du gisement (typiquement 2 000 ou 5 000).

A l'équilibre du marché, en l'absence donc de possibilités d'arbitrage, le flux (5.1) doit être nul puisqu'au départ le flux l'est également. Il en découle la relation *exacte* entre le cours à terme et le cours au comptant :

$$fF(0) = C(0) + [C(0) + CC(0)]\, r_c T - CC(0, T) \qquad (5.2)$$

ou, alternativement, l'expression exacte de la *base ajustée* :

$$B(0) = fF(0) - C(0) = [C(0) + CC(0)]\, r_c T - CC(0, T) \qquad (5.3)$$

Par rapport à l'expression analogue (4.14) du chapitre 4, il apparaît un terme supplémentaire, $CC(0)\, r_c T$, qui exprime le coût de portage du coupon couru au moment de l'achat au comptant.

▶ *Exemple 1.* — Le 15 avril 1986, le contrat notionnel échéance septembre cotait 112,95. Le synonyme le moins cher, le 13,40 % 1983 (coupon le 20 décembre), cotait 131,50. Son coupon couru s'élevait à 4,259 et son facteur de concordance pour septembre était de 1,16780. Du 15 avril à l'échéance (livraison et règlement se faisant à J — 0 (cf. chap. 2), le jour à retenir est le 30 septembre), il y a 168 jours, donc T = 168/360). Cependant, pour le calcul du coupon couru, la date à retenir est J — 2, soit le 26 septembre (il y a un week-end !). Par conséquent, CC(0, T) = 13,40 × 164/365 = 6,021. Par ailleurs, le taux du monétaire pour des emprunts à 168 jours (à 6 mois en pratique) s'établissait à 7,25 %.

Le cours théorique du contrat septembre s'établissait donc à :

$$F(0) = (131{,}5 + (131{,}5 + 4{,}259) \times 7{,}25 \times 168/36\,000 - 6{,}021)/1{,}1678$$
$$= 111{,}38224.$$

Le gain d'arbitrage qu'il était possible de réaliser en faisant un cash-and-carry sur 1,1678 contrats s'élevait ainsi à :

$$500\,000 \times 1{,}1678 \times (112{,}95 - 111{,}38224)/100 = 9\,154 \text{ F.}$$

Le lecteur peut retrouver ce résultat en appliquant directement la formule (5.1) avec F(0) = 112,95.

Le raisonnement d'arbitrage précédent consistait à comparer le cours théorique du contrat (ou la base ajustée théorique) au cours observé (ou à la base observée) sur le marché. Alternativement, il est équivalent de comparer le taux du court terme r_c prévalant sur le marché monétaire au *taux comptant à court terme i_c implicite dans le contrat Matif à long terme.* Considérons en effet la relation (5.2). Au lieu de calculer le cours théorique du contrat à partir du membre de droite de l'équation et de le comparer au cours observé sur le marché, on peut considérer que l'inconnue est le taux du court terme impliqué par le cours observé F(0). On a alors :

$$f\mathrm{F}(0) = \mathrm{C}(0) + [\mathrm{C}(0) + \mathrm{CC}(0)]\, i_c \mathrm{T} - \mathrm{CC}(0, \mathrm{T}),$$

soit, en isolant l'inconnue i_c :

$$i_c = \frac{f\mathrm{F}(0) - \mathrm{C}(0) + \mathrm{CC}(0, \mathrm{T})}{\mathrm{C}(0) + \mathrm{CC}(0)} \times \frac{1}{\mathrm{T}} \tag{5.4}$$

Il suffit alors de comparer i_c au taux du monétaire r_c pour, en cas d'inégalité, réaliser un arbitrage. Si i_c est supérieur à r_c, ce qui implique d'après (5.4) un cours à terme F(0) supérieur à sa valeur théorique, il faut vendre à terme et acheter au comptant. C'est d'ailleurs de cette façon que les professionnels se livrant à ce type d'opérations procèdent.

▶ *Exemple 2.* — Reprenons les conditions de l'exemple précédent. Le taux à court terme implicite dans le contrat Matif s'établissait à :

$$i_c = (360/168) \times (1{,}1678 \times 112{,}95 - 131{,}5 + 6{,}021)/(131{,}5 + 4{,}259)$$
$$= 10{,}14\ \%.$$

Comparé au taux du monétaire de 7,25 %, on voit que l'écart (hors coûts de transaction) de 2,89 % est considérable (l'exemple est tiré de données réelles, mais on était alors dans l'enfance du marché).

Pour conclure l'analyse du cash-and-carry, signalons d'une part la possibilité qui se présente parfois d'améliorer l'arbitrage et d'autre part les difficultés pratiques susceptibles d'être rencontrées.

Bien qu'il ne faille en aucun cas parier sur cette éventualité, il est probable en pratique que l'incohérence initiale qui a motivé l'arbitrage va disparaître rapidement, voire *s'inverser*.

Dans ce cas, il est possible d'améliorer encore la performance (en termes d'écart de taux) en *débouclant* l'arbitrage avant l'échéance T. Pour ce faire, il suffit de racheter le contrat à terme et de revendre l'obligation détenue. La performance est supérieure dans le sens que le gain de trésorerie intervient à une date antérieure à la date (d'échéance) anticipée.

Pour ce qui est des difficultés, il est clair tout d'abord que l'existence de *coûts de transaction* vient freiner les activités d'arbitrage puisqu'on ne réalisera ces opérations que si le gain attendu est supérieur à ces coûts. (Notons ici que les frais sur le Matif sont devenus négligeables du fait d'une concurrence exacerbée, ce qui n'est pas le cas du marché au comptant.)

Ensuite se pose le problème d'*arrondi* évoqué plus haut du fait de l'utilisation du facteur de concordance *f*. En pratique, les professionnels s'accordent à penser que cette difficulté est complètement négligeable en raison de la liquidité du Matif et de la faible valeur faciale des obligations du gisement.

Reste enfin le très faible *risque* (dit *de trésorerie*) associé à la non-prise en compte des appels et restitutions de marge quotidiens et auquel nous avons fait allusion plus haut. Ici encore, c'est le bon sens qui dicte la décision : il faut comparer le gain en francs ou en taux de l'arbitrage pour déterminer si ce très faible risque résiduel vaut la peine d'être subi.

2.2. *Le reverse cash-and-carry*

Quand le contrat Matif est non plus surévalué mais *sous-coté* par rapport au sous-jacent au comptant, c'est-à-dire quand le taux à court terme implicite dans le contrat future est *inférieur* au taux du monétaire court terme, il convient de faire l'arbitrage en sens inverse du cash-and-carry, que l'on appelle le « *reverse cash-and-carry* » ou plus simplement le « *reverse* ». Il consiste à acheter le contrat et à vendre à découvert le synonyme le moins cher en plaçant les fonds dégagés par la vente au taux du monétaire.

Bien qu'en théorie cet arbitrage soit aussi facile à réaliser que le précédent, il n'en va pas de même en pratique. En effet, deux problèmes supplémentaires viennent s'ajouter à ceux mentionnés pour le cash-and-carry.

Le premier est l'*absence d'un marché de prêt de titres* en France qui rend délicate et parfois impossible la vente à découvert de l'obligation au comptant. Il faut passer par la technique du réméré, qui consiste à acheter des titres à un vendeur pour une certaine durée avec engagement de ce dernier de racheter les titres à l'échéance convenue (ce qui annule rétroactivement la vente initiale) à un prix supérieur (pour tenir compte du loyer de l'argent). Or cette technique est susceptible d'occasionner des coûts égaux ou supérieurs au gain attendu de l'arbitrage. Alternativement, si on ne peut pas emprunter l'obligation à vendre à découvert, il faut l'avoir déjà en portefeuille. En pratique, c'est d'ailleurs le cas le plus fréquemment rencontré : essentiellement seules les institutions possédant un portefeuille important de titres les moins chers à livrer tentent de réaliser le « reverse ».

Le second problème, plus grave encore, est un *risque*. C'est celui du *changement du titre le moins cher à livrer*. En effet, le synonyme qui était le moins cher à livrer le jour de l'arbitrage peut très bien ne plus l'être le jour de débouclage. Si l'on constate une relative constance en ce domaine, il n'en demeure pas moins que le titre le moins cher n'est pas toujours le même.

Or, dans le cas du cash-and-carry, l'arbitragiste est vendeur à terme et a donc le choix de livrer l'obligation qu'il détient en portefeuille, même si elle n'est pas la moins chère (dans ce cas, l'acheteur qui se fait livrer fait une bonne affaire). Il est donc certain de réaliser un gain au moins égal au gain calculé le jour de l'arbitrage et, dans certains cas, un gain supérieur (il achète la moins chère, qu'il livre, et vend (plus cher) celle qu'il a en portefeuille, ce qui, compte tenu des frais de négociation, lui rapporte un profit inattendu. Dans la pratique, on constate que c'est bien la moins chère qui est livrée dans plus de 95 % des cas de livraison à l'échéance).

Dans le cas du « reverse » au contraire, de façon symétrique, l'arbitragiste peut réaliser une *perte inattendue* dans la mesure où il se fait livrer l'obligation devenue la moins chère et reste à découvert sur l'ancienne moins chère : son actif au comptant a moins de valeur que son passif au comptant et la liquidation de cette position entraîne un flux de trésorerie négatif.

Ces deux difficultés nous permettent de comprendre pourquoi, depuis *grosso modo* mi-1987, le Matif notionnel est en situation *structurelle* de reverse (les cas de cash-and-carry sont devenus rarissimes car ils sont faciles à arbitrer). Les arbitragistes ne tentent le reverse que si la décote du contrat est suffisamment importante pour justifier le coût d'emprunt et le risque de changement du synonyme le moins cher. Tant que cette décote n'est pas atteinte, le marché *apparaît* arbitrable mais en fait ne l'est pas. L'implication de cette situation est que la base (ajustée) est structurellement *inférieure* à la base théorique.

Signalons enfin que, compte tenu des coûts directs de transaction et des coûts indirects que constituent les écarts cours acheteurs - cours vendeurs, il est fréquent que, bien que le cours du future ne soit pas exactement conforme à sa valeur théorique, *ni l'arbitrage cash-and-carry ni le reverse ne soient profitables.*

2.3. *Les arbitrages terme-à-terme*

De la même façon qu'il peut exister ponctuellement une incohérence entre le prix de l'obligation au comptant et son prix à terme, il peut apparaître sur le marché une incohérence entre *deux prix à terme* (sur deux échéances du Matif, consécutives ou non).

Par un raisonnement analogue à celui qui sous-tend l'arbitrage cash-and-carry, il est facile de montrer que la relation théorique entre les cours des contrats correspondant à deux échéances, $F_1(0)$ et $F_2(0)$, est la suivante :

$$f_2\, F_2(0) - f_1\, F_1(0) = [f_1\, F_1(0) + CC(1)]\,.\,{}_{T_1}r_{T_2}\,.\,(T_2 - T_1) - CC(T_1, T_2) \qquad (5.5)$$

où f_1 et f_2 sont les facteurs de concordance du synonyme le moins cher (supposé être le même pour les deux échéances), CC(1) est le coupon couru du synonyme le moins cher à la date d'échéance la plus rapprochée, $CC(T_1, T_2)$ est le coupon qui court entre les deux dates d'échéance, $(T_2 - T_1)$ est le nombre de jours compris entre les deux dates d'échéance divisé par 360, et ${}_{T_1}r_{T_2}$ est le taux *à terme* implicite (notion définie au chapitre 3) sur le marché monétaire pour des opérations s'effectuant *entre* les deux dates d'échéance.

Le membre de gauche de la relation (5.5) est parfois appelé « *pseudo-base* ». Il est intéressant de noter la similitude de structure entre les équations (5.3) et (5.5) exprimant la base ajustée et la pseudo-base, respectivement.

La relation ci-dessus est analogue, mis à part le fait important que le taux au comptant r_c est remplacé par le taux à terme ${}_{T_1}r_{T_2}$, ce qui est logique, s'agissant d'un arbitrage terme-à-terme ne faisant pas intervenir (du moins jusqu'à la première échéance) l'obligation au comptant. Cette différence exceptée, l'écart de valeurs (ajustées par les facteurs de concordance) entre les deux contrats correspond bien là aussi à un *coût net de portage* (mais portage à terme, entre les deux dates d'échéance).

En pratique, comme pour le cash-and-carry, connaissant les cours $F_1(0)$ et $F_2(0)$, on calcule le taux implicite ${}_{T_1}i_{T_2}$ à partir de l'équation (5.5) et on le compare au taux à terme ${}_{T_1}r_{T_2}$ implicite sur le monétaire (ou celui du Matif Pibor 3 mois, le cas échéant (cf. plus loin)), d'où l'appellation d'*arbitrage terme-à-terme* :

$${}_{T_1}i_{T_2} = \frac{f_2\, F_2(0) - f_1\, F_1(0) + CC(T_1, T_2)}{f_1\, F_1(0) + CC(1)} \times \frac{1}{T_2 - T_1} \qquad (5.6)$$

Deux cas peuvent se présenter selon que le taux ${}_{T_1}i_{T_2}$ est supérieur ou inférieur au taux ${}_{T_1}r_{T_2}$.

Dans le premier cas, $F_2(0)$ est *surcoté* par rapport à $F_1(0)$ et l'arbitrage consiste à réaliser un *straddle* (on dit aussi *spread*) *achat-vente*, c'est-à-dire acheter $F_1(0)$ et vendre $F_2(0)$, ce qui est équivalent à un placement à terme (au taux ${}_{T_1}i_{T_2}$). A la date de la première échéance, on prend livraison du titre le moins cher et on emprunte la somme correspondant au montant dû calculé naturellement avec le cours connu $F_1(0)$. Il est essentiel de noter que le taux de cet emprunt doit être connu dès le départ, ce qui est le cas *si l'on a bien pris soin de faire un emprunt à terme, au taux certain* ${}_{T_1}r_{T_2}$, *au moment de l'arbitrage*. A la date de la deuxième échéance, on rembourse l'emprunt, on livre l'obligation détenue en portefeuille et on encaisse le montant dû (calculé bien sûr avec le cours connu $F_2(0)$).

Dans le second cas, $F_2(0)$ est *sous-coté* par rapport à $F_1(0)$ et l'arbitrage consiste à réaliser un *straddle* (ou *spread*) *vente-achat*, c'est-à-dire vendre $F_1(0)$ et acheter $F_2(0)$, ce qui est équivalent à un emprunt à terme (au taux ${}_{T_1}i_{T_2}$). A la date de la première échéance, on livre le titre le moins cher (que l'on emprunte) et on prête la somme correspondant au montant dû calculé avec le cours connu $F_1(0)$. Le taux de ce placement est connu dès le départ *si l'on a consenti un prêt à terme, au taux* ${}_{T_1}r_{T_2}$, *au moment de l'arbitrage*. A la date de la deuxième échéance, on encaisse le produit du prêt, on se fait livrer l'obligation la moins chère, ce qui permet de rendre celle que l'on a empruntée, et on décaisse le montant dû (calculé bien sûr avec le cours connu $F_2(0)$).

Les problèmes associés à ce type d'arbitrages, si ces derniers ne sont pas débouclés *avant* la date de la première échéance, sont du même ordre que ceux analysés à propos du cash-and-carry. En particulier, le straddle vente-achat est plus risqué que le straddle achat-vente du fait de la possibilité de changement de synonyme le moins cher entre les deux dates d'échéance.

Notons enfin que le straddle est réalisé *un pour un*, sans tenir compte des facteurs de concordance, bien que la formule correcte soit celle donnée par (5.5).

▶ *Exemple 3.* — Le 30 septembre 1986 vers midi, le contrat décembre cotait 112,70 et le contrat juin 112,50. Le moins cher à livrer était le 12,60 % 1983 (coupon détaché le 21 décembre), cotant pied-de-coupon 115,65. Son coupon couru à l'échéance de décembre serait donc de 8 jours (31-21-2), soit 12,60 × 8/365 = 0,276. Ses facteurs de concordance pour décembre et juin étaient respectivement de 1,137984 et 1,130712. Sur le marché monétaire, le taux spot à 3 mois s'établissait à 7,05 % et le spot 9 mois à 7,15 %.

Un *straddle achat-vente* consistant à acheter le décembre et à vendre le juin, couplé avec un *emprunt à terme* sur le monétaire, permettait donc de réaliser un arbitrage.

En effet, le taux à terme sur le monétaire pour des opérations (de durée 6 mois) commençant dans 3 mois et s'achevant dans 9 mois ressortissait à (cf. chap. 3) :

$$ {}_3r_9 = \left(\frac{1 + 0{,}0715 \times 273/360}{1 + 0{,}0705 \times 92/360} - 1\right) \times \frac{360}{181} = 7{,}07\ \%, $$

tandis que sur le Matif long terme le taux ${}_{T_1}i_{T_2} = {}_3i_9$ était implicitement égal à :

$$\frac{1{,}130712 \times 112{,}5 - 1{,}137984 \times 112{,}7 + (12{,}6 \times 181/365)}{1{,}137984 \times 112{,}7 + 0{,}276} \times \frac{360}{181} = 8{,}05\ \%$$

soit une différence très importante de près de 1 %. Le gain en francs se montait alors pour chaque straddle à :

$$5\,000 \times [-(112{,}7 \times 1{,}137984 + 0{,}276)\,(1 + 0{,}0707 \times 181/360)$$
$$+ 112{,}5 \times 1{,}130712 + (0{,}276 + 12{,}6 \times 181/365)] = 3\,168\ \text{F.}$$

Notons que la somme à emprunter à terme sur le marché monétaire à l'instant initial se montait à 5 000 × ((112,7 × 1,137984) + 0,276), soit 642 634 F.

Dans l'exemple précédent, le taux ${}_{T_1}i_{T_2}$ implicite dans le Matif long terme a été comparé au taux implicite ${}_{T_1}r_{T_2}$ du marché monétaire. Il est bien sûr possible, dans certains cas, de le comparer au *taux à terme coté sur le Matif Pibor 3 mois*! En effet, si la « distance » séparant T_1 et T_2 est égale à un trimestre (c'est-à-dire si les échéances du Matif long terme sont adjacentes), il existe un contrat Pibor 3 mois d'échéance T_1 qui cote par définition un taux ${}_{T_1}i_{T_2}$ avec $T_2 - T_1 = 3$ mois, puisque les échéances des deux types de contrats Matif coïncident.

Avant de conclure cette section, mentionnons une opération, assez fréquemment rencontrée sur les marchés, représentant ce que nous avons refusé d'appeler au début de ce chapitre « arbitrage » et que nous avons qualifié de « *pseudo-arbitrage* ». Elle consiste à acheter ou vendre le straddle décrit plus haut (achat et vente de deux échéances différentes) mais *sans effectuer de prêt ou d'emprunt à terme simultané sur le monétaire*. Dans ce cas, *l'opérateur prend un risque, il spécule en fait sur la déformation de la gamme des taux*. Nous allons illustrer ce propos directement à partir de l'exemple 3 précédent.

▶ *Exemple 4.* — Supposons que l'arbitragiste achète le contrat décembre et vende le contrat juin mais sans emprunter à terme sur le monétaire les 642 634 F.

Nous allons constater qu'en cas de décalage des taux du 30 septembre au 31 décembre le gain peut varier de façon substantielle ou même se transformer en perte.

Supposons que le 31 décembre, les taux ayant monté, le taux spot à 6 mois soit égal à 8,2 %, sans pour autant que l'écart entre les deux contrats ait significativement changé, ce qui rend sans intérêt le débouclage de l'arbitrage. La somme à rembourser le 30 juin sera de 642 634 × (1 + 0,082 × 181/360) = 669 128 F, au lieu de 665 477 F correspondant à un emprunt à 7,07 % comme dans l'exemple 3. La différence est égale à — 3 651 F, ce qui transforme le gain de 3 168 F en perte de — 483 F.

Inversement, si les taux ont baissé et que le taux spot 6 mois est, le 31 décembre, de 6,2 %, le lecteur vérifiera aisément que le gain total se montera à 5 979 F à fin juin.

3 | Arbitrages sur le contrat BTAN

Les arbitrages sur contrats BTAN sont très semblables à ceux que nous venons d'analyser pour le notionnel long terme. Leur discussion sera donc plus rapide. Par ailleurs, le marché est récent et n'a pas encore révélé toutes ses finesses ni ses éventuelles faiblesses, contrairement au précédent. La différence essentielle tient à ce que, outre le facteur de concordance, un autre paramètre intervient dans la comparaison entre le BTAN notionnel et les BTAN du gisement, comme nous l'avons vu au chapitre 4.

3.1. *Le cash-and-carry et le reverse*

Un profit d'arbitrage peut être réalisé sur le Matif BTAN si la relation théorique suivante entre le cours du contrat F(0) et celui du synonyme le moins cher au comptant C(0) n'est pas vérifiée :

$$A.F(0) + B = C(0) + [C(0) + CC(0)]\, r_c\, T - CC(0, T) \qquad (5.7)$$

où A est la variation relative du synonyme (la variation absolue de celui-ci divisée par la variation absolue du notionnel), B est le facteur d'ajustement dudit synonyme, égal à son facteur de concordance (exprimé autour de 100 et non autour de 1) moins 100 A, et où les autres notations sont identiques à celles utilisées pour le notionnel long terme (comparer (5.7) à (5.2)).

Par exemple, l'arbitrage cash-and-carry, si F(0) est trop élevé, consiste à vendre A contrats et à acheter 1 BTAN (le moins cher à livrer) en finançant l'achat par un emprunt spot sur le marché monétaire. A l'échéance T, l'arbitragiste rembourse l'emprunt majoré des intérêts, encaisse ou décaisse la marge sur les A contrats, solde (A — 1) contrats et en livre 1 contre réception du montant dû. Le flux est donc le suivant :

$$- [C(0) + CC(0)]\,(1 + r_c T) + A.[F(0) - F(T)] + [A.F(T) + B + CC(0) + CC(0, T)].$$

Comme à l'équilibre du marché ce flux doit être nul, l'équation (5.7) en résulte après simplification, ainsi que l'expression suivante de la « *base ajustée* » :

$$BA(0) = A.F(0) + B - C(0) = [C(0) + CC(0)]\, r_c\, T - CC(0, T) \qquad (5.8)$$

L'analogie avec les expressions correspondantes (5.2) et (5.3) est frappante. La base est ajustée par deux coefficients (A et B) au lieu d'un seul (f) mais est encore égale au *coût net de portage.*

De la même façon que pour le notionnel long terme, on calcule en pratique le taux d'intérêt spot à court terme *implicite* dans le contrat BTAN et on le compare au taux spot du monétaire :

$$i_c = \frac{A.F(0) + B - C(0) + CC(0, T)}{C(0) + CC(0)} \times \frac{1}{T} \qquad (5.9)$$

Les mêmes remarques formulées à propos du notionnel long terme concernant les difficultés pratiques, les risques résiduels (notamment pour le « reverse ») et les coûts de transaction s'appliquent ici.

▶ *Exemple 5.* — Le 10 février 1989, le BTAN 8 % juillet 1993 cote 9,15 %. 213 jours ont couru depuis le dernier coupon. Sa variation relative A et son facteur de concordance *f* pour l'échéance mars sont égaux à 1,0614 et 99,9373 respectivement. Le contrat future mars cote 96,14. Le taux d'intérêt spot à 2 mois sur le marché monétaire s'élève à 8,5 %.

Un reverse cash-and-carry peut être tenté dans ces conditions. En effet, le cours au comptant du BTAN plein coupon s'établit à 100,553 (avec 9,15 % comme taux d'actualisation), et le coupon couru s'élève à 8 × 213/365 = 4,668. Le cours pied-de-coupon est donc de 95,88 (on arrondit à la deuxième décimale). Par ailleurs, le coefficient d'ajustement B est égal à 99,9373 — 100 × 1,0614 = — 6,2027 et le nombre de jours jusqu'à l'échéance du contrat est de 49.

Par conséquent, le taux spot implicite dans le contrat BTAN est égal à :

$$i_c = \frac{1{,}0614 \times 96{,}14 - 6{,}2027 - 95{,}88 + (8 \times 49/365)}{100{,}553} \times \frac{360}{49} = 7{,}56\ \%.$$

et donc inférieur de *près de 1* % au taux spot du marché monétaire (8,5 %).

Le profit d'arbitrage en francs s'élève à :

$$(0{,}085 - 0{,}0756) \times (49/360) \times 1\,000\,000 \times 1{,}00553 = \mathit{1\,287\ F.}$$

3.2. *Le terme-à-terme*

Comme dans le paragraphe 2.3 de ce chapitre, on peut tenter de tirer avantage d'une incohérence transitoire entre les cours de deux échéances (adjacentes ou non) du contrat BTAN. La relation théorique entre les deux cours se démontre de la même façon que pour le contrat notionnel long terme (cf. équation (5.5)) et s'écrit :

$$\begin{aligned} A_2\,F_2(0) + B_2 - A_1\,F_1(0) - B_1 \\ = (A_1\,F_1(0) + B_1 + CC(1))\ {}_{T_1}r_{T_2}(T_2 - T_1) \\ - CC(T_1, T_2) \qquad (5.10) \end{aligned}$$

où le membre de gauche représente la « *pseudo-base* ». En pratique, on calcule le taux à terme implicite ${}_{T_1}i_{T_2}$ dans les deux cours F_1 et F_2 et on le compare au taux à terme ${}_{T_1}r_{T_2}$ implicite dans la gamme des taux au comptant, ou implicite dans les cours des contrats Matif long terme, ou même encore au taux ${}_{T_1}i_{T_2}$ du contrat Pibor 3 mois (si T_1 et T_2 sont séparés par 3 mois) ! Les possibilités d'arbitrage sont, on le voit, potentiellement nombreuses. Formellement, l'on a :

$$
{}_{T_1}\dot{i}_{T_2} = \frac{A_2\, F_2(0) + B_2 - A_1\, F_1(0) - B_1 + CC(T_1, T_2)}{[A_1\, F_1(0) + B_1 + CC(1)] \times (T_2 - T_1)} \qquad (5.11)
$$

qui est l'analogue de l'équation (5.6).

Si ce taux est *trop élevé*, il faut réaliser un straddle (ou spread) *achat-vente* couplé avec un emprunt à terme de T_1 à T_2 au taux inférieur ${}_{T_1}r_{T_2}$. S'il est *trop faible*, il faut faire un straddle *vente-achat* couplé avec un prêt à terme.

Naturellement, si le straddle n'est pas couplé avec un prêt ou un emprunt à terme, l'opération n'est plus un arbitrage mais un *pseudo-arbitrage* consistant à parier sur la déformation de la gamme des cours des BTAN (ou plus généralement de la gamme des taux).

4 | Arbitrages sur contrats « court terme »

Qu'il s'agisse de contrats Pibor 3 mois ou de contrats Eurodem 3 mois, les techniques d'arbitrage et les relations théoriques entre les taux sont rigoureusement identiques. Pour simplifier et alléger l'exposé, par conséquent, nous ferons référence aux contrats sur instruments court terme, dénommés génériquement contrats « court terme », sans préciser desquels il s'agit. Nous ne les distinguerons qu'à l'occasion et si cela s'avère nécessaire à la compréhension du texte.

De plus, il convient de souligner une *difficulté d'exposition et de formulation mathématique* propre à ces contrats court terme. Pour ces derniers, en effet, le cours ne coïncide pas avec le prix puisque le cours résulte d'un taux annuel et le prix d'un taux trimestriel. En outre, l'instrument sous-jacent au comptant est une opération de taux et non un titre négociable ayant un cours coté (le défunt contrat sur bons du Trésor 3 mois ayant constitué une exception). Il est alors, mathématiquement, beaucoup plus simple d'exprimer les relations d'arbitrage en termes de taux plutôt qu'en termes de cours ou de prix.

Enfin, les contrats court terme posent, en matière d'arbitrage, des problèmes particuliers, tant de terminologie (cf. section 1) que de réalisation (cf. section 2).

4.1. *Les arbitrages comptant-terme (ou terme-à-terme)*

Comme dans les sections précédentes, le premier type d'arbitrage met en jeu un contrat à terme et un instrument au comptant. La difficulté sémantique tient, on le verra, à ce qu'un tel arbitrage peut légitimement, selon l'angle sous lequel on le considère, être qualifié de « comptant-terme » conformément à la classification que nous avons adoptée, ou « terme-à-terme » comme le font de nombreux professionnels.

L'arbitrage cash-and-carry consiste à vendre le contrat à terme et à acheter (en le finançant par un emprunt de durée et de montant adéquats) le support au comptant.

Ceci était réalisable *stricto sensu* avec le contrat sur bons du Trésor. Avec le Pibor 3 mois ou l'Eurodem, toutefois, il n'en va pas exactement de même pour deux raisons :

— D'une part, il n'y a pas de titre support au comptant de type *IPA* (intérêt payé d'avance) à *acheter*. Il faut à la place *prêter in fine* sur le marché monétaire Pibor ou Eurodem. Acheter un titre IPA ou prêter de l'argent sont deux opérations bien sûr équivalentes, mais dans le premier cas le taux est précompté, dans le second il est postcompté.

— D'autre part, et surtout, la liquidation de la position se fait par règlement en espèces et non par livraison du support (qui de fait n'existe pas physiquement). La formule donnant la relation entre les divers taux concernés, on va le voir, ne peut alors être qu'approximative, l'approximation étant cependant tout à fait suffisante en pratique.

Pour réaliser l'analogue d'un cash-and-carry, l'arbitragiste vend le contrat future d'échéance T au cours F(0), correspondant au taux à terme ${}_{T}i_{T+90}$ (les indices T et 90 indiquant ici des jours), « achète » l'instrument au comptant d'une durée de T + 90 jours, c'est-à-dire prête sur le marché interbancaire au taux spot r_{T+90}, et finance le prêt par un emprunt (de même montant, par exemple 1 million de francs) de durée T au taux spot r_T.

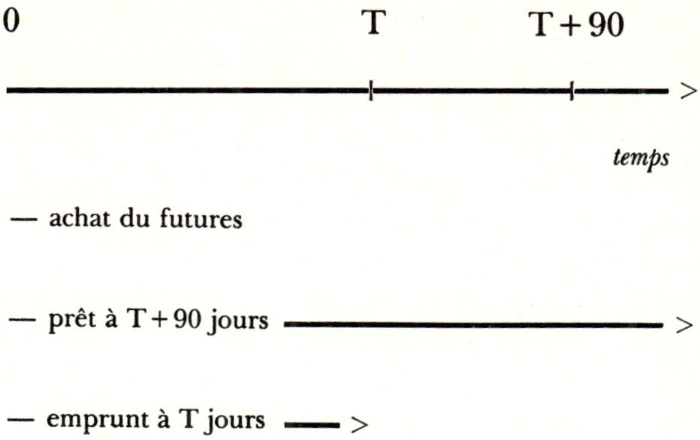

A la date T :

— il encaisse ou décaisse la différence correspondant à l'évolution du contrat, F(0) — F(T), égale à :

$$(1 - {}_{T}i_{T+90}.90/360) - (1 - r'_{90}.90/360) = (r'_{90} - {}_{T}i_{T+90}).90/360$$

où r'_{90} est le nouveau taux spot à 3 mois (aléatoire vu de l'instant initial);
— il rembourse la somme correspondant à l'emprunt, soit $(1 + r_T.T/360)$,
— et emprunte au taux spot r'_{90} la somme :

$$(1 + r_T.T/360 - (r'_{90} - {}_{T}i_{T+90}).90/360)$$

de sorte que son flux de trésorerie soit encore nul.

A la date T + 90, l'opérateur reçoit le montant dû sur son prêt initial et rembourse son créancier de la date T. Le flux total est par conséquent égal à :

$$-(1 + r_T.T/360 - (r'_{90} - {}_{T}i_{T+90}).90/360).(1 + r'_{90}.90/360) + (1 + r_{T+90}(T + 90)/360).$$

Ce flux doit être égal à 0 à l'équilibre du marché.

On s'aperçoit cependant que les termes *aléatoires* faisant intervenir r'_{90} *ne s'annulent pas*. Indépendamment donc du problème des appels de marge, l'arbitrage est en fait *risqué*. Heureusement, ce risque est extrêmement faible car l'expression ci-dessus admet comme *approximation* plus que satisfaisante la relation suivante que l'on utilise en pratique (cf. l'Annexe de ce chapitre pour la démonstration du résultat et l'ordre de grandeur de l'erreur commise) :

$$(1 + {}_{T}i_{T+90}.90/360).(1 + r_T.T/360) = (1 + r_{T+90}.(T + 90)/360) \qquad (5.12)$$

où le taux aléatoire r'_{90} a disparu et où l'on reconnaît bien sûr que le taux « long » au comptant (r_{T+90}) est une moyenne géométrique du taux « court » au comptant (r_T) et du taux à terme (${}_Ti_{T+90}$).

Notons pour être complet que si les taux au comptant utilisés (ici r_T et r_{T+90}) étaient des taux précomptés et non postcomptés, comme ils sont en réalité le plus souvent, la formule (5.12) serait parfaitement exacte et non plus une approximation.

L'utilisation de (5.12) est très simple : si le taux à terme ${}_Ti_{T+90}$ implicite dans le cours F(0) est supérieur à celui donné par la formule, c'est-à-dire supérieur au taux à terme ${}_Tr_{T+90}$ implicite dans la gamme des taux spot (r_T et r_{T+90}), il faut faire un « cash-and-carry » en vendant le future. Il faut évidemment faire un « reverse », en achetant le future, dans le cas inverse.

Le lecteur comprend maintenant pourquoi ce « cash-and-carry » est aussi appelé par les professionnels « terme-à-terme » : cet arbitrage revient à comparer les deux taux à terme ${}_Ti_{T+90}$ du Matif et ${}_Tr_{T+90}$ du marché interbancaire. C'est la raison pour laquelle, au début de la section 1 de ce chapitre, nous avons mentionné la relative ambiguïté entachant la classification des arbitrages.

▶ *Exemple 6 : arbitrage sur l'Eurodem.* — Supposons que l'on constate, le 19 septembre 1989, que les taux spot de l'Eurodem à 3 et 6 mois, respectivement, s'établissent à 7,60 % et 8 %, tandis que le contrat Eurodem d'échéance décembre cote 91 (taux de 9 %). Le taux à terme ${}_3r_6$ implicite sur le marché interbancaire s'élevant à 4.((1 + 0,08/2)/(1 + 0,076/4) — 1) = 8,24 %, inférieur donc au taux de 9 % du Matif, un gain d'arbitrage est réalisable à partir des opérations suivantes :

— achat d'un contrat (de 1 million de DM) d'échéance décembre (le 18-12-1989) ;
— placement de 1 million de DM à 3 mois (90 jours) au taux de 7,60 %, produisant le 18 décembre 1 019 000 DM ;
— emprunt de 1 million de DM à 6 mois (180 jours) au taux de 8 %, impliquant un décaissement le 18 mars 1990 de 1 040 000 DM.

Supposons d'abord que le 18 décembre 1989 le taux spot de l'Eurodem à 3 mois soit de 9 %. Le contrat est donc soldé sans gain ni perte. L'arbitragiste prête sur 3 mois, à 9 %, les 1 019 000 DM reçus. Le 18 mars 1990, il reçoit alors 1 019 000 × (1 + 0,09/4), soit 1 041 928 DM, et décaisse 1 040 000 DM sur son emprunt initial pour un profit net d'arbitrage de 1 928 DM (par contrat).

Naturellement, ce calcul ignore la très faible incidence des appels et restitutions de marge occasionnés par les mouvements (autour de 9 %) de l'Eurodem entre le 19 septembre et le 18 décembre 1989.

Signalons en outre que ce résultat est extrêmement proche du résultat théorique de 1 900 DM (= (9 % — 8,24 %) × 1 000 000/4). Il en diffère du fait que 8,24 % est arrondi à la deuxième décimale dans le calcul théorique.

Supposons au contraire que le 18 décembre, suite à des perturbations importantes sur le marché du DM, le taux spot du 3 mois se soit effondré à 6 %. Le contrat est soldé en laissant un gain de (94 — 91) × 1 000 000 × 90/36 000 = 7 500 DM. L'arbitragiste prête alors sur 3 mois, à 6 %, les 1 019 000 DM reçus majorés des 7 500 DM. Le 18 mars 1990, il reçoit alors 1 026 500 × (1 + 0,06/4), soit 1 041 898 DM, et décaisse 1 040 000 DM sur son emprunt initial pour un profit net d'arbitrage de 1 898 DM.

Comme on le constate, ce résultat est presque identique au précédent, malgré le caractère relativement extrême de la variation du taux de l'Eurodem postulée. Le lecteur pourra vérifier par lui-même qu'il en est ainsi également si, le 18 décembre, le taux spot à 3 mois a beaucoup monté (gain par exemple de 1 845 DM pour un taux de 12 %).

On peut montrer en fait, comme peuvent le laisser supposer ces résultats, que le gain est maximal si le taux au comptant futur (en T) est égal au taux à terme implicite sur le marché interbancaire le jour de l'opération d'arbitrage (8,24 % ici, pour un gain de 1 931 DM), c'est-à-dire si $r'_3 = {}_{\mathrm{T}}r_{\mathrm{T}+3}$.

▶ *Exemple 7 : arbitrage sur le Pibor 3 mois.* — Contrairement au précédent, cet arbitrage est tiré de données réelles. Le 13 juillet 1989, les taux spot du Pibor 2 mois et 5 mois s'établissaient, respectivement, à 9,25 % et 9,12 % alors que le cours du contrat septembre (échéance le 12-9-1989) cotait 91,35.

Le taux à terme ${}_2r_5$ implicite sur le marché interbancaire s'élevant à :

$$4((1 + 0{,}0912 \times 5/12)/(1 + 0{,}0925 \times 2/12) - 1) = 8{,}90\ \%,$$

supérieur donc au taux ${}_2i_5$ = 8,65 % du Matif, un arbitrage était réalisable qui consistait à :

— vendre un contrat (de 5 millions de francs) d'échéance septembre ;
— emprunter 5 millions de francs à 2 mois (61 jours) au taux de 9,25 %, impliquant un décaissement ultérieur de 5 078 368 F ;
— prêter 5 millions de francs à 5 mois (151 jours) au taux de 9,12 %, produisant le 11 décembre la somme de 5 191 267 F.

Le 12 septembre 1989, le taux spot à 3 mois à Paris s'établissait en fait à 9,26 %, donc le cours de clôture du contrat septembre à 90,74, et le gain de l'arbitrage, le 11 décembre 1989, se montait à 3 136 F.

En effet, le 12 septembre, l'arbitragiste empruntait la somme de 5 070 743 F (= 5 078 368 — le gain sur le Matif, soit (91,35 — 90,74) × 5 000 000 × 90/36 000 = 7 625) au taux de 9,26 %. Le 11 décembre, il recevait les 5 191 267 F correspondant à son prêt initial et décaissait 5 070 743 × (1 + 0,0926 × 90/360) = 5 188 131 F pour rembourser l'emprunt du 12 septembre, ce qui laissait un solde positif de 3 136 F.

4.2. *Les pseudo-arbitrages ou spread trading*

Les « arbitrages » de type « *terme-à-terme* » (au sens où nous les avons définis, c'est-à-dire *sans intervention à l'origine de l'instrument au comptant*) soulèvent une difficulté qui n'est pas seulement d'ordre sémantique. Contrairement à ce qu'on a vu pour les contrats sur sous-jacents à long ou moyen terme, *on ne peut pas réaliser de tels arbitrages à partir des contrats court terme*, et ce pour la raison suivante :

Un *straddle* achat-vente (ce serait le même raisonnement pour un straddle vente-achat) à partir de contrats sur instrument long ou moyen terme équivaut, on l'a vu, à un *prêt à terme* parce qu'il y a un décaissement en T_1 suivi d'un encaissement en T_2. La vente de l'instrument au comptant (en T_2)

compense *exactement* l'achat de l'instrument au comptant (en T_1) *parce qu'ils portent sur le même titre dont la durée initiale est suffisamment longue*, de sorte que la position titre de l'opérateur est nulle en T_2.

Or, dans le cas d'un contrat sur instrument court, il en va tout différemment. Pour bien faire comprendre ce point délicat, supposons un instant que les contrats Matif court terme se dénouent par livraison physique plutôt que par règlement en espèces (c'était d'ailleurs le cas pour le défunt contrat sur bons du Trésor à 3 mois).

Dans le cas du straddle achat-vente, l'achat du contrat T_1 implique un décaissement en T_1 et un encaissement en T_2 (*le support étant arrivé à maturité, puisque de durée initiale égale à 3 mois)* et la vente du contrat T_2 implique un encaissement en T_2 et un décaissement (pour la même raison) 3 mois après T_2. La chronique de flux n'est donc pas $\{ 0, —, + \}$ comme pour un prêt à terme et un straddle sur instruments longs, mais $\{ 0, —, ++, — \}$ qui ne correspond à rien sinon à deux opérations à terme de sens inverse décalées de 3 mois.

D'ailleurs, si on réintroduit maintenant le fait que les contrats court terme sont soldés sans livraison physique mais par règlement en espèces, on voit bien que le contrat acheté va engendrer en T_1 un flux de signe et de grandeur inconnus, de même que le contrat vendu va engendrer en T_2 un flux de signe et de grandeur inconnus. La chronique des flux futurs est par conséquent aléatoire, considérée au moment initial de l'opération.

Un straddle achat-vente n'est pas ici équivalent à un prêt à terme, de même qu'un straddle vente-achat n'est pas ici équivalent à un emprunt à terme. Ces opérations ne sont rien d'autre que des *pseudo-arbitrages*, ou *spread trading*, c'est-à-dire des paris sur la déformation de la gamme des taux.

Si donc les cours des différents contrats court terme n'apparaissent pas cohérents, il s'agit de procéder, comme dans la sous-section précédente, à un arbitrage de type cash-and-carry *pour chacune des échéances concernées* : par exemple, si une échéance est surcotée et une autre sous-cotée, il faut faire deux arbitrages, l'un cash-and-carry et l'autre reverse.

Notons également que la gamme des pseudo-arbitrages ne se limite pas aux spreads inter-échéances. Elle s'étend aux opérations d'achat et de vente simultanés portant sur une même échéance mais sur *deux instruments différents.*

Ce spread trading est effectué lorsque *l'écart* entre deux cours ou prix est considéré comme *anormal* et donc appelé à disparaître. Elles ne sont cependant bénéficiaires que si l'anomalie (ou du moins ce qui est considéré comme tel) disparaît assez rapidement (en tout cas avant l'échéance des contrats la plus rapprochée) et sont entachées du risque qu'elle persiste en fait au-delà du terme prévu. Pour cette raison, elles pourraient également être qualifiées de *spéculations sur écarts de taux.*

Par exemple, à un instant donné ($t = 0$), les cours de deux contrats à terme Pibor 3 mois, pour deux échéances différentes, s'établissent à $F_1(0)$ et $F_2(0)$, ce qui correspond à des taux à terme respectifs de ${}_{T_1}i_{T_1+3}$ et ${}_{T_2}i_{T_2+3}$.

S'il se trouve que ${}_{T_1}i_{T_1+3}$ est supérieur à ${}_{T_2}i_{T_2+3}$ (donc $F_1(0) < F_2(0)$), avec une différence sensible entre les deux taux, nous sommes en présence d'une gamme des taux *inversée*. En dehors d'une période caractérisée par une décrue significative du taux d'inflation (telle que l'a connue la France dans les années 1982-1987) impliquant une baisse tendancielle des taux d'intérêt nominaux, une telle situation est « anormale » et ne devrait pas perdurer.

Cependant, il est difficile de savoir si l'ajustement se fera par une hausse des taux longs, une baisse des taux courts ou les deux à la fois. En achetant le contrat dont le taux d'intérêt implicite est relativement élevé (dont le prix est relativement trop faible) et en vendant celui dont le taux implicite est relativement faible (dont le prix est relativement trop fort), l'opérateur espère réaliser un profit si l'anomalie s'atténue, disparaît ou mieux encore s'inverse.

Autrement dit, un tel straddle ou spread est gagnant si la gamme des taux implicite dans la structure des cours à terme se déforme en s'aplatissant (ou en devenant ascendante), *que le niveau général des taux augmente ou bien qu'il diminue*.

Supposons qu'à l'instant t, avant (ou à) l'échéance du terme le plus proche, les cours des deux contrats s'établissent respectivement à $F_1(t)$ et $F_2(t)$. Un gain est obtenu en soldant les deux positions sous la condition :

$$F_1(t) - F_1(0) + F_2(0) - F_2(t) > 0,$$

c'est-à-dire :

$$F_2(0) - F_1(0) > F_1(t) - F_2(t).$$

Cette condition est satisfaite si l'anticipation se réalise, c'est-à-dire si l'écart entre les taux d'intérêt implicites ${}_{T_1}i_{T_1+3} - {}_{T_2}i_{T_2+3}$ décroît.

Il convient de remarquer que les circonstances qui motivent le type d'opérations que nous venons de décrire peuvent aussi être interprétées en utilisant le concept de base. En effet, les conditions énoncées ci-dessus (${}_{T_1}i_{T_1+3} > {}_{T_2}i_{T_2+3}$) se réécrivent :

$$(r_3 - {}_{T_1}i_{T_1+3}) < (r_3 - {}_{T_2}i_{T_2+3}), \quad \text{c'est-à-dire } B_1 < B_2.$$

Par conséquent, lorsque la base correspondant à un contrat à terme donné apparaît comme anormalement faible par rapport à la base d'un contrat à terme d'échéance plus lointaine, une spéculation qui anticipe une forme moins descendante de la gamme des taux peut être tentée.

Inversement, lorsque B_1 est supérieure à B_2, la structure par termes des taux d'intérêt peut à certains moments être considérée comme trop fortement ascendante. Si l'on anticipe un aplatissement de cette structure (ou son inversion), il convient de vendre les contrats rapprochés et d'acheter les contrats d'échéance plus éloignée.

▶ *Exemple 8.* — Le 12 mai 1989, les contrats Pibor 3 mois d'échéance septembre et décembre cotaient respectivement 91,85 et 91,45. Une spéculation pouvait être entreprise qui consistait à vendre des contrats septembre et à acheter des contrats décembre, l'écart entre les deux taux implicites (0,40 %) paraissant trop important.

Le 4 août 1989, les contrats cotaient en fait respectivement 90,64 et 90,74 (la gamme des taux s'étant non seulement aplatie mais inversée), laissant à l'opérateur un gain par straddle de 50 échelons de cotation (91,85 — 91,45 — 90,64 + 90,74 = 0,50), soit 50 × 125 F = 6 250 F par straddle.

En conclusion de ce chapitre, nous voudrions insister sur le fait que de véritables *arbitrages purs n'existent pas* sur les marchés à terme organisés, du fait essentiellement (mais pas seulement) des incertitudes introduites par les appels et restitutions de marge. En revanche, les situations de *quasi-arbitrage* sont *latentes* et parfois réalisables, comme nos exemples l'ont prouvé. Encore convient-il de préciser qu'en pratique seules les *institutions financières* (au sens large) sont à même d'en profiter car elles bénéficient de coûts de transaction et d'écarts cours acheteurs-cours vendeurs réduits au minimum.

Ce sont bien entendu les possibilités de *pseudo-arbitrage* qui sont de loin les plus nombreuses. Lorsque des opérateurs anticipent des modifications de la structure *relative* des taux d'intérêt, ils peuvent utiliser les marchés à terme pour spéculer sur le bien-fondé de leurs prévisions, quelle que soit l'évolution d'ensemble (le *niveau général*) des taux. Il ne s'agit plus alors d'arbitrage au sens des définitions (théorique et pratique) données au début du chapitre.

ANNEXE TECHNIQUE DU CHAPITRE 5

Il s'agit de montrer que l'expression :

$$(1 + r_{T+90}.(T + 90)/360) - (1 + r_T.T/360 - (r'_{90} - {}_Ti_{T+90}).90/360).(1 + r'_{90}.90/360) = 0$$

admet comme approximation satisfaisante :

$$(1 + r_{T+90}.(T + 90)/360) - (1 + r_T.T/360).(1 + {}_Ti_{T+90}.90/360) = 0,$$

c'est-à-dire que $(1 + r_T . T/360) . (1 + {}_Ti_{T+90} . 90/360)$ est une bonne approximation de :

$$(1 + r_T . T/360 - (r'_{90} - {}_Ti_{T+90}) . 90/360) . (1 + r'_{90} . 90/360).$$

Pour simplifier la démonstration, appelons a, b, et c, respectivement, les variables $r_T . T/360$, ${}_Ti_{T+90} . 90/360$ et $r'_{90} . 90/360$.

Il vient :

$$(1 + a + b - c) . (1 + c) \approx (1 + a) . (1 + b)$$

achant que a, b et c sont petits devant 1.

En effet, le développement du membre de gauche donne :

$$1 + a + b - c + c + ac + bc - c^2 = 1 + a + b + ac + bc - c^2,$$

tandis que celui du membre de droite donne : $1 + a + b + ab$.

L'approximation consiste donc à assimiler (ab) à $(ac + bc - c^2)$.

Or, b et c sont des taux de même durée (90 jours), donc proches, ce qui permet d'éliminer le terme $(bc - c^2) \approx 0$ et d'approximer (ac) par (ab), *tous ces termes étant d'ordre 2 en taux.*

Par exemple, supposons $r_T = 8{,}2\ \%$, ${}_Ti_{T+90} = 8{,}66\ \%$ et $r'_{90} = 8{,}8\ \%$, avec $T = 90$ jours (ceci implique que le taux spot 3 mois varie, au cours des 3 mois à venir, de 60 points, ce qui est important). Il vient :

$$r_T . T/360 = 0{,}0205, \qquad {}_Ti_{T+90} . 90/360 = 0{,}02165$$

et $$r'_{90} . 90/360 = 0{,}022,$$

et nous approximons

$$(ac + bc - c^2) = 0{,}000451 + 0{,}0004763 - 0{,}000484 = 0{,}0004433$$

par $(ab) = 0{,}0004438$, c'est-à-dire que nous approximons

$$(1 + a + b - c) . (1 + c) = 1{,}0425933$$

par $(1 + a) . (1 + b) = 1{,}0425938$, soit une erreur de l'ordre de 0,5 pour 1 million, ce qui est en pratique évidemment négligeable.

6 Principes des couvertures

Ce chapitre et les trois suivants ont pour objet l'étude des opérations de couverture. On a vu précédemment que les opérations d'arbitrage sont bien définies et consistent en principe à tenter de réaliser un profit sans risque ni mise de fonds du fait de déséquilibres éventuels entre des cours. Il n'en va pas de même pour les opérations dites de couverture *(hedging)* et de spéculation. La frontière qui les sépare dans la pratique est à la fois ténue et floue, pour des raisons qui apparaîtront plus loin. Par exemple, un hedger qui joue sur l'évolution de la base est-il un spéculateur ? Celui qui anticipe, avec certitude, une position au comptant mais ne l'a pas encore et qui prend néanmoins une position à terme de sens contraire est-il vraiment un hedger ? Il est donc nécessaire de préciser le sens exact que nous attribuons aux deux termes de spéculation et couverture.

Nous retiendrons ici des définitions très larges : sera considérée comme couverture toute opération permettant à un intervenant sur le marché des futures de transférer un risque de taux d'intérêt en prenant une position à terme de sens contraire à sa position ferme (naturelle), *attendue ou effective*. De même, sera considérée comme spéculation toute opération permettant à un intervenant de rechercher un profit à terme en acceptant de subir un risque de taux. Considérées ainsi, sont spéculatives toutes les positions à terme prises indépendamment des positions « naturelles » mais aussi les positions naturelles non couvertes par des positions à terme.

L'intérêt essentiel des contrats financiers à terme est de faciliter les transferts de risque. Ils permettent à un investisseur de réduire et parfois même d'annuler un risque de taux d'intérêt, débiteur ou créditeur, pour une transaction qui sera en fait effectuée ultérieurement. Mais ces mêmes contrats permettent également à un spéculateur de rechercher un profit à terme en acceptant de subir un risque de taux.

Pratiquement toutes les institutions financières et les entreprises sont des hedgers potentiels. Nous analyserons dans le chapitre 8 les techniques de couverture utilisées pour couvrir une position attendue (ou anticipée) et consacrerons le chapitre 9 aux techniques de couverture permettant la protection des positions effectives contre les variations de taux d'intérêt. Alors que la plupart des couvertures étudiées seront des microcouvertures (elles s'appliquent à des opérations isolées et indépendantes), nous rencontrerons au cours du chapitre 9 des macrocouvertures permettant la protection de l'ensemble d'un portefeuille ou d'un bilan (actifs et/ou passifs) contre les variations de taux d'intérêt. Les relations mathématiques impliquées par les techniques de couverture seront étudiées dans le chapitre 7 (la lecture de ce chapitre n'étant toutefois par nécessaire si l'on veut n'avoir qu'une vue générale des méthodes utilisées).

Mais auparavant, et c'est l'objectif du présent chapitre, il est nécessaire de procéder à une analyse fine des risques encourus par les hedgers éventuels et du coût des opérations de couverture. Ce chapitre comporte quatre sections. La première identifie la nature du risque de taux subi par les différents opérateurs potentiels et dresse une liste (non exhaustive) d'utilisations possibles des marchés à terme financiers; elle distingue brièvement les risques de bilan et d'exploitation. La deuxième section établit une classification des différents types de risques à couvrir et des différents instruments utilisables. La troisième section s'attache à démontrer qu'une fois le risque de taux couvert par une opération à terme, il subsiste en général des risques résiduels qu'on ne pourra couvrir qu'imparfaitement ou pas du tout. La quatrième et dernière section est consacrée aux coûts des opérations de couverture.

1 | Les risques de taux à couvrir

D'une manière générale, le risque pour un agent économique est la possibilité que la rentabilité de son investissement ou le coût de son financement s'écartent, à la hausse comme à la baisse, de leur valeur moyenne espérée ou attendue. Prenons l'exemple d'un bon du Trésor A à un an valant 100 F qui produit, de façon certaine, un rendement de 12 % et celui d'une action B qui aura en fin de période une valeur de soit 102 F, soit 122 F, avec des chances égales. Si l'action B valait 100 F, les deux titres rapporteraient en moyenne 12 %, mais le bon du Trésor n'est pas risqué alors que l'action B l'est. C'est parce qu'en général les agents économiques sont prudents, n'aiment pas le risque, qu'ils préfèrent A à B. Le fait que B ait un rendement de 22 % avec probabilité 1/2 n'est pas suffisant pour compenser la possibilité que ce rendement ne soit que de 2 % avec la même probabilité. Sur un marché, B devrait donc valoir moins que A (par exemple 90 F, la différence de 10 F représentant une prime de risque) pour que les investisseurs acceptent de le détenir dans leurs portefeuilles.

Cet exemple simple traduit une attitude connue des agents économiques : ils éprouvent de l'aversion à l'égard du risque. Cette aversion les conduit, le plus souvent, à vouloir diminuer les risques auxquels les exposent leurs activités principales (industrielles, commerciales ou financières). Lorsque ces risques résultent des variations possibles des taux d'intérêt, les marchés à terme d'instruments financiers offrent des solutions particulièrement appropriées au problème de couverture ainsi posé. Nous nous proposons d'établir comme illustration une liste d'utilisateurs potentiels du Matif confrontés en général au risque de taux [1]. Nous distinguerons ceux qui sont conduits à effectuer des achats à terme de ceux qui doivent faire appel à des ventes à terme.

En effet, certains agents craignent la baisse du niveau général des taux d'intérêt, conduisant à une hausse des cours boursiers (ou une moindre hausse que celle impliquée dans les taux à terme) ; d'autres redoutent la hausse du niveau des taux, entraînant une baisse des valeurs mobilières à revenu fixe (ou une moindre baisse que celle impliquée dans les taux à terme). L'idée qui sous-tend la constitution d'une couverture sur un marché à terme est qu'elle produise un gain lorsque la position naturelle produit une perte (et *vice et versa*). Les agents craignant la baisse des taux doivent donc prendre des positions à terme qui soient gagnantes dans cette éventualité (c'est-à-dire qui s'apprécient lorsque les taux baissent) : ils doivent être acheteurs à terme. Inversement, les agents craignant une hausse des taux doivent se couvrir par des ventes à terme.

L'expérience prouve que celui qui aborde pour la première fois les marchés à terme éprouve des difficultés pour décider quel doit être le sens des positions futures devant être prises pour couvrir des positions naturelles. Quoique le paragraphe précédent soit explicite sur ce point, nous répétons les conclusions qu'il comporte dans le tableau suivant. Il suffit, pour connaître le sens des couvertures à prendre, de se demander si un effet défavorable est exercé par une hausse ou par une baisse des taux d'intérêt.

[1] Dans les chapitres 8 et 9, nous donnerons des exemples numériques et concrets d'utilisation du Matif par les professionnels.

	Effet défavorable exercé par la	
	Hausse des taux	*Baisse des taux*
Opération à terme	VENTE	ACHAT
Exemples	Emprunt futur, position longue en obligations, bilan à duration positive	Placement futur, bilan à duration négative

1.1. *Exemples d'utilisation du Matif*

Les raisonnements de la section précédente permettent de vérifier le sens des couvertures que doivent prendre les opérateurs dont les situations sont décrites ci-dessous.

Seront acheteurs de contrats à terme les opérateurs qui éprouveraient une perte en cas de baisse des taux et veulent la compenser par un gain sur le Matif. Entrent dans cette catégorie :

— Les opérateurs qui envisagent de placer leurs fonds, dans un avenir plus ou moins éloigné, dans des obligations et veulent se prémunir contre la baisse des taux qui diminuera la rentabilité des investissements en renchérissant le coût d'achat des valeurs concernées. C'est notamment le cas des collecteurs d'épargne en expansion et des entreprises ou administrations qui, se désinvestissant, connaissent temporairement une trésorerie pléthorique. L'achat d'un nombre approprié de contrats à terme leur permettra d'arrêter au jour de l'opération le taux de rentabilité de leurs investissements futurs, au risque de base et/ou de corrélation près (2).

— Les opérateurs dont les avoirs possèdent une durée moyenne (en fait, une duration) inférieure à celle de leurs ressources (caisses de retraite, assurance-vie, certains établissements bancaires ou parabancaires, etc.). Leur risque est en effet de voir les rendements baisser à un point tel que les emplois futurs rapportent moins que ne coûtent les ressources actuelles (plus longues). Ce sera en particulier le cas des émetteurs à taux fixe ayant des emplois plus courts et/ou à taux variables.

Dans tous ces cas de figure, l'on peut noter que l'achat à terme permet à

(2) Les notions de risque de base et de risque de corrélation seront développées au cours de ce chapitre et approfondies au cours des chapitres suivants.

l'intervenant sur le Matif d'arrêter la rentabilité d'un investissement futur avant qu'aient eu lieu les sorties de trésorerie requises par celui-ci. Alors même qu'il se voit contraint pour des raisons de liquidité de se débarrasser momentanément de valeurs mobilières qu'il détient en portefeuille ou qu'il n'a pas les fonds nécessaires à l'acquisition d'autres valeurs, un opérateur peut en effet s'assurer (aux risques mentionnés plus haut près) du taux du long terme qui prévaut le jour de son achat à terme et qui lui convient.

Seront vendeurs de contrats à terme, en revanche, les intervenants qui subiraient une perte en cas de hausse des taux d'intérêt. En général sont concernés les opérateurs dont les taux de financement ou de refinancement sont variables et qui ont des emplois de durée moyenne (en fait, de duration) plus longue que celle de leurs ressources. C'est également le cas des investisseurs qui veulent protéger la valeur de leurs actifs en portefeuille contre la baisse des cours, sans devoir pour autant les vendre.

— Un opérateur s'attendant à (ou redoutant) une hausse des taux peut souhaiter fixer aujourd'hui le coût d'un financement à long terme différé. Se trouvent dans une telle situation les entreprises et les institutions qui ont décidé d'émettre un emprunt obligataire à moyen ou long terme mais ne peuvent le lancer dans l'immédiat pour des raisons de calendrier (encombrement), de réglementation ou de délais de mise en œuvre.

— Un intervenant peut avoir des lignes de crédit à court terme dont le taux est renégocié chaque mois ou chaque trimestre. C'est le cas, fréquent, des entreprises qui connaissent des problèmes chroniques de trésorerie et renouvellent constamment leurs crédits bancaires à court terme. C'est également le fait des institutions financières qui se refinancent sur le marché monétaire, auprès d'autres institutions ou de la Banque de France, en mettant en pension des effets publics ou privés à court terme. Dans tous ces cas, l'opérateur peut fixer, le jour où il procède à des ventes à terme appropriées, le coût de financement de tels crédits à court terme de nature revolving.

— Les gérants de portefeuilles de titres à revenus fixes (ou même variables) peuvent se protéger contre une baisse de la valeur de leurs actifs engendrée par l'élévation des taux d'intérêt. En effet, il peut ne pas être possible, ni souhaitable, de vendre ces actifs, les placer en liquidités jusqu'à ce que les taux aient enregistré la hausse anticipée, et en racheter d'autres alors. Dans ce cas, les ventes à terme appropriées permettront de protéger un portefeuille contre le risque de perte en capital sans qu'il soit nécessaire de s'en dessaisir. Sont potentiellement concernés les compagnies d'assurances, les caisses de retraite, les SICAV, les FCP, les banques, les gestionnaires de fortune, les sociétés holdings, etc.

— Les opérateurs dont les emplois sont à taux fixe et ont une durée de vie moyenne supérieure à celle de leurs ressources peuvent se couvrir contre le risque d'élévation du coût de leurs ressources (plus courtes) ultérieures en vendant des contrats à terme. C'est le cas des banques et des établissements de crédit spécialisés dans les prêts et crédits à moyen et long terme.

— Enfin, il est possible à tout organisme octroyant des crédits de fixer un taux de prêt synthétique à ceux de leurs clients qui n'auraient accès qu'à des taux variables, qui craindraient une hausse du coût des crédits ultérieurs et ne souhaiteraient pas gérer eux-mêmes leurs opérations de couverture. Une banque, par exemple, ou une société financière, peut proposer, en se couvrant elle-même à terme, un taux fixe à son client pour des crédits court terme courant sur plusieurs mois et dont le taux de marché fluctue.

1.2. *Les risques de bilan et d'exploitation*

Nous avons vu plus haut que les risques présentés par l'ensemble des postes d'un bilan peuvent être couverts sur le Matif. Cependant, une attention particulière doit être portée au fait que la variation des taux d'intérêt affecte les comptes réels des entreprises, des administrations et des institutions financières de deux façons différentes.

D'une part, elle risque de diminuer la valeur de leurs capitaux propres (ou situation nette) en majorant celle de leurs dettes et/ou en amoindrissant celle de leurs actifs. Les banquiers ont coutume d'appeler ce phénomène *risque de bilan*. La fluctuation des taux modifie la valeur effective (la valeur boursière, ou de marché) des composantes du bilan, de sorte que, à moins que les actifs exposés au risque de taux coïncident en montant et en duration avec les passifs exposés, ce qui n'est en général pas le cas, la situation nette (en valeur de marché) variera avec le niveau des taux. Ceci est vrai même si aucune écriture n'a modifié les bilans comptable et fiscal.

D'autre part, la fluctuation des taux risque, pendant un ou plusieurs exercices, d'alourdir les charges financières de l'organisation ou de réduire ses produits financiers, conduisant à une marge brute d'autofinancement, un autofinancement et un bénéfice net substantiellement plus faibles. C'est ce qu'on appelle le *risque d'exploitation*. Ce dernier sera forcément traduit dans les écritures comptables et fiscales de l'organisation concernée.

Il est possible, comme nous l'avons déjà vu, d'utiliser le Matif pour la couverture directe du risque de bilan (ce point sera examiné plus en détail au cours du chapitre 9). En effet, le gain (la perte) en capital sur les contrats à terme compense, totalement ou non, la perte (le gain) sur la ou les positions au comptant. C'est d'ailleurs pour cette raison que l'on peut protéger la valeur d'un portefeuille d'actifs et/ou de passifs contre la variation des taux.

La couverture du risque d'exploitation n'est, elle, qu'indirecte en ce qu'elle nécessite (au moins) une opération au comptant complémentaire. Par exemple, supposons qu'un gain soit réalisé sur le Matif en compensation de pertes d'exploitation futures. Ce gain servira à l'achat d'une annuité ([3]) couvrant les pertes annuelles de produits financiers consécutives à la baisse des taux ou les surcharges annuelles de frais financiers engendrées par la hausse des taux. Symétriquement, une perte sur le Matif sera absorbée par la cession d'une annuité (flux positif) dont les remboursements (flux négatifs) compenseront les augmentations annuelles de produits financiers ou les diminutions annuelles de frais financiers engendrées par la fluctuation des taux.

Pour être complet, il faut préciser que le traitement fiscal des gains et des pertes sur le Matif peut être neutre ou très favorable au marché à terme selon que l'administration fiscale considère les gains et les pertes sur contrats à terme comme des plus- ou moins-values à long terme ou comme des revenus imposables au taux de 39 %.

2 | Typologie des couvertures

Le classement des couvertures peut résulter soit de la nature des risques à couvrir soit de l'instrument particulier mis en œuvre. Dans un cas comme dans l'autre, une typologie simple (à laquelle nous nous sommes d'ailleurs déjà référés) sera utile dans la suite.

([3]) C'est-à-dire une obligation procurant à son détenteur une série de flux annuels tous égaux, pendant un certain nombre d'années.

2.1. *Nature des risques*

Avant d'examiner les possibilités offertes à un agent économique désireux de se prémunir contre le risque de taux, il y a lieu de distinguer selon ses objectifs. Un opérateur peut, en effet, souhaiter protéger, totalement ou non, une position future spécifique attendue avec certitude (que nous qualifierons de position anticipée), ou une position effective, donc déjà apparente dans ses comptes. Dans ce dernier cas, il peut vouloir préserver à tout moment la valeur de sa position ou, au contraire, fixer celle-ci à une date précise du futur (nous parlerons alors d'immunisation). Par ailleurs, il peut vouloir protéger une opération spécifique, considérée de façon isolée et indépendante de toutes les autres opérations (il s'agit alors d'une microcouverture). Ou, au contraire, considérer l'exposition au risque de taux de l'ensemble de son portefeuille actif et passif et désirer couvrir, partiellement ou non, une position nette composée de différents instruments (il s'agit alors d'une macrocouverture). Alors que l'ensemble des méthodes de couverture applicables dans ces différents cas sont très semblables, nous examinerons, comme cela a déjà été annoncé, les couvertures anticipées au chapitre 8 et les couvertures effectives au chapitre 9. Ce même chapitre 9 traitera également des couvertures de risques de bilan (qui sont des couvertures de situations effectives).

Que l'entrepreneur considère une position ferme isolée ou la partie exposée de son bilan, il doit décider du montant de risque qu'il souhaite accepter. Il existe en général un compromis entre risque et rentabilité espérée, qui conduit à sacrifier un peu de rentabilité si l'on veut réduire son risque, ou supporter un peu plus de risque si l'on veut gagner davantage en moyenne. Le niveau de risque acceptable dépend donc des préférences des actionnaires (et des dirigeants) de l'entreprise ainsi que de sa surface financière. Il revient à la direction d'une société de fixer une limite supérieure au risque de taux qu'elle est prête à accepter.

2.2. *Les instruments*

Si le niveau de risque non couvert est jugé trop important, l'entreprise dispose de trois possibilités pour le réduire :

— Elle peut changer le contenu de son bilan ou la nature de ses opérations (donc changer de politique commerciale). Les durations des emplois et des ressources se trouvent ainsi modifiées de sorte que la différence entre la duration moyenne de l'actif et celle du passif s'atténue. Cette possibilité reste toutefois assez théorique. Les coûts correspondants peuvent être élevés et un temps assez long peut s'avérer nécessaire à sa réalisation.

— Elle peut fixer les taux de prêt ou d'emprunt en utilisant les opérations terme-à-terme *(forward-forward)* ou les réméres (cf. chap. 5). Ces produits sont souvent d'une utilisation avantageuse pour les banques en ce qu'elles bénéficient de l'écart entre prix offert et prix demandé, mais un très grand nombre d'opérateurs n'y ont pas accès facilement.

— Elle peut enfin utiliser les marchés futures qui offrent l'avantage de la liquidité et celui de coûts de transaction très faibles. Comme les deux techniques précédentes, le recours à ces marchés ne constitue cependant pas une panacée contre le risque de taux, pour des raisons que nous développons maintenant.

3 | Risque de taux et risques résiduels

3.1. *La couverture parfaite du risque de taux*

En théorie, et sous certaines conditions très strictes qui seront explicitées plus loin, il est possible à un intervenant sur le Matif de se doter d'une couverture parfaite, c'est-à-dire d'éliminer tout risque de fluctuation de la valeur de marché de la position (courte ou longue) à couvrir.

Pour ce faire, il faut, comme on l'a vu précédemment, détenir simultanément une position ferme sur un instrument financier donné et une position à terme identique, mais de sens contraire, sur le même instrument, et ce pendant une durée égale à celle restant à courir jusqu'à l'échéance du contrat à terme ([4]).

Bien qu'en réalité les conditions d'une couverture parfaite ne soient pratiquement jamais remplies, il est utile d'en donner deux exemples à titre d'illustration du mécanisme fondamental de la couverture.

([4]) Nous verrons plus loin que ces deux conditions sont nécessaires mais non suffisantes.

▶ *Exemple 1 (position longue sur les futures).* — Un gestionnaire de FCP sait le 1er juillet qu'il devra fin septembre, le jour même de l'échéance du contrat à terme, investir 20 millions de francs dans des bons du Trésor (5) à 3 mois et pense que les taux d'intérêt vont baisser d'ici là. Pour éviter un emploi ultérieur des fonds à un taux plus faible que le taux actuel, le gestionnaire doit acheter (car une baisse des taux lui est défavorable) aujourd'hui 4 contrats bons du Trésor à 90 jours (dont la valeur nominale est de 20 millions) à échéance de septembre et les revendre fin septembre.

Supposons que le 1er juillet le taux au comptant des bons soit de 7 % et que les contrats septembre cotent 92,50 (le taux implicite est donc de 7,5 %).

Supposons en outre que le gestionnaire avait vu juste et que les taux baissent pour atteindre, fin septembre, 6 %. Notez qu'en raison de la convergence de la base les deux taux (cours) sont égaux à l'échéance de septembre.

Le résultat de ces opérations est alors le suivant :

— Sur le marché au comptant, le gestionnaire doit payer ses bons fin septembre $20\,000\,000 \times \left(1 - \frac{0{,}06 \times 90}{360}\right) = 19\,700\,000$ F, alors qu'il les aurait payés $20\,000\,000 \times 0{,}9825 = 19\,650\,000$ F si le taux avait été maintenu à 7 %, soit une perte de 50 000 F.

— Sur le marché à terme, le cours étant de 94 (correspondant à un taux de 6 %), il gagne 150 ticks (échelons de cotation) par rapport au cours d'achat de 92,50 et réalise un gain de 4 (contrats) × 150 (ticks) × 125 (valeur du tick) = 75 000 F, qui compense (et au-delà) sa perte sur le comptant, pour un gain net de 25 000 F.

— Son opération couverte lui coûte 19 700 000 — 75 000 = 19 625 000 F, ce qui correspond, pour un remboursement de 20 millions de francs 3 mois après, à un intérêt nominal annuel de 7,5 %, taux connu depuis le 1er juillet (6).

Il est important de comprendre qu'en cas de hausse des taux la couverture aurait été également efficace. Supposons en effet que, contrairement aux anticipations de notre gestionnaire, les taux atteignent, fin septembre, 8 %.

Le résultat est alors le suivant :

— sur le ferme, il doit payer ses bons 20 000 000 F × 0,98 = 19 600 000 F, alors qu'il les aurait payés 19 650 000 F si le taux n'avait pas varié (soit un gain de 50 000 F);
— sur le marché des futures, le cours s'établissant à 92, il perd 50 ticks, soit 4 × 50 × 125 = 25 000 F. Au total, l'opération lui coûte donc 19 625 000 F comme dans le cas où le taux aurait baissé.

Il est clair, par conséquent, que, quelle que soit la variation des taux, la couverture est parfaite en ce qu'elle assure le résultat final. En l'occurrence, elle fixe le taux de rentabilité de l'investissement futur à 7,5 %.

(5) Nous avons utilisé dans quelques exemples le marché à terme des bons du Trésor, qui n'existe pourtant plus en France, car ses contrats, comme les instruments correspondants du comptant, sont du type « à intérêt payé d'avance », particularité facilitant grandement les calculs.

(6) Dans cet exemple, très simple, le gestionnaire du FCP aurait pu fin septembre prendre directement livraison des contrats futures achetés.

▶ *Exemple 2 (position courte sur les futures).* — Une firme a négocié une ligne de crédit revolving de 5 millions de francs à taux variable (celui des bons du Trésor) révisable tous les 3 mois pendant 2 ans. Le trésorier pense que les taux vont monter d'ici la prochaine date du renouvellement du crédit, dans 3 mois, date qui correspond à une échéance du marché à terme. Le taux actuel au comptant est de 12 % pour l'entreprise, alors que le contrat bons du Trésor à échéance de 3 mois cote 87,25. Le trésorier vend alors un contrat à terme. Supposons que 3 mois plus tard les taux s'établissent à 13,5 %. Le trésorier rachète le contrat à terme (à 86,5) et l'opération se solde ainsi :

— coût supplémentaire du crédit revolving :

$$5\,000\,000 \times 1{,}5\,\% \times \frac{90}{360} = 18\,750 \text{ F};$$

— gain sur le marché à terme : 75 (ticks) × 125 (valeur du tick) = 9 375 F, qui compense, mais partiellement seulement, la perte sur le comptant.

Le résultat final est une perte de 9 375 F.

En effet, la base, négative au départ, a convergé vers 0 (elle a augmenté) : l'opérateur, qui était court en base (puisque vendeur du contrat), l'a donc perdue [100((87,25 — 88) — 0) × 125 = — 9 375]. C'est le cas symétrique de celui de l'exemple 1.

Montrons maintenant que le résultat aurait été identique en cas de baisse des taux (à 11 % par exemple, impliquant un cours des futures de 89) :

— économie sur le coût du crédit revolving :

$$5\,000\,000 \times 1\,\% \times 90/360 = 12\,500 \text{ F};$$

— perte sur le marché à terme :

$$175 \times 125 = 21\,875 \text{ F},$$

soit une perte nette, comme précédemment, de 9 375 F.

Ainsi, quelle que soit la fluctuation des taux, il est possible de stabiliser le coût d'un financement futur par des ventes à terme appropriées.

Ces deux exemples ont permis de démonter le mécanisme de la couverture parfaite. L'on pourrait nous objecter qu'il y a eu gain systématique (dans le premier cas) et perte systématique (dans le second cas), alors qu'une couverture parfaite devrait laisser un résultat nul. L'objection est facile à lever : la couverture est parfaite en ce sens que le résultat est acquis d'avance, sans risque, et que, par conséquent, le taux de rentabilité de l'investissement ou le coût du financement sont certains quelle que soit la fluctuation subséquente des taux. Pour obtenir cette assurance, il faut en payer le coût (éventuellement négatif !), c'est-à-dire décaisser (ou encaisser !) la valeur de la base. Nous y reviendrons.

3.2. *Les risques résiduels*

Bien que les deux exemples précédents illustrent bien le principe du hedging, il est essentiel de remarquer que ces couvertures n'ont été parfaites que parce que les deux conditions suivantes (et quelques autres implicites) ont été respectées :

— la valeur de la base à l'échéance des contrats à terme était parfaitement prévisible, quelle que soit l'évolution des taux : elle devait être nulle;
— les positions au comptant ont été couvertes par des positions à terme portant sur les mêmes instruments financiers (ici des bons du Trésor à 3 mois).

En pratique, il n'est pas possible d'éliminer complètement le risque de fluctuation de la valeur de la position couverte.

Sept types de risque résiduel d'importance décroissante peuvent en effet subsister : les risques de base, de corrélation, de trésorerie, d'estimation, de règlement, de liquidité et d'indivisibilité, dont les deux premiers seront analysés en détail au chapitre suivant.

Le *risque de base* naît du fait que, contrairement aux exemples précédents, l'horizon de l'opérateur ne coïncide pas en général avec l'échéance du contrat à terme utilisé comme couverture. L'intervenant ne connaît donc pas la valeur qu'aura la base le jour du dénouement de sa position à terme, même si ultérieurement, à l'échéance du contrat, la base a bien convergé vers 0.

▶ *Exemple 3.* — Reprenons l'exemple 2 et supposons que la prochaine date de renouvellement du crédit revolving soit dans 2 mois au lieu de 3. Rien ne permet de supposer, dans ces conditions, que dans 2 mois la base sera nulle. Elle aura très probablement changé mais on ne sait pas de combien. Supposons que le nouveau taux au comptant soit de 13,5 %, comme dans l'exemple 2, mais que le cours à terme s'établisse à 87 (et non à 86,5). Dans ce cas, le gain sur le marché à terme n'est plus que de 25 (ticks) × 125 = 3 125 F, ce qui laisse à l'opérateur une perte nette de 18 750 — 3 125 = 15 625 F, au lieu des 9 375 F calculés dans l'exemple 2.

Si, au contraire, le cours à terme s'établit à 86,2 (et non 86,5), le gain sur le futures est 105 × 25 = 13 125 F, ce qui laisse à l'opérateur une perte nette de 5 625 F seulement.

Il est facile de conclure à partir de cet exemple que l'utilisation du marché à terme laisse, en général, subsister un risque de base, même si le risque initial de taux a été couvert.

Le second risque, dit de *corrélation* ([7]), naît du fait que, le plus souvent,

([7]) Parfois assimilé, à tort, au risque de base évoqué précédemment, car il rend incertaine la valeur de la position couverte, même si l'horizon de l'opérateur coïncide avec l'échéance du contrat à terme. La dénomination retenue ici est beaucoup plus claire et permet de bien distinguer les deux types de risque (cf. chap. 7).

l'instrument financier servant de support au contrat à terme (Pibor 3 mois, Eurodem ou obligation notionnelle) n'est pas le même que le titre financier que l'on désire couvrir. Par exemple, une entreprise privée souhaitant émettre un emprunt sur le marché obligataire va se couvrir sur le marché à terme des obligations d'Etat. Les caractéristiques des deux instruments n'étant pas les mêmes, les mouvements de leurs cours boursiers ne coïncident pas et ne sont même pas parfaitement corrélés. Il s'ensuit alors que, même si l'horizon de l'opérateur correspond, par chance, au jour d'échéance du contrat à terme, une incertitude subsiste quant à la valeur qu'aura la position couverte ce jour-là. Les professionnels appellent *cross-hedging (couverture croisée)* une couverture impliquant deux instruments différents et laissant subsister par conséquent un risque de corrélation. Il faut bien comprendre que ce sera là le cas général : le nombre d'instruments financiers faisant l'objet d'un marché futures est extrêmement limité par rapport à l'ensemble de tous les titres susceptibles d'être émis. Par exemple, le Matif ne concerne pour le franc, dans son stade de développement actuel, que des emprunts d'Etat ou le taux du Pibor 3 mois et quiconque voudra couvrir une position en d'autres instruments comportant un risque de signature devra le faire en utilisant des instruments non équivalents. Cette couverture croisée laissera subsister un risque de corrélation. L'investisseur devra alors choisir, parmi ceux négociés sur un marché à terme, l'instrument qui s'est avéré dans le passé le plus étroitement corrélé avec le titre qu'il veut couvrir. Dans la section 3 du chapitre 4, nous avons vu que la « meilleure » couverture d'une position de commercial paper est obtenue au moyen de contrats à terme sur CDs puisque le coefficient de corrélation entre les variations du taux de ces deux instruments est de 0,982 (contre 0,934 seulement pour le coefficient de corrélation entre commercial paper et T-bills par exemple).

Il peut arriver, à l'occasion, qu'il n'existe pas de futures dont la corrélation soit suffisante pour justifier le recours à ce marché. Il peut également se faire que, pour des raisons de liquidité (voir plus loin), le gestionnaire décide de ne pas opter pour le contrat le plus corrélé. Quoi qu'il en soit, tant que le risque de corrélation est perçu comme étant plus faible que le risque de taux, l'opérateur a intérêt à se couvrir même si la corrélation n'est pas très élevée.

Le troisième risque, dit de *trésorerie*, est lié au fait que, contrairement aux opérations forward, les contrats futures font l'objet d'un encaissement ou de décaissements quotidiens, le montant du règlement étant égal à la différence entre deux cours successifs d'un contrat. Ainsi l'opérateur est susceptible d'être appelé en marge, c'est-à-dire de sortir des fonds, quand les fluctuations de taux lui sont défavorables sur le marché à terme. Ce risque de trésorerie, qui vient s'ajouter aux risques de base et de corrélation, se concrétise par une perte ou un gain dont le montant est inconnu des deux parties cocontractantes au moment où elles s'engagent dans l'opération à terme. Ce montant aléatoire x est égal à la somme algébrique des intérêts créditeurs (sur les placements) et débiteurs (sur les emprunts) que les variations du cours du contrat ont engendrés entre l'instant initial et l'échéance T du contrat.

On peut donc le calculer comme suit :

$$x = \frac{1}{365} \sum_{t=1}^{T} (F_t - F_{t-1}) (T - t) r_{t-1} \qquad (6.1)$$

où T représente l'échéance à maturité du contrat exprimée en jours, F_{t-1} et F_t sont les prix du contrat à deux jours successifs de cotation et r_{t-1} représente le taux d'intérêt à court terme, aléatoire vu de l'instant initial, sur les emprunts et/ou placements intermédiaires effectués en t pendant $(T - t)$ jours ([8]).

Bien qu'il soit difficile d'avoir une idée précise de la fourchette dans laquelle se situe probablement le montant x, il faut reconnaître que ce risque de trésorerie est du second ordre par rapport aux deux risques précédents puisqu'il implique la multiplication d'un taux d'intérêt période (quotidien) par des écarts de prix.

Le quatrième type de risque, le risque d'*estimation*, est de nature très différente de celle des précédents, en ce qu'il est d'ordre statistique. Comme on le verra au chapitre suivant, l'opérateur calcule un ratio de couverture qui permet de déterminer le nombre de contrats nécessaires à la couverture souhaitée.

Essentiellement deux méthodes sont utilisées pour estimer ce ratio : celle fondée sur les durations respectives de l'instrument ferme à couvrir et du titre servant de support au contrat futures; et celle fondée sur la régression des variations des cours passés du ferme sur celles des cours du contrat à terme. Dans les deux cas, on ne peut jamais être sûr que le ratio ainsi estimé soit égal au ratio de couverture « exact ». Le risque d'estimation traduit donc le fait que le nombre de contrats effectivement négociés peut être différent de celui qui, idéalement, aurait dû être acheté ou vendu.

Ces quatre premiers types de risque résiduel, et surtout les deux premiers, sont suffisamment importants pour faire l'objet d'un traitement complet dans les deux chapitres suivants. Il n'en va pas de même pour les trois derniers, qui sont relativement mineurs, beaucoup plus difficilement formalisables et sur lesquels nous ne reviendrons plus.

([8]) Rappelons que ce mécanisme de règlements quotidiens explique pourquoi, en cas de livraison l'acheteur paie au vendeur du contrat à terme le dernier cours coté avant la date de règlement, alors que dans une opération forward c'est le cours à terme convenu le jour de la conclusion du contrat qui est versé par l'acheteur au vendeur à la date d'échéance du contrat.

Le cinquième est le risque de *règlement* qui naît du décalage pouvant exister entre la date où les opérations sont définitivement soldées et le jour du règlement effectif (et de la livraison, le cas échéant). Ce décalage est très variable selon les Bourses et selon les contrats. Sur les contrats T-bonds du Chicago Board of Trade, il peut atteindre 10 jours. Il est limité à 4 jours sur le Matif parisien. Bien entendu, plus le décalage est important, toutes choses égales par ailleurs, moins le résultat effectif de l'opération de couverture sera conforme au résultat théorique qui serait obtenu en cas de concomitance parfaite entre les deux dates.

Le sixième type de risque résiduel est le risque de *liquidité*, qui revêt lui-même deux aspects. Le premier est le risque de non-exécution de la part d'un des cocontractants. Cette éventualité est cependant fort peu probable en raison même du mode de règlement et d'organisation des marchés futures. En effet, à la différence des opérations forward, les contrats sont, on vient de le voir, soldés tous les jours et, de plus, le règlement des sommes mises en jeu est garanti par la Chambre de Compensation. Il faudrait donc que cette dernière fasse faillite pour que ce risque se matérialise.

Le second aspect que revêt le risque de liquidité tient à la possibilité que le volume de transactions sur le contrat considéré soit insuffisant pour que, le jour où l'opérateur souhaite dénouer sa position sur le marché à terme, le cours constaté soit « normal » ou d'équilibre. Dans des cas limites, la situation pourrait être celle d'un « corner » dans laquelle les participants subissent, impuissants, le cours imposé par quelques individus connivents jouissant d'un monopole de fait, et ne peuvent trouver de synonymes à livrer qu'à des prix exorbitants. Ce risque est très limité de par la difficulté inhérente à la mise en œuvre d'une telle stratégie et du fait que les Matif se réservent le droit d'exiger, dans l'éventualité d'un tel « corner », le paiement en espèces de la différence des cours au lieu d'une livraison physique en titres.

Pour être tout à fait complet, mentionnons le septième risque résiduel que nous avons baptisé d'*indivisibilité* et qui tient au fait que le nombre adéquat de contrats à acheter ou à vendre pour se couvrir parfaitement, et qui dépend du ratio de couverture évoqué plus haut, sera rarement un nombre entier. Il faudra donc l'arrondir par excès ou par défaut, ce qui laissera subsister, même en l'absence des six risques précédents, un très léger risque résiduel.

4 | Coût des opérations de couverture

Appliqué aux opérations de couverture, le terme « coût » peut revêtir (au moins) les quatre significations suivantes qu'il convient de distinguer soigneusement :

1 / *Coûts liés à la trésorerie.* — Parmi les éléments qui influencent le rendement d'une opération à terme, nous avons déjà mentionné les coûts de courtage, les taxes diverses et éventuellement les intérêts non perçus sur le « déposit » initial. Rappelons également le coût (aléatoire) associé aux intérêts nets sur les appels ou restitutions de marges que nous avons évoqués dans l'examen du risque de trésorerie. Il s'agit dans tous ces cas de sorties de trésorerie réelles ou de paiements d'intérêts perdus ou économisés.

2 / *Coûts liés aux risques.* — L'objectif d'une couverture est de diminuer le risque d'une position et, très souvent, de le réduire à 0. Nous avons vu, cependant, que des risques résiduels subsistent. Dans la mesure où ils sont indésirables, il est logique de les assimiler à des coûts. Pour les deux plus importants d'entre eux, le risque de base et le risque de corrélation, les données historiques et les prix courants du marché fournissent des informations utiles pour qu'il soit possible d'en apprécier l'incidence.

3 / *Coûts liés au portage.* — Par analogie avec les usages en vigueur sur les marchés à terme de marchandises (cf. chap. 3), on appelle coût de portage la valeur de la base même dans le cas des instruments courts où ce portage n'est physiquement pas possible.

Il convient donc de distinguer soigneusement les coûts discutés plus haut qui affectent le risque et le rendement d'une position et ce coût de portage. Cette dernière notion peut servir à comparer le rendement espéré d'une opération à terme et le rendement de la même opération si elle avait lieu immédiatement au comptant. On parlera alors des gains ou des pertes ou des coûts par référence aux conditions du comptant.

En situation de gamme des taux ascendante, ce qui constitue le cas normal, le marché se présente de la manière suivante : le taux implicite dans le contrat à terme est supérieur au taux du comptant; le cours du contrat à terme est inférieur au cours du comptant et la base est par conséquent négative. Puisque la base converge vers 0 à l'échéance T du contrat, elle augmente, et les acheteurs à terme la gagnent (à l'échéance) systématiquement, tandis que les vendeurs à terme la perdent (à l'échéance) tout aussi systématiquement.

Quand la structure par termes des taux est inversée, en revanche, c'est le contraire qui est vrai : la base initiale est positive et diminue par conséquent vers 0 à l'approche de l'échéance du contrat. Les acheteurs à terme perdent (à l'échéance) la base et les vendeurs la gagnent comme on l'a vu au chapitre 4. Puisqu'une couverture longue sur un marché à terme réalise un gain si la base augmente, la position correspondante est dite *longue en base*; inversement une couverture courte sur un marché à terme, gagnante lorsque la base diminue, est dite *courte en base*.

▶ *Exemple 4.* — Un investisseur couvre une position courte de 20 millions de francs le 1er mai en achetant 4 contrats bons du Trésor à échéance juin. Le taux actuariel sur le marché au comptant est 16 % et le cours du futures juin s'établit à 83,5. La base est donc négative de 50 points (différence entre 83,5 et 84). A fin mai, le prix du futures juin devient 83,90, alors que le prix au comptant est 84,10. La base a donc augmenté de 30 points et l'investisseur réalise un gain de 4 (contrats) × 30 points × 125 (valeur du point) =

$$15\,000 = \left[20 \text{ M} \times \frac{30 \times 0{,}0001 \times 90}{360}\right].$$

▶ *Exemple 5.* — Un investisseur couvre, le 1er juillet, une position de 15 millions de francs en obligations en vendant sur le Matif pour le même montant des contrats sur obligation notionnelle fin septembre.

Le taux à court terme (à 3 mois) est de 14 % (en actuariel annuel), le rendement actuariel d'une obligation de mêmes caractéristiques que l'obligation notionnelle (10 ans *in fine*, 10 %) est de 12 % et son prix au comptant est 87,20. Par conséquent, la base s'établit (en principe) à :

$$B = (C.rc - 100\,k)\,91/365 = (87{,}20 \times 0{,}14 - 10)\,91/365 = 0{,}55.$$

et le cours du contrat à terme à 3 mois est de 87,75.

Si, à fin juillet, par exemple, le cours du futures s'établit à 87,55, la base a diminué de 0,55 à 0,35 (en supposant le prix au comptant inchangé), soit 4 écarts (ticks), et l'investisseur réalise un gain de 30 (contrats) × 4 (écarts) × 250 F (valeur de l'écart) = 30 000 F [ou 15 MF × 0,20 % = 30 000 F].

Le phénomène de convergence implique que les couvertures longues sont favorisées en cas de coût de portage négatif (base négative) et que les couvertures courtes sont favorisées si le coût de portage est positif (base positive). De plus, puisque la convergence s'accélère vers l'échéance du contrat, les couvertures longues en cas de coût de détention négatif devraient être effectuées avec des contrats à échéance aussi proche que possible de même que les couvertures courtes en cas de coût de détention positif.

Symétriquement, s'il est nécessaire d'avoir une couverture longue (courte) alors que le coût de détention est positif (négatif), il faut différer ces opérations à terme le plus possible pour minimiser l'influence du phénomène de convergence durant la durée de la couverture.

4 / *Coût du regret.* — Un opérateur peut être tenté de comparer à l'échéance la valeur d'une position couverte avec celle qu'aurait eue la même position si elle n'avait pas été couverte. S'il apparaît, *a posteriori*, qu'il aurait mieux valu ne pas se couvrir, un coût peut être évoqué. A ce sujet, nous voudrions insister sur un aspect crucial d'une opération de hedging : il semble en effet qu'il ne soit pas toujours bien compris. Si l'opérateur se couvre et fixe (aux risques résiduels près) le coût de son financement ou la rentabilité de son investissement, il renonce nécessairement au bénéfice qu'il aurait pu tirer d'une variation des taux qui lui aurait été favorable s'il ne s'était pas couvert; autrement dit, si le gain sur le Matif compense la perte sur le comptant, le contraire est vrai également et il faut savoir accepter l'éventualité d'une perte sur les futures. L'opérateur gardant en mémoire ce principe fondamental saura éviter d'inutiles regrets.

Ce chapitre aura permis au lecteur de se familiariser avec les problèmes et les notions propres aux opérations de couverture. Il reste au cours des chapitres suivants à préciser les méthodes de calcul du nombre de contrats de couverture et d'estimation des risques résiduels (essentiellement risques de base et de corrélation) de façon à permettre une gestion aussi précise que possible du risque de taux.

7 Calculs liés aux couvertures

Les calculs théoriques du nombre de contrats à terme qu'il faut acheter ou vendre pour mettre en place une couverture, de même que ceux relatifs à l'efficacité de celle-ci peuvent sembler complexes. Aussi les avons-nous regroupés dans le présent chapitre afin qu'il soit possible au lecteur ne désirant pas en connaître le détail de les éviter et de passer directement à l'étude des applications. Au cours des deux chapitres suivants, lorsqu'il sera nécessaire d'utiliser les formules développées ici, nous nous contenterons de les rappeler sans en redonner la démonstration. Nous verrons que, pour l'essentiel, elles s'appliquent aux couvertures de positions anticipées comme à celles de positions effectives et aux micro- comme aux macrocouvertures.

Dans la première section de ce chapitre sont exposés, après une analyse de la nature du problème de la couverture, le mode de calcul théorique du nombre de contrats de couverture et les principes de son application, puis celui de son efficacité; dans cette même section est également abordée la question de l'immunisation d'une position. La seconde section traite de problèmes d'ordre pratique relatifs à l'application de méthodes faisant appel aux régressions linéaires. Il s'agit, en effet, de décider s'il convient d'effectuer celles-ci en différences ou en niveaux, de retenir la meilleure périodicité des observations et de choisir entre variations relatives et variations absolues.

1 | Détermination du nombre de contrats de couverture

Avant de procéder à la mise en place d'une couverture, il convient d'analyser la nature du problème posé. En particulier, il est nécessaire de savoir ce qui doit être optimisé, avant que le calcul ne montre comment la couverture doit être prise et quels résultats il est possible d'en attendre.

1.1. *Nature du problème*

Supposons qu'un opérateur possède une position sur un actif quelconque [1] dont la valeur nominale est M et la cotation en pourcentage est $C_e(0)$ à l'instant initial et $C_e(H)$ à la date future H (cette valeur, inconnue dans l'immédiat, est une variable aléatoire). Le problème de couverture le plus général consiste à stabiliser cette valeur en prenant immédiatement une position sur un contrat à terme, de sens opposé à la position initiale, et en la dénouant en H. Soit F(0) et F(H) les valeurs que prend ce contrat respectivement aux instants 0 (lorsque la couverture est prise) et H (lorsque la couverture est dénouée) et N le nombre de contrats de valeur nominale K négociés. En l'absence de couverture, la variation de valeur de la position entre les instants 0 et H est :

$$\Delta C(H) = M \frac{C_e(H) - C_e(0)}{100}.$$

La variation de valeur produite par la couverture est, quant à elle :

$$\Delta F(H) = -NK \frac{F(H) - F(0)}{100}$$

le signe moins étant dû au fait que la position à terme doit être de sens contraire à la position du comptant. La variation de valeur de la position couverte est ainsi :

$$\Delta S(H) = M \frac{C_e(H) - C_e(0)}{100} + NK \frac{F(0) - F(H)}{100} \qquad (7.1)$$

[1] De façon générale, cette position peut résulter de la possession actuelle d'un actif (tel qu'un portefeuille obligataire) ou d'une prévision portant sur une réception ou cession future (prévision d'emprunts ou de placements futurs).

Stabiliser la valeur S(H) revient en termes mathématiques à minimiser la variance de la variation ΔS(H). Le nombre N de contrats correspondant à une couverture maximale [2] minimise donc la variance de ΔS(H). Celle-ci peut s'écrire [3] :

$$\text{var}\,(\Delta S) = m^2\,\text{var}\,(\Delta C_e) + k^2\,N^2\,\text{var}\,(\Delta F) - 2\,mkN\,\text{cov}\,(\Delta C_e, \Delta F) \qquad (7.2)$$

où $m = M/100$ et $k = K/100$; pour minimiser cette quantité, il faut choisir le nombre N qui annule la dérivée de var (ΔS) par rapport à N. On obtient :

$$\frac{d\,\text{var}\,(\Delta S)}{dN} = 2\,Nk^2\,\text{var}\,(\Delta F) - 2\,mk\,\text{cov}\,(\Delta C_e, \Delta F) = 0 \qquad (7.3)$$

d'où l'on tire N^* le nombre de contrats maximal :

$$N^* = \frac{m}{k}\,\frac{\text{cov}\,(\Delta C_e, \Delta F)}{\text{var}\,(\Delta F)} \quad \text{d'où} \quad N^* = \frac{M}{K}\,\frac{\text{cov}\,(\Delta C_e, \Delta F)}{\text{var}\,(\Delta F)} \qquad (7.4)$$

Nous avons indiqué plus haut que notre raisonnement s'applique à des couvertures anticipées comme à des couvertures effectives. Cependant, selon la nature des couvertures, la signification exacte des variables qui apparaissent dans la relation (7.4) diffère. Si le problème qui se pose est celui de la fixation de la valeur d'une position à une date bien définie du futur, les variations telles que ΔC_e ou ΔF devraient être calculées pour une période égale au temps qui sépare l'instant présent de la date en question. En revanche, si le problème envisagé concerne la couverture à tout moment d'une position effective, aucune date n'étant fixée, il conviendrait de considérer des intervalles qui représentent la périodicité avec laquelle des dénouements de la position pourraient être envisagés [4]. Cependant, nous verrons plus loin (section 2.2 de ce chapitre) qu'en théorie, si les variations des variables considérées sont normalement et indépendamment distribuées, la périodicité des observations n'a pas d'importance. Il est également possible de faire

[2] Nous verrons au cours de la section 3.2 du chapitre suivant la distinction qu'il convient de faire entre couverture maximale et couverture optimale.

[3] Pour alléger les formules, nous ne daterons les variables que lorsque cela est indispensable à la compréhension du raisonnement. Nous rappelons dans l'annexe mathématique de ce chapitre les formules permettant de calculer les variances de combinaisons linéaires de variables aléatoires.

[4] Le gestionnaire d'un OPCVM obligataire pourrait vouloir, par exemple, couvrir les variations hebdomadaires de son portefeuille, cette périodicité correspondant à celle de la publication de sa valeur liquidative.

apparaître dans la relation (7.4) la valeur de la base à l'instant où est levée la couverture (voir l'Annexe 2 de ce chapitre), ce qui indique que le nombre de contrats assurant une couverture maximale dépend de la durée de l'intervalle (T — H). Toutefois, nous montrons dans l'Annexe 2 que, si les variations de la base sont des variables aléatoires indépendantes, N^* ne dépend pas des variances ou covariances de ces variations. Il n'y a plus alors à tenir compte de l'instant spécifique où s'exercent les couvertures.

1.2. *Calcul du nombre de contrats maximal*

Il convient de remarquer à ce stade de la démonstration que le rapport $\frac{\text{cov}\,(\Delta C_e, \Delta F)}{\text{var}\,(\Delta F)}$ qui apparaît dans la relation (7.4) peut recevoir deux interprétations, ou, si l'on veut, que le nombre de contrats de couverture N^* peut être calculé de deux manières différentes.

Dans une première interprétation, il peut s'agir du coefficient de la droite de régression obtenue en régressant, à l'aide de données historiques, les différences du prix de l'instrument devant être couvert par celles de l'instrument de couverture. En effet, on sait que le coefficient b d'une telle droite de régression est précisément égal au rapport $\frac{\text{cov}\,(\Delta C_e, \Delta F)}{\text{var}\,(\Delta F)}$. D'où, en introduisant b dans l'expression (7.4) :

$$N^* = \frac{M}{K}\,b = \frac{M}{K}\,h^* \tag{7.5}$$

Dans cette expression, nous avons fait apparaître une nouvelle variable h^*, le ratio de couverture, à laquelle certains auteurs font couramment appel. Il s'agit du nombre de contrats nécessaires pour couvrir une valeur nominale exposée au risque, égale à la valeur nominale du contrat de couverture.

Une seconde interprétation du rapport $\frac{\text{cov}\,(\Delta C_e, \Delta F)}{\text{var}\,(\Delta F)}$ fait intervenir les durations de la position initiale et du contrat négocié à terme. En effet, en appliquant la définition de la duration à C_e et à F et en faisant apparaître un taux d'intérêt r supposé unique, on obtient :

$$\frac{\Delta C_e}{C_e} = -\,D_e\,\frac{\Delta r}{1 + r} \quad \text{et} \quad \frac{\Delta F}{F} = -\,D_F\,\frac{\Delta r}{1 + r}.$$

En prenant les variances et les covariances de ΔC_e et de ΔF, on obtient :

$$\operatorname{var}(\Delta C_e) = \left(\frac{C_e D_e}{1+r}\right)^2 \operatorname{var}(\Delta r) \qquad \operatorname{var}(\Delta F) = \left(\frac{FD_F}{1+r}\right)^2 \operatorname{var}(\Delta r)$$

et aussi (cf. l'Annexe 1 de ce chapitre pour un rappel de quelques résultats statistiques) :

$$\operatorname{cov}(\Delta C_e, \Delta F) = \frac{C_e D_e FD_F}{(1+r)^2} \operatorname{var}(\Delta r).$$

D'où, par substitution dans (7.4), il vient :

$$N^* = \frac{M}{K} \frac{C_e D_e}{FD_F} \qquad (7.6)$$

Dans la pratique et compte tenu de la nature théorique du contrat long coté sur le Matif, l'application de cette relation à la couverture de portefeuilles obligataires, par exemple, pose le problème du calcul de D_F. Comment, en effet, calculer la duration d'un contrat dont la durée n'est pas définie ([5]) ? Les professionnels savent, cependant, qu'un opérateur qui prend une position longue et la garde jusqu'à l'échéance reçoit le synonyme le moins cher. C'est donc la duration D_S de ce synonyme qui mesure la susceptibilité de la couverture aux variations du taux d'intérêt et c'est elle qui devrait intervenir dans la relation précédente qui devient alors :

$$N^* = \frac{M}{K} \frac{C_e D_e}{FD_S} \qquad (7.7)$$

La notion de synonyme le moins cher peut également être introduite directement dans l'expression générale (7.4). En effet, à un moment quelconque de la vie d'un contrat, et en absence de possibilités d'arbitrage, le cours C_S du synonyme le moins cher (dont le facteur de concordance est f) doit satisfaire la relation (voir la relation (4.14) du chapitre 4) :

$$F = \frac{C_S + B}{f}$$

([5]) Rappelons que la durée de l'obligation notionnelle est de 7 à 10 ans.

qui permet d'écrire pour les variations que :

$$\Delta F = \frac{\Delta C_S + \Delta B}{f}.$$

En prenant la variance de ΔF, on obtient :

$$\text{var}\,(\Delta F) = \frac{1}{f^2}\,[\text{var}\,(\Delta C_S) + \text{var}\,(\Delta B) + 2\,\text{cov}\,(\Delta C_S, \Delta B)]$$

tandis que pour la covariance de ΔC_e et ΔF :

$$\text{cov}\,(\Delta C_e, \Delta F) = \frac{1}{f}\,[\text{cov}\,(\Delta C_e, \Delta C_S) + \text{cov}\,(\Delta C_e, \Delta B)].$$

Par substitution de ces deux dernières relations dans l'expression (7.4), il vient :

$$N^* = \frac{M}{K}\,\frac{\text{cov}\,(\Delta C_e, \Delta C_S) + \text{cov}\,(\Delta C_e, \Delta B)}{\text{var}\,(\Delta C_S) + \text{var}\,(\Delta B) + 2\,\text{cov}\,(\Delta C_S, \Delta B)}\,f \tag{7.8}$$

Cette relation peut être simplifiée en supposant, comme cela sera fait à la section suivante, que la variation de la base est une variable indépendante, c'est-à-dire que ses covariances avec d'autres variables aléatoires sont nulles (cf. l'Annexe 3 de ce chapitre pour une justification théorique) :

$$N^* = \frac{M}{K}\,\frac{\text{cov}\,(\Delta C_e, \Delta C_S)}{\text{var}\,(\Delta C_S) + \text{var}\,(\Delta B)}\,f \tag{7.9}$$

Malheureusement, la mise en œuvre de cette relation n'est pas aisée car elle implique la connaissance de valeurs difficiles à mesurer par les professionnels. Aussi, ces derniers font-ils souvent appel pour la couverture de portefeuilles obligataires à une autre formule, d'ailleurs présentée dans de nombreux ouvrages. Le nombre de contrats assurant une couverture maximale y est donné par :

$$N^* = \frac{M}{K}\,\frac{C_e\,D_e}{C_S\,D_S}\,f \tag{7.10}$$

Pour démontrer cette formule, il faudrait supposer que dans l'expression (7.9) la variance des variations de la base est nulle ($\text{var}\,(\Delta B) = 0$), alors que nous savons que les variations de la base sont aléatoires. Une fois cette hypothèse posée, il est facile, en remplaçant cov $(\Delta C_e, \Delta C_S)$ et var (ΔC_S) par des expressions faisant intervenir les durations (voir plus haut le calcul fait pour démontrer (7.6)), d'établir la relation (7.10). Il faut donc être conscient du fait que la relation (7.10) n'est qu'approximative et qu'elle donne un nombre de contrats de couverture maximale par léger excès (il manque à son dénominateur une valeur correspondant à la variance de la base).

1.3. *Mesure de l'efficacité des couvertures*

Une relation telle que (7.4), où apparaît le rapport d'une covariance à une variance, montre clairement la nature statistique des couvertures : les variations relatives de la valeur de la position à couvrir et celles des contrats de couverture ne sont égales qu'en moyenne. Dans chaque réalisation particulière, elles produisent un résultat plus ou moins divergent par rapport à l'objectif fixé. L'origine des écarts possibles a été essentiellement attribuée, au cours du chapitre précédent, aux deux facteurs que sont le risque de base et le risque de corrélation. Nous nous proposons maintenant de quantifier ces deux risques et d'en donner des expressions statistiques.

Puisque l'objectif d'une couverture maximale est de diminuer et, si possible, de réduire à 0 la variance de la valeur d'une position, il semble naturel de mesurer l'efficacité de la protection obtenue en rapportant la diminution de variance (risque) obtenue en passant de la position non couverte à la position couverte, à la variance de la position non couverte [6]. En appelant RRR (ration de réduction du risque) ce rapport et en prenant pour var (ΔS) la valeur donnée par la relation (7.2), on trouve :

$$\mathrm{RRR} = \frac{\mathrm{var}\,(m\,\Delta C_e) - \mathrm{var}\,(\Delta S)}{\mathrm{var}\,(m\,\Delta C_e)}$$

$$= \frac{2\,mk\mathrm{N}\,\mathrm{cov}\,(\Delta C_e, \Delta F) - k^2\,\mathrm{N}^2\,\mathrm{var}\,(\Delta F)}{m^2\,\mathrm{var}\,(\Delta C_e)} \qquad (7.11)$$

En substituant dans cette expression N par N*, nombre de contrats donnant la couverture maximale (expression (7.4)), on obtient :

$$\mathrm{RRR} = \frac{\mathrm{cov}\,(\Delta C_e, \Delta F)^2}{\mathrm{var}\,(\Delta C_e)\,\mathrm{var}\,(\Delta F)} = \rho(\Delta C_e, \Delta F)^2 \qquad (7.12)$$

[6] Ce ratio est égal à un lorsque le risque est entièrement éliminé.

où $\rho(\Delta C_e, \Delta F)$ est le coefficient de corrélation entre ΔC_e et ΔF, dont les valeurs possibles sont comprises entre — 1 et 1. Remarquons que si N^* est obtenu par régression, le coefficient de détermination R^2 (carré du coefficient de corrélation) est précisément égal au coefficient de réduction du risque RRR donné par l'expression (7.12).

La relation générale (7.12) peut se mettre sous différentes formes particulières permettant la mise en évidence du risque de base et du risque de corrélation. Rappelons, d'abord, que d'après la définition de la base : $F = B + C_F$ où C_F est la valeur du support comptant du contrat à terme et que par conséquent : $\Delta F = \Delta B + \Delta C_F$. En substituant cette valeur de ΔF dans les expressions de sa variance et de sa covariance avec ΔC_e, on obtient :

$$\text{var}\,(\Delta F) = \text{var}\,(\Delta B) + \text{var}\,(\Delta C_F) + 2\,\text{cov}\,(\Delta B, \Delta C_F)$$

et

$$\text{cov}\,(\Delta C_e, \Delta F) = \text{cov}\,(\Delta C_e, \Delta B) + \text{cov}\,(\Delta C_e, \Delta C_F).$$

Faisons ici l'hypothèse que les variations de la base sont des variables indépendantes, c'est-à-dire ne sont corrélées ni aux variations du cours de l'instrument comptant ni à celles du support au comptant de l'instrument à terme. Cette hypothèse peut être formalisée par les égalités $\text{cov}\,(\Delta C_e, \Delta B) = 0$ et $\text{cov}\,(\Delta C_F, \Delta B) = 0$. Par substitution des expressions de $\text{var}\,(\Delta F)$ et $\text{cov}\,(\Delta C_e, \Delta F)$ dans l'expression du ratio de réduction du risque (7.12), il vient :

$$\text{RRR} = \frac{\text{cov}\,(\Delta C_e, \Delta C_F)^2}{\text{var}\,(\Delta C_e)\,[\text{var}\,(\Delta C_F) + \text{var}\,(\Delta B)]}$$

$$= \frac{\text{cov}\,(\Delta C_e, \Delta C_F)^2}{\text{var}\,(\Delta C_e)\,\text{var}\,(\Delta C_F)}\,\frac{1}{1 + \text{var}\,(\Delta B)/\text{var}\,(\Delta C_F)} \qquad (7.13)$$

Cette expression permet de séparer le risque de corrélation du risque de base. Il est évident, en effet, que, si le risque de base est nul ($\text{var}\,(\Delta B) = 0$), seul subsiste le *risque de corrélation*. Le ratio de réduction du risque devient dans ces conditions :

$$\text{RRR (corr)} = \frac{\text{cov}\,(\Delta C_e, \Delta C_F)^2}{\text{var}\,(\Delta C_e)\,\text{var}\,(\Delta C_F)} = \rho(\Delta C_e, \Delta C_F)^2 \qquad (7.14)$$

et le risque correspondant, égal à 1 — RRR (corr), est :

$$\text{Risque de corrélation} = 1 - \rho(\Delta C_e, \Delta C_F)^2 \qquad (7.15)$$

Si, en revanche, les instruments du comptant et du terme sont parfaitement corrélés, il subsiste, en général, le *risque de base* (1 — RRR). Dans ce cas, en effet, en l'absence de risque de corrélation

$$(\text{cov}\ (\Delta C_e, \Delta C_F) = \text{var}\ (\Delta C_e) = \text{var}\ (\Delta C_F)),$$

le ratio de réduction du risque devient :

$$\text{RRR (base)} = \frac{1}{1 + \text{var}\ (\Delta B)/\text{var}\ (\Delta C_F)} \tag{7.16}$$

et le risque de base s'exprime par :

$$\text{Risque de base} = \frac{\text{var}\ (\Delta B)}{\text{var}\ (\Delta B) + \text{var}\ (\Delta C_F)} \tag{7.17}$$

Remarquons, pour conclure cette section, que les deux coefficients de réduction du risque de base et du risque de corrélation sont compris entre 0 et 1. Leur produit, qui mesure la réduction totale du risque ($\text{RRR} = \text{RRR (corr)} \times \text{RRR (base)}$), est donc aussi compris entre 0 et 1. Il s'ensuit que toute couverture, quels que soient les risques de base et de corrélation qui lui sont associés, conduit à une diminution du risque puisque $0 < \text{RRR} < 1$ [7].

1.4. *Immunisation d'un portefeuille*

Supposons qu'un opérateur détienne un portefeuille de valeur nominale M et composé d'obligations cotées en pourcentage coupon compris C_e. Si cet opérateur désire que la valeur de son portefeuille soit stabilisée à une certaine date du futur H, on dira qu'il veut *immuniser* son portefeuille à la date H.

La valeur de N^*, nombre de contrats de valeur nominale K devant être vendus à terme pour permettre cette immunisation, peut être obtenue au moyen du raisonnement suivant : le problème de l'opérateur serait résolu s'il détenait, à la place de son portefeuille, des obligations à coupon 0

[7] Cette conclusion reste vraie même en l'absence de l'hypothèse faite sur l'indépendance des variations de la base comme il est possible de le constater d'après la relation (7.12) où RRR, carré d'un coefficient de corrélation, prend nécessairement des valeurs comprises entre 0 et 1.

d'échéance H. Nous savons, en effet, que la valeur de ces obligations est fixe à la date H. Ce portefeuille d'obligations à coupon 0 équivalent, de valeur nominale M_H, est composé de N_H titres de durée H cotés C_H. Sa valeur devant, bien entendu, être égale à celle du portefeuille devant être immunisé, il faut que $\frac{N_H M_H C_H}{100} = \frac{MC_e}{100}$, d'où il résulte que $MC_e = M_H N_H C_H$.

A la suite d'une variation du taux d'intérêt se produisant juste après que l'on a acheté le portefeuille hypothétique d'obligations à coupon 0, sa valeur P_H changerait de $\Delta P_H = \frac{M_H N_H \Delta C_H}{100}$. Par ailleurs, la valeur P du portefeuille réellement détenu et couvert par la vente à terme de N contrats changerait de $\Delta P = m\,\Delta C_e - Nk\,\Delta F$ (variation de la valeur du portefeuille non couvert, plus variation de la valeur de la couverture où, comme précédemment, $m = \frac{M}{100}$ et $k = \frac{K}{100}$; nous poserons également par la suite $\frac{M_H}{100} = m_H$).

Si nous voulons que le portefeuille couvert ait un comportement aussi voisin que possible de celui, hypothétique, constitué à l'aide d'obligations à coupon 0, il faut que les variations de valeur du premier soient aussi proches que possible (et à la limite soient égales) de celles du second. Il faut donc choisir N de manière à ce que la variance de la différence $\Delta P - \Delta P_H$ soit minimale. Cette variance peut s'écrire :

$$\begin{aligned} \text{var}\,(\Delta P - \Delta P_H) &= m^2\,\text{var}\,(\Delta C_e) + N^2 k^2\,\text{var}\,(\Delta F) \\ &+ m_{H^2} N_{H^2}\,\text{var}\,(\Delta C_H) - 2\,mkN\,\text{cov}\,(\Delta C_e, \Delta F) \\ &- 2\,mm_H N_H\,\text{cov}\,(\Delta C_e, \Delta C_H) + 2\,Nkm_H N_H\,\text{cov}\,(\Delta F, \Delta C_H). \end{aligned}$$

La minimiser signifie qu'il faut chercher la valeur de N qui en annule la dérivée par rapport à N. Il faut donc que :

$$\begin{aligned} \frac{d\,\text{var}\,(\Delta P - \Delta P_H)}{dN} &= 2\,Nk^2\,\text{var}\,(\Delta F) - 2\,mk\,\text{cov}\,(\Delta C_e, \Delta F) \\ &+ 2\,km_H N_H\,\text{cov}\,(\Delta F, \Delta C_H) = 0, \end{aligned}$$

d'où on tire, en substituant au produit $m_H N_H$ sa valeur égale à $\frac{mC_e}{C_H}$:

$$N^* = \frac{M}{K} \frac{C_H\,\text{cov}\,(\Delta C_e, \Delta F) - C_e\,\text{cov}\,(\Delta F, \Delta C_H)}{C_H\,\text{var}\,(\Delta F)} \tag{7.18}$$

En introduisant dans cette relation des expressions des variances et des covariances obtenues à partir de la définition de la duration (comme cela a été fait dans la section 1.2 de ce chapitre) avec pour l'obligation à coupon 0 (dont la duration est égale à la durée) :

$$\frac{\Delta C_H}{C_H} = -H \frac{\Delta r}{1 + r},$$

nous trouvons :

$$N^* = \frac{M}{K} \frac{(H - D_e)\, C_e}{D_F\, F}.$$

Nous verrons au cours du chapitre 9 comment cette relation peut être appliquée dans la pratique.

2 | Problèmes d'ordre pratique

La mise en œuvre des calculs de coefficients de couverture à partir des expressions de la section précédente pose des problèmes d'ordre pratique et méthodologique que nous nous proposons d'examiner maintenant. L'utilisation de la régression linéaire, en particulier, implique que des précautions soient prises pour s'assurer que les hypothèses sous-jacentes à cette technique sont bien respectées. Si elles ne le sont pas, le praticien court le risque d'obtenir des résultats qui ne soient ni précis ni fiables. Rappelons ici qu'il s'agit de vérifier que, lorsque l'on teste une relation du type :

$$Y_t = a + bX_t + e_t \tag{7.19}$$

les résidus e_t sont sériellement indépendants et normalement distribués. Si les résidus ne sont pas sériellement indépendants ([8]), les estimateurs de b ne

([8]) La dépendance sérielle peut être détectée par la plupart des logiciels de régression linéaire au moyen du test dit de Durbin-Watson.

seront pas mesurés avec précision (on dit qu'ils ne sont pas efficaces). S'ils ne sont pas normalement distribués, il n'est pas possible de dire, *a priori*, le type de perturbation qui apparaîtra dans les mesures. Par ailleurs, l'application de la régression linéaire suppose que la relation testée (du type 7.19) est stable dans le temps.

2.1. *Utilisation des régressions en niveaux*

Lorsque les variations des cours de deux instruments sont reliées par une relation linéaire du type $\Delta Y_t = b\,\Delta X_t$, il en est de même des niveaux de ces cours Y_t et X_t qui sont alors reliés par une équation du type de (7.19). On peut donc penser que, pour estimer un coefficient tel que b, il est indifférent de procéder à des régressions portant sur des niveaux ou sur des différences. En fait, il apparaîtra au cours du chapitre 9 que, dans certaines conditions, il peut paraître souhaitable d'effectuer des mesures sur les niveaux plutôt que sur les différences. Le choix entre ces deux variantes des régressions linéaires soulève cependant le problème de l'autocorrélation des résidus évoqué plus haut. On peut montrer, en effet, que si les résidus d'une relation en niveaux sont sériellement indépendants, ceux de la relation portant sur les différences sont nécessairement autocorrélés [9]. Inversement, si les résidus d'une relation en différences sont indépendants, ceux de la relation correspondante en niveaux ne le sont pas. Il est donc possible en pratique d'effectuer des régressions selon les deux variantes, mais à condition de s'assurer que l'on obtient des résidus indépendants ou que, s'ils ne le sont pas, des méthodes correctives sont appliquées [10].

2.2. *Choix de la périodicité des observations*

Lorsque des mesures sont faites sur des données historiques afin de déterminer un nombre de contrats nécessaires pour une couverture, donc le coefficient de régression b, il peut sembler, *a priori*, que l'intervalle temporel entre

(9) Plus précisément, dans ce cas, le coefficient d'autocorrélation d'ordre un est de — 0,5.

(10) La plus simple et la plus connue de ces méthodes, dites de Cochrane-Orcutt, est disponible sur la plupart des logiciels de régression linéaire.

des observations successives doive être égal à H, temps qui s'écoule entre la mise en place d'une couverture et son dénouement [11]. Nous allons montrer ici qu'en général il n'est pas nécessaire d'observer une telle règle. En effet, si l'intervalle total est décomposé en H intervalles élémentaires de durée unitaire, on a pour une variable X (qui peut représenter soit C_e, soit F) :

$$\begin{aligned}\Delta X &= X_H - X_0 = X_H - X_{H-1} + X_{H-1} - \ldots - X_1 + X_1 - X_0 \\ &= \Delta X_H + \Delta X_{H-1} + \ldots + \Delta X_1.\end{aligned}$$

La variance de ΔX est donc égale à var $(\Delta X_H + \Delta X_{H-1} + \ldots + \Delta X_1)$, c'est-à-dire à la variance d'une somme de H variations élémentaires ΔX_i indépendantes. Par application de la relation donnant la variance d'une somme de variables aléatoires, et à condition que les variations élémentaires successives soient indépendantes et possèdent la même variance, on obtient :

$$\text{var}\,(\Delta X) = H\,\text{var}\,(\Delta X_i).$$

En raisonnant de la même façon sur la covariance de deux variables aléatoires X et Y, on obtient :

$$\text{cov}\,(\Delta X, \Delta Y) = H\,\text{cov}\,(\Delta X_i, \Delta Y_i).$$

La relation donnant le coefficient de régression est donc égale à :

$$b = \frac{\text{cov}\,(\Delta X, \Delta Y)}{\text{var}\,(\Delta X)} = \frac{\text{cov}\,(\Delta X_i, \Delta Y_i)}{\text{var}\,(\Delta X_i)} \qquad (7.20)$$

Il apparaît donc qu'en principe il est possible de calculer des coefficients de droites de régression, sur des périodes différentes de la période devant s'écouler entre le moment où est mise en place une couverture et celui où elle est dénouée. Afin d'obtenir des résultats aussi précis que possible, on souhaiterait raccourcir ces intervalles pour en multiplier le nombre. Cependant, il apparaît, le plus souvent, que des observations quotidiennes ne satisfont pas aux conditions nécessaires à l'application des méthodes classiques de régression linéaire (ces observations ne sont ni normalement distribuées ni

(11) Et aussi que les observations sont toujours situées à (T — H) périodes avant l'échéance du contrat future. Nous avons cependant indiqué plus haut que cette condition peut être négligée si l'on suppose que les variations de la base sont des variables indépendantes.

sériellement indépendantes). Il convient donc d'utiliser dans la pratique des données hebdomadaires ou mensuelles qui ne souffrent pas des mêmes insuffisances.

2.3. *Les variations relatives*

La plupart des lecteurs accepteront comme intuitif qu'une variation de 10 points de cotation soit plus probable lorsqu'un cours donné se situe, par exemple, au niveau de 200 que lorsqu'il se situe au niveau de 50. En revanche, une variation d'un pourcentage donné, disons de 10 %, apparaît comme également probable quel que soit le niveau du cours observé. Ce point est confirmé par de nombreuses études qui montrent que les variations relatives des cours sur de multiples contrats sont, en première approximation, normalement distribuées alors que les variations absolues ne le sont pas [12]. En fait, ces études mettent en œuvre non les variations relatives de prix mais les logarithmes des prix successifs. On peut montrer au moyen d'un développement limité qu'une expression comme $\log\left(\frac{X_t}{X_{t-1}}\right)$ est d'autant plus proche de la variation relative $\frac{\Delta X_t}{X_{t-1}}$ que la valeur de X_t est plus voisine de X_{t-1} [13], ce qui justifie la méthode logarithmique.

Afin de respecter les hypothèses sous-jacentes au modèle de la régression linéaire il peut sembler préférable d'effectuer des régressions sur des variations relatives du type $\Delta X/X$ plutôt que sur des variations ou sur des niveaux. En toute rigueur, ce sont les logarithmes des ratios de prix successifs qu'il faudrait utiliser. Malheureusement, les résultats de régressions obtenues dans de telles conditions ne peuvent pas être appliqués simplement pour le calcul du nombre de contrats de couverture, celui-ci impliquant, comme nous l'avons vu plus haut, des relations entre variations de niveaux. La méthode que nous allons développer maintenant, tout en mettant en jeu les variations relatives des cours, n'est donc pas parfaitement rigoureuse, car elle ne mettra pas en évidence les covariances correctes.

(12) Il s'ensuit que des régressions conduites comme nous l'avons vu jusqu'ici sur des différences absolues ne donneront pas de résultats rigoureusement satisfaisants (ils produiront des résidus dits hétéroscédastiques).

(13) En fait, $\log\left(\frac{X_t}{X_{t-1}}\right)$ est très proche de la variation de X rapportée à la moyenne $(X_{t-1} \times X_t)/2$.

Appelons $c_t = \frac{\Delta C_t}{C_{t-1}}$ et $f_t = \frac{\Delta F_t}{F_{t-1}}$ les variations relatives des cours de l'instrument du comptant (à couvrir) et de l'instrument à terme et appliquons les définitions de la covariance et de la variance ([14]). On obtient :

$$\text{cov}\,(\Delta C_t, \Delta F_t) = C_{t-1}\, F_{t-1}\, \text{cov}\,(\boldsymbol{c}_t, \boldsymbol{f}_t)$$

et

$$\text{var}\,(\Delta F_t) = F_{t-1}^2\, \text{var}\,(\boldsymbol{f}_t).$$

D'où, en introduisant ces valeurs dans l'expression du coefficient b :

$$b = \frac{C_{t-1}}{F_{t-1}} \frac{\text{cov}\,(\boldsymbol{c}_t, \boldsymbol{f}_t)}{\text{var}\,(\boldsymbol{f}_t)} = \frac{C_{t-1}}{F_{t-1}} \boldsymbol{b} \qquad (7.21)$$

où $\boldsymbol{b}$ est le coefficient de la régression obtenu à l'aide des variations relatives des prix (signalons cependant qu'en toute rigueur il n'y a aucune raison de supposer que ce coefficient soit constant).

Il apparaît donc que, pour mettre en place une couverture à l'instant $t - 1$ pour l'instant t, il est nécessaire de modifier le coefficient de régression $\boldsymbol{b}$ obtenu en prenant les variations relatives des prix de l'instrument à couvrir comme variable dépendante et les variations relatives de l'instrument à terme comme variable dépendante, corrigé du dernier rapport observé du cours de ces deux instruments. Remarquons que, dans ce calcul, la durée de l'intervalle s'écoulant entre deux observations successives intervient. Il convient donc de choisir pour cet intervalle une valeur correspondant à la période allant de l'instant présent à la clôture de la couverture.

Dans la suite de cet ouvrage, nous supposerons par souci de simplicité que les calculs de nombre de contrats de couverture sont effectués sur des variations absolues. Lors d'applications pour lesquelles une grande précision est recherchée, il est conseillé, si nécessaire, de mettre en œuvre des relations telles que (7.21).

([14]) L'instant présent étant noté par t, des valeurs telles que C_{t-1} et F_{t-1} se rapportent au passé et sont donc, vues de t, des constantes.

ANNEXE DU CHAPITRE 7

1. Rappel de résultats de statistiques

Il existe une relation simple donnant la variance d'une variable aléatoire combinaison linéaire d'autres variables aléatoires en fonction des variances et des covariances de ces dernières. Si $Z = aX + bY$ où X et Y sont deux variables aléatoires, alors :

$$\text{var}(Z) = a^2 \text{var}(X) + b^2 \text{var}(Y) + 2ab \text{cov}(X, Y).$$

Dans le cas général d'une somme telle que $Z = \sum_i a_i X_i$, on a :

$$\text{var}(Z) = \sum_i \sum_j a_i a_j \sigma_{ij}$$

où :

$$\sigma_{ij} = \text{var}(X_i) \quad \text{si } i = j \qquad \text{et} \qquad \sigma_{ij} = \text{cov}(X_i, X_j) \quad \text{si } i \neq j.$$

Par ailleurs, on a :

$$\text{cov}(a_i X_i, a_j X_j) = a_i a_j \text{cov}(X_i, X_j).$$

2. Couverture maximale et covariance de la base

A première vue, une relation telle que (7.4) donnant le nombre de contrats N^* nécessaires à une couverture maximale n'implique pas la base du contrat future à l'instant H (ou sa variation), lorsque la couverture est levée. Cependant, il ne s'agit là que d'une apparence. Il est facile de voir, en effet, que $\Delta C_e(H) = \Delta C_e(H) - \Delta C_F(H) - \Delta B(H) + \Delta F(H)$, les variations étant prises entre les instants H et 0 et C_F désignant le cours de l'instrument livrable sur le marché future. Par cette substitution de cette expression dans la relation (7.4) et en posant $\Delta\Delta C(H) = \Delta C_F(H) - \Delta C_e(H)$, on trouve :

$$N^* = \frac{M}{K} \frac{-\text{cov}(\Delta\Delta C(H), \Delta F(H)) - \text{cov}(\Delta B(H), \Delta F(H)) + \text{var}(\Delta F(H))}{\text{var}(\Delta F(H))}.$$

Cette relation montre que $\text{cov}(\Delta B(H), \Delta F(H))$ apparaît dans l'expression donnant N^*. Comme nous savons que les bases sont proportionnelles aux durées $(T - H)$, le moment où est levée une couverture a une influence sur la détermination du nombre de contrats assurant une couverture maximale. Cependant, si les variations de la base sont des variables indépendantes, le terme $\text{cov}(\Delta B(H), \Delta F(H))$ est nul et N^* ne dépend pas du moment où doit s'exercer la couverture.

3. Justification des hypothèses concernant la variation de la base

Nous sommes parfois conduits dans ce chapitre (sections 1.2 et 1.3 et Annexe 2) à supposer que la variation de la base ajustée d'un contrat future long terme est une variable aléatoire indépendante. Pour justifier cette hypothèse, nous pouvons raisonner sur l'expression de la base ajustée donnée au chapitre 4 (section 2), soit :

$$B = fF - C_s = C_s r_c T - 100\,kT.$$

Si le synonyme le moins cher pouvait être assimilé à une rente perpétuelle, sa valeur serait $100\,k/r_L$ où r_L est le taux d'intérêt à long terme. En introduisant cette valeur dans l'expression de la base, il vient :

$$B = fF - C_s = 100\,k\left(\frac{r_c}{r_L} - 1\right)T$$

et l'on constate que la base est une fonction du rapport des taux d'intérêt à court et à long terme. Or, ce rapport variant de façon aléatoire sans être lié de façon apparente au niveau des taux à court ou à long terme, il paraît justifié de faire l'hypothèse de l'indépendance des variations de la base.

8 Couvertures de positions anticipées

Ce chapitre est consacré à l'analyse détaillée des techniques utilisées pour la mise en place de couvertures destinées à protéger des positions fermes devant être prises de façon certaine à une date déterminée du futur. Autrement dit, un opérateur, sachant qu'à une date connue il aura à effectuer un emprunt ou un placement, veut s'assurer de façon aussi certaine que possible du coût ou du rendement correspondant. Cette situation est celle, par exemple, d'un trésorier d'entreprise qui sait qu'à un moment bien déterminé, il achètera un montant connu de bons du Trésor ou encore qu'il émettra un emprunt obligataire.

La première section de ce chapitre pose le problème des couvertures de positions anticipées et met en évidence les risques subsistant dans une position couverte. La seconde section introduit le calcul du nombre maximal de contrats de couverture. La troisième section aborde divers autres problèmes liés aux couvertures tandis que la quatrième présente quelques exemples d'applications. Les démonstrations des formules apparaissant dans le texte ont été développées dans le chapitre précédent. Cependant, afin que les lecteurs qui ne sont pas intéressés par les détails mathématiques comprennent tout de même les raisonnements qui conduisent aux formules opérationnelles, nous avons repris partiellement certaines formulations et nous nous en excusons auprès de ceux qui auront lu le chapitre précédent.

1 | Risques d'une position couverte

Supposons qu'un opérateur sache aujourd'hui, à la date $t = 0$, qu'il aura à la date $t = H$ à prendre une position sur un instrument bien déterminé qui vaudra $C_e(H)$ (1) en H, alors que ce même contrat est coté $C_e(0)$ aujourd'hui. Ces valeurs, exprimées en pourcentage d'un nominal de 100, peuvent être aussi bien celles d'une obligation qui sera émise ou achetée en H, que celles d'un instrument à court terme tel qu'un bon du Trésor ou un contrat Pibor 3 mois. Convenons que $C_e(.)$ est positif si l'instrument est acheté (il s'agit alors d'un placement) et négatif s'il est vendu (il s'agit alors d'un emprunt).

1.1. *Définition du problème*

L'opérateur décrit au paragraphe précédent souhaite que la valeur en $t = H$ de sa position soit aussi certaine que possible. Il doit donc se couvrir en prenant sur un marché à terme une position dont les variations de valeurs compensent aussi exactement que possible celles de sa position anticipée. Sachant que cette dernière doit être prise sur un nominal de M et que l'instrument négocié sur le marché à terme servant de couverture a une valeur nominale de K francs par contrat, son problème consiste à déterminer le nombre de contrats de couverture. On notera par N un nombre de contrats de couverture et par N^* ce même nombre s'il correspond à une décision de maximisation.

Le raisonnement suivant (déjà rencontré en des termes plus généraux au cours du chapitre 7) permet de résoudre ce problème :

Aujourd'hui, l'opérateur sait que sa position non couverte en $t = H$ est : $\frac{MC_e(H)}{100}$, valeur (2) qui, n'étant pas connue aujourd'hui, est qualifiée d'aléatoire. Pour la couvrir, il doit prendre sur le marché à terme une position de

(1) L'indice *e* indique que l'instrument est exposé au risque de taux d'intérêt.

(2) C_e est la valeur d'un instrument à couvrir en pourcentage du nominal. Si l'instrument est une obligation, il s'agit de sa valeur coupon compris et non pas de sa valeur au pied du coupon.

même sens que la position naturelle anticipée et portant sur N contrats à l'échéance postérieure la plus proche de H. Soit T cette échéance (avec $H < T$) et F(0) le cours en pourcentage aujourd'hui du contrat à terme servant de couverture. En $t = H$, l'opérateur doit exécuter l'opération envisagée et dénouer au cours F(H) la couverture établie précédemment en effectuant une opération à l'échéance T, de même montant mais de sens contraire à la précédente. Sur le marché à terme, il aura réalisé un gain (ou une perte) égal à $NK\left[\frac{F(H)}{100} - \frac{F(0)}{100}\right]$ qui apparaît également en $t = 0$ comme aléatoire ([3]).

Au total, la valeur S de la position couverte est la somme de la valeur de la position non couverte à laquelle s'ajoute le gain (ou perte) obtenu(e) sur le marché à terme, soit :

$$S(H) = M\,\frac{C_e(H)}{100} + NK\,\frac{F(0) - F(H)}{100} \tag{8.1}$$

Le problème de l'opérateur est, connaissant M le montant nominal à couvrir, K le montant nominal du contrat à terme, F(0) le cours actuel du contrat à terme et certaines relations historiques entre les cours $C_e(H)$ et F(H), de déterminer le nombre de contrats N* qui rend la valeur de la position couverte S aussi stable que possible, autrement dit, qui resserre au maximum la distribution des réalisations possibles de S. En termes mathématiques, nous chercherons la valeur de N qui minimise la variance de S.

Il convient de remarquer ici, et ce point a été abordé dans la section 1.1 du chapitre 7, qu'il revient au même de stabiliser la valeur de S ou celle de la différence entre S et une constante, celle-ci pouvant être la valeur de la position désirée $M\,\frac{C_e(0)}{100}$, si elle pouvait être prise immédiatement.

Dans le cas général, il n'est pas possible de réduire cette variance à 0, c'est-à-dire de fixer de manière certaine la valeur future de la position couverte S. Celle-ci restera entachée d'incertitudes, dans la mesure où, d'une part, la valeur de la base en H et, d'autre part, la différence entre les variations de valeur du contrat de la position naturelle et celles du contrat future ne peuvent pas être connues avec exactitude. Nous dirons que la couverture est sujette au risque de base et au risque de corrélation, que nous allons maintenant analyser.

([3]) Nous assimilons ici les opérations futures à des opérations forward en négligeant le fait que ce gain (ou cette perte) est réalisé(e) au cours du temps par l'accumulation de marges encaissées ou restituées.

1.2. *Les risques résiduels*

Pour ce faire, une transformation simple de l'équation (8.1) est nécessaire ; elle permet de faire apparaître les éléments dont dépend la valeur de la position couverte. En effet :

$$100\,S = MC_e(H) - NK[(F(H) - C_F(H)) - (F(0) - C_F(0)) + (C_F(H) - C_F(0))]$$

où $C_F(0)$ représente la cotation en pourcentage à l'instant initial $t = 0$ de l'instrument au comptant négocié sur le marché à terme et $C_F(H)$ la cotation du même instrument à l'instant $t = H$, lorsque la position est dénouée. Cette relation peut se mettre également sous la forme :

$$100\,S = MC_e(H) - NK[B(H) - B(0) + (C_F(H) - C_F(0))]$$

où apparaissent les valeurs de la base aux instants $t = 0$ et $t = H$. En dénotant par Δ une variation entre les instants H et 0, on peut écrire :

$$100\,S = MC_e(H) - NK[\Delta B + \Delta C_F] \qquad (8.2)$$

La relation (8.2) montre que la couverture apporte un gain (ou une perte) proportionnel à deux facteurs : d'une part la variation de la base du contrat utilisé pour la couverture (ΔB) et d'autre part la variation de la valeur au comptant du support de ce même contrat (ΔC_F). Ces deux facteurs sont en général aléatoires et introduisent dans les couvertures les deux risques que nous avons appelés (cf. chap. 6 et 7), respectivement, *risque de base* et *risque de corrélation*. Pour mieux comprendre leur nature examinons, pour commencer, les situations particulières dans lesquelles ils apparaissent isolément.

1.2.1. *Le risque de base*

Supposons d'abord que le titre ferme à couvrir soit identique ou parfaitement analogue à l'instrument servant de support au contrat à terme (il n'y a pas de risque de corrélation). Comme dans ce cas $C_e(H) = C_F(H)$ et $C_e(0) = C_F(0)$, la relation (8.2) peut s'écrire (en observant que $\Delta C_F = C_F(H) - C_F(0) = C_e(H) - C_F(0)$) :

$$100\,S = (M - NK)\,C_e(H) - NK\,\Delta B + NKC_F(0).$$

En choisissant un nombre de contrats de couverture égal à $N = M/K$, c'est-à-dire en prenant à terme exactement la même position que celle qui sera prise ultérieurement au comptant, cette relation se réduit à :

$$100\,S = -NK\,\Delta B + NKC_F(0) \tag{8.3}$$

où le terme $NKC_F(0)$ est connu au moment où est mise en place la couverture et où le seul élément aléatoire est la variation de la base ΔB. Le risque de corrélation n'étant pas présent dans ce cas il n'est pas éliminé. Deux situations restent à envisager : soit l'horizon H de l'opérateur coïncide avec la date d'échéance T du contrat à terme ($H = T$), soit il est plus court ($H < T$) :

— Si $H = T$, en vertu du phénomène de convergence de la base, celle-ci est nulle et nous avons (puisque $\Delta B = 0 - B(0)$) :

$$100\,S = NKB(0) + NKC_F(0) = NKF(0) = MF(0)$$

relation dans laquelle $F(0)$ est connu en $t = 0$; il n'y a aucun risque résiduel et la position en H aura la valeur initiale du contrat à terme.

— Si $H < T$, en revanche, la base $B(H)$ est aléatoire et ne sera pas nulle, sauf par hasard. L'expression (8.3) s'écrit alors :

$$\begin{aligned} 100\,S &= -NK[B(H) - B(0)] + NKC_F(0) \\ &= -M[B(H) - B(0)] + MC_F(0) \end{aligned}$$

ce qui montre que la valeur de la position couverte est incertaine dans la mesure où $B(H)$ l'est. C'est cette incertitude irréductible concernant la valeur de la base future qui constitue le *risque de base* au sens strict. Nous avons montré au chapitre précédent que, moyennant une hypothèse simplificatrice [4], ce risque peut s'exprimer par la relation :

$$\text{Risque de base} = \frac{\text{var}\,(B)}{\text{var}\,(B) + \text{var}\,(C_F)} \tag{8.4}$$

qui nécessite quelques précisions. Il faut, en effet, remarquer que la variance de la base var (B) est spécifique du moment où est calculée la base. Comme nous avons vu que l'expression théorique de la base est proportionnelle au temps jusqu'à l'échéance, ici $(T - H)$, sa variance est proportionnelle au carré de ce temps. Le risque de base diminue donc rapidement lorsque le

[4] D'après cette hypothèse, les variations de la base sont des variables indépendantes.

temps séparant le dénouement de la position naturelle et l'échéance de l'instrument servant de couverture décroît. En revanche, lorsque l'on se couvre à une date correspondant à une échéance du contrat future, (T — H) est nul et le risque de base se réduit, comme nous le savons, à 0.

Dans la pratique, l'application de la relation (8.4) nécessite l'estimation à l'aide de données historiques, de var (B) pour une durée H et de var (C_F).

1.2.2. *Le risque de corrélation*

Dans le cas général, l'instrument au comptant que l'on cherche à couvrir contre le risque de taux n'est pas le même que celui qui sert de support au contrat à terme constituant la couverture. Les caractéristiques de ces deux instruments — coupon, durée, fiscalité et risque de non-paiement (de signature) — sont le plus souvent différentes. Les variations du cours de l'instrument du comptant et celles de l'instrument à terme ne sont pas alors parfaitement corrélées et dans la relation (8.2) apparaît, outre la variation de la base, celle de l'instrument support ΔC_F. Le risque de taux sur l'instrument de la position naturelle ne peut pas être éliminé complètement, même si le risque de base est réduit à 0. Il subsiste un *risque de corrélation*. En effet, en supposant l'absence du risque de base ($\Delta B = 0 - B(0)$), la relation (8.2) devient :

$$\begin{aligned} 100\,S &= MC_e(H) - NK[-B(0) + C_F(H) - C_F(0)] \\ &= MC_e(H) - NK[C_F(H) - F(0)] \qquad (8.5) \end{aligned}$$

où la valeur de la position couverte est incertaine dans la mesure où elle dépend des deux variables aléatoires $C_e(H)$ et $C_F(H)$ qui ne peuvent être éliminées, quelles que soient les valeurs données à N. C'est dans la mesure où les cours en H de l'instrument risqué et de l'instrument servant de support aux futures ne varient pas de la même façon qu'apparaît un risque de corrélation. Nous pouvons montrer par un raisonnement analogue à celui utilisé au chapitre précédent que ce risque peut s'exprimer par la relation :

$$\text{Risque de corrélation} = 1 - \rho(C_e, C_F)^2 \qquad (8.6)$$

où ρ est le coefficient de corrélation entre C_e et C_F.

1.2.3. *Cas général*

Il est démontré au chapitre 7, que lorsque les deux types de risques examinés plus haut sont présents dans une position, le risque résiduel total de celle-ci est égal à :

$$\text{Risque résiduel} = 1 - (1 - \text{Risque de base}) \times (1 - \text{Risque de corrélation}) \qquad (8.7)$$

ou, en appelant RRR le ratio de réduction du risque, c'est-à-dire la quantité (1 — Risque), l'on a :

$$\text{RRR (total)} = \text{RRR (base)} \times \text{RRR (corrélation)} \qquad (8.8)$$

Ce coefficient de réduction de risque peut également être considéré comme une mesure de l'efficacité d'une couverture. S'il prend la valeur 1, le risque a été entièrement éliminé et l'efficacité de la couverture est de 100 % ; inversement, s'il prend la valeur 0, le risque initial n'a été en rien réduit et l'efficacité de la couverture est nulle.

Il est important de remarquer, comme nous l'avons déjà fait au chapitre 7 (section 1.3), que le risque de base et le risque de corrélation prennent nécessairement des valeurs comprises entre 0 et 1 (voir les relations (8.4) et (8.6)). Le risque résiduel total donné par la relation (8.7) est donc également compris entre les valeurs 0 et 1, ce qui signifie que, dans le cadre de nos hypothèses (indépendance des variations de ΔB), une couverture ne peut que diminuer le risque d'une position (ou, dans le cas le plus défavorable, le laisser inchangé).

Nous avons montré au chapitre 7 que l'efficacité d'une couverture se mesure par le carré du coefficient de corrélation entre le cours de l'instrument à couvrir et celui de l'instrument de couverture, soit $\rho(C_e, F)^2$. Or, cette expression est égale au coefficient de détermination, habituellement noté R^2, de la régression des cours de l'instrument à couvrir par ceux de l'instrument de couverture. Il mesure la « qualité » de l'ajustement de la régression et est calculé systématiquement par tous les logiciels informatiques existant sur le marché. Bien entendu, si le nombre de contrats nécessaires pour une couverture donnée est calculé par régression, ce coefficient est obtenu directement.

2 | Calcul du nombre de contrats de couverture

La section précédente nous a permis d'établir la relation (8.1) donnant la valeur S d'une position anticipée couverte, en fonction du nombre de contrats de couverture N. En prenant la différence entre cette valeur et celle qu'aurait la position si elle était prise en $t = 0$, soit $M \frac{C_e(0)}{100}$, on trouve une expression de ΔS, variation de valeur, formellement identique à la relation (7.1). La minimisation de la variance de ΔS ou de S donne par des calculs analogues à ceux rencontrés au chapitre 7 le nombre de contrats nécessaires pour une couverture maximale [5] :

$$N^* = \frac{M}{K} \frac{\text{cov}(\Delta C_e, \Delta F)}{\text{var}(\Delta F)} \tag{8.9}$$

$$N^* = \frac{M}{K} \frac{\text{cov}(C_e, F)}{\text{var}(F)} \tag{8.9'}$$

Comme nous l'avons déjà indiqué plus haut, la position devant être prise à terme en $t = 0$ doit avoir le même sens que la position anticipée. Si cette dernière consiste en un placement, il faut acheter des contrats à terme; s'il s'agit d'un emprunt, il convient de vendre des contrats à terme.

Rappelons ici que la quantité KN^*/M, représentant le nombre de francs de couverture par franc nominal de position à couvrir, est appelée *ratio ou coefficient de couverture (maximale)* et notée h^*.

2.1. *Nombre de contrats de couverture maximale obtenu par régression*

La relation générale (8.9) peut être appliquée soit en faisant appel aux techniques de régression linéaire, soit en faisant appel à la notion de duration.

(5) Afin de simplifier la présentation de nos résultats, nous n'avons pas fait apparaître dans cette formulation les indices représentant le temps.

Dans le premier cas, il est possible de montrer que le nombre de contrats nécessaires à une couverture maximale est égal à :

$$N^* = \frac{M}{K} b \tag{8.10}$$

où b est le coefficient de la pente de régression obtenue en considérant le cours (coupon compris) de l'instrument à couvrir comme variable dépendante et le cours de l'instrument coté à terme comme variable indépendante. *A priori*, on pourrait se demander s'il est préférable d'opérer cette régression en niveaux ou en différences (voir chapitre 7, section 2.1). Rappelons qu'en pratique il convient de s'assurer que, quelle que soit la méthode choisie, elle ne génère pas d'autocorrélation entre les résidus.

Il faut donc s'interroger sur la meilleure manière d'opérer. Dans le cas analysé ici, la technique de la régression pose de toute façon quelques difficultés. L'opérateur qui envisage l'émission à une date H future d'un emprunt obligataire ne dispose pas des informations historiques nécessaires pour effectuer des calculs. D'ailleurs, même si les données nécessaires étaient disponibles (existence dans le passé d'un instrument identique à celui dont l'émission est envisagée), des problèmes subsistent, car, avec le passage du temps, les instruments au comptant voient leurs caractéristiques se modifier (la durée de vie d'une obligation se raccourcit et sa valeur est moins sensible aux fluctuations des taux d'intérêt). Dans la pratique, il est donc préférable, pour la mise en place de couvertures par anticipation, de recourir à la méthode des durations, laquelle, comme nous allons le voir maintenant, soulève moins d'objections.

2.2. *Utilisation des durations*

Il a été démontré au cours du chapitre précédent que la relation (8.9), permettant la détermination du nombre de contrats assurant une couverture maximale, peut se mettre sous la forme :

$$N^* = \frac{M}{K} \frac{C_e D_e}{F D_F} \tag{8.11}$$

où D_e et D_F sont, respectivement, les durations des instruments négociés au comptant et à terme. Cette relation devant donner lieu à des calculs différents selon que l'instrument à couvrir est à long ou à court terme, nous devons distinguer ces deux situations.

2.2.1. *Les contrats sur titres courts*

Les titres courts, pouvant être assimilés à des obligations à coupon 0 (ils ne donnent lieu qu'à un seul flux de trésorerie futur au moment du remboursement), ont des durations égales à leurs durées. La relation (8.11) devient :

$$N^* = \frac{M}{K}\frac{C_e}{F}\frac{T_e}{T_F} \tag{8.12}$$

où T_e et T_F dénotent la durée du titre exposé et celle de l'instrument sous-jacent au contrat à terme (3 mois en général), respectivement.

Il est à noter que C_e et F représentent les prix (exprimés en pourcentage du nominal) et non les cours. Pratiquement, cependant, un rapport tel que C_e/F est très voisin de 1. Compte tenu du fait que, de toute façon, il faut arrondir le résultat du calcul de N^* à l'entier le plus proche, la relation simplifiée :

$$N^* = \frac{M}{K}\frac{T_e}{T_F} \tag{8.13}$$

est, le plus souvent, suffisamment précise.

▶ *Exemple 1.* — Soit un prêt à 6 mois, d'un montant nominal de 10 millions de francs, devant être effectué au taux du Pibor à une date correspondant à une échéance du Matif ; il peut être couvert par un contrat Pibor 3 mois dont le nominal est de 5 millions de francs. L'application de la formule (8.13) montre, puisque $T_e = T_F$ et $M = 2$ K, que $N^* = 4$ contrats.

2.2.2. *Les contrats sur titres longs*

L'application de la relation (8.11) à la couverture de positions en obligations soulève un problème particulier. En effet, F et D_F représentent respectivement la valeur et la duration de l'obligation notionnelle cotée sur le marché à terme. Mais les participants à ce marché peuvent, compte tenu des conditions prévalant à un moment donné, prévoir quel sera le synonyme le moins cher qui devrait être livré à l'échéance. Ils cotent donc sur le marché à terme, à un facteur de concordance près, non un instrument théorique mais un synonyme bien déterminé dont les caractéristiques sont différentes de celles de l'obligation notionnelle (sa duration est, en général, plus courte). Il convient donc de corriger la relation (8.11) pour tenir compte de ce phénomène. Au chapitre 7 (section (1.2), nous avons montré qu'il faudrait remplacer la duration de l'obligation notionnelle (qui n'est pas définie) par celle du synonyme le moins cher. La relation donnant le nombre de contrats futures assurant une couverture maximale est alors :

$$N^* = \frac{M}{K} \frac{C_e}{F} \frac{D_e}{D_S} \tag{8.14}$$

où F est le cours future de l'obligation notionnelle et D_S est la duration du synonyme le moins cher à l'échéance du contrat. En considérant que $fF = C_S$ (en toute rigueur, relation vraie seulement à l'échéance), certains professionnels substituent à F le rapport C_S/f où f est le facteur de concordance du synonyme le moins cher à l'échéance du contrat à terme (voir chap. 7, section 1.2). La relation (8.11) s'écrit alors :

$$N^* = \frac{M}{K} \frac{C_e}{C_S} \frac{D_e}{D_S} f \tag{8.15}$$

Dans la mise en œuvre de cette relation (ou de la relation précédente), il convient de faire attention aux significations exactes des différentes variables. Précisons que C_e est une valeur coupon compris alors que C_S est une valeur au pied du coupon (car dans l'application du facteur de concordance le coupon couru est « facturé » à part) et répétons que D_S doit être calculée à l'échéance du contrat à terme.

3 | Autres problèmes liés aux couvertures

3.1. *Effet des marges sur les couvertures*

Jusqu'à présent, nous avons « modélisé » des contrats futures en négligeant les appels ou les restitutions de marge. En réalité, l'une des caractéristiques importantes des contrats futures, on l'a vu, est précisément de donner lieu à des mouvements de trésorerie quotidiens, chaque position étant soldée tous les jours au cours de clôture. Ces flux de trésorerie étant aléatoires, il n'est possible d'en tenir compte dans le calcul des ratios de couverture que de façon approximative.

Prenons l'exemple d'un investisseur dont l'horizon H coïncide avec l'échéance T d'un contrat à terme (absence de risque de base) et qui couvre, à l'instant 0, une position anticipée longue en bons du Trésor correspondant à un placement futur par des achats de contrats à terme sur bons du Trésor (pas de risque de corrélation). D'après les résultats précédents, son ratio de couverture maximale (ici, parfaite) devrait être égal à 1. S'il adopte ce ratio, cependant, il se trouvera en *position surcouverte*! En effet, si entre le moment où la couverture est établie et l'échéance les taux, par exemple, baissent, il perd sur sa position anticipée et gagne sur la couverture. Toutefois, les gains sont perçus avant l'échéance, de façon aléatoire, au gré de l'évolution des taux et des mouvements de marge que ces derniers entraînent. Pouvant être placés, ils produisent donc un intérêt qui vient s'ajouter au gain de la couverture. Inversement, si les taux augmentent, l'investisseur gagne sur la position anticipée et perd sur la couverture. Les pertes donnant lieu à des appels de marge qu'il faut financer, le coût de ce financement s'ajoute à la perte de la couverture. Dans un cas comme dans l'autre, nous voyons que la couverture est (légèrement) trop importante.

Pour tenir compte de cet effet, le ratio de couverture peut être corrigé des intérêts perçus ou payés sur les marges. En moyenne, en estimant que les mouvements de marge s'étalent régulièrement jusqu'à l'échéance T et en notant r_c le taux (annualisé) du court terme, le facteur de correction est de $(1 + 0{,}5\, r_c\, T)$ [6]. Comme ce raisonnement ne dépend pas de l'hypothèse, adoptée par souci de clarté, d'absence de risques de base et de corrélation, on obtient la formule générale du nombre de contrats N^{**} nécessaires pour une couverture maximale :

$$N^{**} = N^{*} \frac{1}{(1 + 0{,}5\, r_c\, T)} \qquad (8.16)$$

où N^{*} est donné par les formules de la section 2.

▶ *Exemple 2.* — Si une couverture doit être effectuée pour une échéance de 73 jours, le taux d'intérêt à court terme étant de 10 %, d'après la formule (8.16), N^{**} est égal à 0,99 N^{*}. Dans les conditions de l'exemple, la réduction du nombre de contrats nécessaires à une couverture maximale est de 1 % par rapport au nombre calculé sans tenir compte du problème des mouvements de marge. Pour que cette correction puisse être prise en compte en pratique, il serait nécessaire d'opérer à terme sur au moins 100 contrats.

[6] Si les hypothèses posées se réalisaient, la couverture générerait, à l'échéance, un flux de trésorerie qui, par rapport à la situation sans mouvements de marge, serait multiplié par $(1 + 0{,}5\, r_c\, T)$. Tout se passe donc comme si le montant nominal du contrat futur était $K(1 + 0{,}5\, r_c\, T)$, ce qui justifie la relation (8.16).

3.2. *Notion de couverture optimale*

La théorie financière enseigne qu'en général il n'est pas optimal pour un agent économique de couvrir entièrement une position et de réduire ainsi son risque à 0. Cet agent sacrifiera le plus souvent un peu de sécurité dans l'espoir d'une meilleure rentabilité (7). Autrement dit, le ratio de couverture maximale h^* n'est pas nécessairement optimal. On peut montrer que, sous des conditions faciles à admettre, le ratio de couverture optimal h^0 est égal à (8) :

$$h^0 = h^* + \gamma[F - E\{F(T)\}] \tag{8.17}$$

où h^* est le coefficient de couverture maximale, γ un paramètre propre à l'opérateur, F le cours actuel du contrat à terme et $E\{F(T)\}$ l'espérance mathématique subjective (l'anticipation de l'opérateur) du cours du contrat à son échéance T.

La position à terme du hedger comprend donc en fait généralement une composante de couverture maximale h^* et une composante (positive ou négative) « spéculative ». Cette dernière sera nulle (entraînant $h^0 = h^*$), soit si l'aversion au risque de l'agent économique est infinie (prudence maximale), ce qui se traduisait par une valeur du paramètre γ égale à 0, soit si pour lui $F = E\{F(T)\}$. En général, toutefois, γ est positif et d'autant plus élevé que l'opérateur est moins prudent. Par conséquent, ce dernier peut se comporter, s'il anticipe une hausse ou une baisse des cours, à la fois comme un hedger et comme un « spéculateur ». C'est pourquoi nous avons affirmé précédemment que la frontière séparant les opérations dites de couverture des opérations dites spéculatives est à la fois ténue et floue.

En pratique, il faut reconnaître qu'il est difficile de rendre véritablement opérationnelle une formule mathématique telle que (8.17) car le paramètre γ est difficile à connaître. Par la suite, nous supposerons, de toute façon, que la meilleure prévision du cours à terme futur $E\{F(T)\}$ est égale à sa valeur actuelle F, ce qui revient à dire que le coefficient de couverture optimale h^0 est égal au coefficient de couverture maximale h^*.

(7) Il peut se présenter des cas où le risque est augmenté et la rentabilité espérée est plus faible. Dans une telle situation, la stratégie qui consiste à minimiser le risque est clairement optimale.

(8) La démonstration correspondante est assez longue et implique un certain nombre d'hypothèses supplémentaires. Nous ne la donnons pas dans cet ouvrage.

3.3. *Prise en compte de la fiscalité*

La plupart des opérateurs intervenant sur le Matif sont fiscalisés, contrairement à ce qui a été implicitement admis jusqu'ici. Les formules dérivées précédemment ne s'appliquent donc strictement qu'aux organismes non fiscalisés.

Pour les autres, il est nécessaire d'amender le ratio de couverture. En effet, la couverture maximale est obtenue quand le résultat *après impôt* sur le terme est égal (et du signe opposé) au résultat *après impôt* obtenu sur le comptant. Le traitement complet de cette question est proposé au chapitre 10.

4 | Utilisation des couvertures

Dans cette section, nous allons montrer, à l'aide de quelques exemples, comment différents types d'opérateurs — banques, entreprises industrielles et commerciales, investisseurs institutionnels — peuvent utiliser les marchés de futures financiers pour couvrir des positions anticipées. Il n'est malheureusement pas possible d'être exhaustif. Nous avons déjà donné des exemples simples d'utilisation de ces marchés et allons analyser ici des cas différents, en principe un peu plus compliqués. Des situations seront même décrites dans lesquelles les opérateurs prennent délibérément des positions afin de créer des instruments synthétiques. Un emprunt, à un taux fixé à l'avance, qu'un client pourra solliciter au cours d'une période ultérieure, est un exemple d'instrument synthétique. Dans d'autres cas, nous discuterons les stratégies envisageables pour couvrir des positions que nous appellerons complexes et qui impliquent simultanément plusieurs échéances.

4.1. *Fixation d'un taux de prêt bancaire pour une période ultérieure*

▶ *Exemple 3.* — Le 4 février 1980, une banque reçoit d'un client la demande d'un emprunt à taux fixe de $ 5 millions, d'une durée de 3 mois, du 25 avril au 24 juillet 1980. Ce client désire que le taux dont il bénéficierait pour cet emprunt lui soit garanti à l'avance.

La structure des cours s'établit le 4 janvier de façon suivante : T-bill 90 jours comptant, 87,35, contrat T-bill 90 jours juin, 89,63, contrat T-bill 90 jours septembre, 90,30. Les anticipations du marché sont donc plutôt à la baisse des taux, mais, compte tenu de la volatilité du marché pendant les derniers mois de 1979, il y a tout lieu de s'attendre également à une forte volatilité des taux pendant les mois à venir.

La décision de la banque est, en accordant le prêt différé à son client, de vendre 5 contrats T-bill juin (en application de la formule 8.13). Le 25 avril, date de la mise en place du prêt, étant antérieur à l'échéance de juin, la banque aura à solder sa position à terme tout en encourant un risque de base. Elle se demande quel taux débiteur elle doit annoncer à son client.

Supposons que des études statistiques antérieures aient montré qu'une marge de 2 % sur le coût espéré de la couverture suffit à rendre l'opération attrayante. Avec cette marge, la probabilité que la banque subisse en fin de compte une perte (du fait d'une variation importante de la base) n'est que de 5 %.

1re étape : Détermination du taux facturé au client

D'après le cours du contrat juin, le taux sur la base duquel il faut fonder les calculs est de 10,37 % + 2 % (marge) = 12,37 %. Remarquons que la base actuelle pour le contrat juin est de 89,63 — 87,35 = + 2,28. Cette base convergera vers 0 à l'échéance de juin, mais ne sera pas nulle (sauf par hasard) le 25 avril. En supposant une décroissance linéaire entre le 4 janvier et le 21 juin (échéance), elle devrait avoir le 25 avril la valeur :

$$2{,}28 \times \frac{57}{169} = 0{,}77 \text{ (}^{9}\text{)}.$$

Pour qu'en moyenne la banque gagne ses 2 % de marge, elle doit aussi facturer à son client cette base résiduelle. Le taux proposé doit donc être de 12,37 % + 0,77 % = 13,14 %.

2e étape : Détermination du résultat

Le 25 avril 1980, les T-bill au comptant cotent 87,26 et les contrats T-bill juin cotent 88,85. La base s'établit donc à 1,59, supérieur de 0,82 à la base espérée de 0,77. La marge de la banque n'a donc été que de 2 % — 0,82 % = 1,18 %.

On retrouve ce résultat en remarquant que la banque gagne sur l'opération à terme 89,63 (vente à terme) — 88,85 (rachat) = 0,78 % auquel s'ajoutent les 13,14 % facturés au client, soit 13,92. Elle finance d'autre part son crédit au client au taux du comptant, soit 12,74 % (les T-bills au comptant cotent 87,26). La marge est donc de 13,92 % — 12,74 % = 1,18 %.

3e étape : Analyse du risque

Il est instructif de considérer ce qui se serait passé pour la banque, en période de forte volatilité des taux, si l'opération de prêt du 25 avril avait eu une date différente, mais proche, telle que le 16 mai ou le 4 avril.

(9) Il y a, en effet, 169 jours entre le 4 janvier et le 21 juin 1980 et 57 jours entre le 25 avril et le 21 juin.

Dans le premier cas (16 mai), la base espérée aurait été de 0,49 % et le taux facturé au client se serait établi à 12,37 + 0,49 = 12,86 %. Le 16 mai 1980, les T-bills au comptant cotaient 91,16 et les contrats juin 90,89. La base s'établissait donc à — 0,27 % au lieu de 0,49 % attendu. La marge de la banque aurait donc été de 2 % — (— 0,27 — 0,49) % = 2,76 %, soit 2,34 fois plus que dans le cas réel !

Dans le second cas (4 avril), le calcul conduit à une base espérée de 1,05 % ; le coût facturé au client aurait été de 12,37 % + 1,05 % = 13,42 %. Le 4 avril, les T-bills au comptant cotaient 84,44 et le contrat juin 86,37 pour une base de 1,93 % au lieu du 1,05 % espéré. La marge de la banque n'aurait donc été que de 2 % — (1,93 — 1,05) % = 1,12 %.

Cet exemple illustre d'une part le risque de base et d'autre part l'intérêt de tenter de prévoir aussi précisément que possible l'évolution de la base dans le temps, et cela jusqu'aux derniers jours précédant l'échéance du contrat à terme.

Une banque est, grâce au marché des futures, en mesure d'offrir à ses clients des prêts à taux fixes en se finançant par des emprunts à taux variable. L'exemple suivant illustre, en la simplifiant, la technique qui rend possible une telle opération ([10]).

4.2. *Fixation d'un taux de prêt synthétique à 1 an*

▶ *Exemple 4.* — Le 14 septembre 1988, une banque accorde à un client un prêt d'un an à taux fixe dont les intérêts sont payés trimestriellement. Le taux de ce prêt peut être calculé en envisageant un refinancement par une série de quatre emprunts successifs effectués au taux du Pibor 3 mois, couverts par la vente à terme de contrats futures Pibor 3 mois. Le 14 septembre, le marché affiche les conditions suivantes :

	Cours des futures	*Taux* (%)
Pibor 3 mois comptant :		8
Contrat Matif décembre 1988	91,73	8,27
Contrat Matif mars 1989	91,60	8,40
Contrat Matif juin 1989	91,50	8,50

La moyenne arithmétique (arrondie) des quatre taux affichés ou implicites est de 8,29 %. Ce taux, augmenté d'une marge, peut être proposé au client. Vérifions ce qu'aurait coûté le refinancement correspondant. Pour cela, calculons de 3 mois en 3 mois le taux d'intérêt du refinancement, ajusté du résultat de la couverture Matif. Nous admettons que la banque vend le 14 septembre, par tranche de 5 millions prêtés, un contrat à chacune des trois échéances décembre 1988, mars 1989 et juin 1989.

([10]) Le calcul du nombre de contrats de couverture y est trivial par application de la relation (8.13). Les données sont tirées de la réalité mais les calculs sont simplifiés. Le fait que le contrat Pibor 3 mois est du type « intérêts payés d'avance » n'a, notamment, pas été pris en compte.

Les conditions observées sur le marché ayant été les suivantes :

Echéances	*Dernier cours des futures*	*Taux (%) comptant*
13 décembre	91,62	8,3750
14 mars	90,80	9,1953
13 juin	91	9

Les calculs de coûts suivants peuvent être établis :

1re étape : 14 septembre au 13 décembre :

— coût de l'emprunt, 90 jours à 8 %, soit 98 630 F ;
— gain sur le Matif : 11 échelons, soit 1 375 F (11) ;
— sortie nette de trésorerie : 97 255 F (soit 7,8885 %).

2e étape : 13 décembre au 14 mars :

— coût de l'emprunt, 91 jours à 8,375 %, soit 104 400 F ;
— gain sur le Matif : 80 échelons, soit 10 000 F ;
— sortie nette de trésorerie : 94 400 F (soit 7,5727 %).

3e étape : 14 mars au 13 juin :

— coût de l'emprunt, 91 jours à 9,1953 %, soit 114 626 F ;
— gain sur le Matif : 50 échelons, soit 6 250 F ;
— sortie nette de trésorerie : 108 376 F (soit 8,6939 %).

4e étape : 13 juin au 14 septembre :

— coût de l'emprunt, 93 jours à 9 %, soit 114 657 F ;
— sortie nette de trésorerie : 114 657 F (soit 9 %).

Il est facile de vérifier que le taux moyen du financement ressort (12) pour l'année à 8,2937 %, soit un chiffre très proche de la valeur de 8,29 % calculée *a priori*. La couverture effectuée par anticipation pour couvrir les emprunts futurs a donc bien fonctionné.

4.3. *Coûts et rendements d'emprunts et de placements futurs*

Considérons maintenant deux cas d'utilisation des contrats à long terme. Il s'agit d'abord de voir comment une société qui envisage l'émission future

(11) Ce gain devrait représenter la couverture prise pour la période allant du 13 décembre au 14 mars. Un décalage apparaît, étant donné que les emprunts sur taux Pibor sont à intérêts post-comptés alors que les contrats Pibor 3 mois sont du type intérêts payés d'avance. Par ailleurs, notons que notre calcul n'est pas absolument rigoureux car nous ne tenons pas compte des décalages pouvant exister entre les paiements trimestriels reçus du client et les divers paiements générés par le financement.

(12) Somme des taux moyens des emprunts couverts pondérés par la durée des périodes.

d'un emprunt obligataire peut en fixer immédiatement le coût; puis d'analyser la situation symétrique d'une entreprise qui cherche à figer la rentabilité d'un placement futur. Dans les deux cas, nous examinons les résultats des couvertures sur des exemples de hausse ou de baisse des cours.

▶ *Exemple 5 (fixation du coût d'un emprunt à long terme).* — Une entreprise sait qu'elle aura à émettre dans 6 mois un emprunt à 15 ans pour un montant de 250 millions. Aujourd'hui, cette émission aurait un taux actuariel de 12 %. Craignant une hausse des taux d'ici 6 mois, l'entreprise décide de se couvrir sur le Matif.

Sachant que l'obligation notionnelle cote 90,80 (13), correspondant à un taux d'intérêt de 11,6 %, et qu'à ce taux la duration de l'émission effectuée au pair est de 7,72, tandis que celle du synonyme le moins cher probable dans 6 mois sera de 6,3, l'application de la formule (8.14) (avec $C_e = 100$, puisqu'il s'agit d'une émission) indique qu'il faut vendre 675 contrats Matif (14). Que se passera-t-il au moment de l'émission?

Hypothèse A : Le taux à long terme a augmenté de 1,5 %

Le taux de l'émission pour l'entreprise est de 13,5 %, tandis que le cours de l'obligation notionnelle est de 83,26. Le gain réalisé sur la couverture est, par conséquent, de 7,54 % correspondant à 377 ticks (rappelons qu'un tick est égal à une variation de 0,02 % et qu'il vaut 100 F), soit 377 × 100 × 675 = 25,45 millions de francs.

La valeur présente des intérêts supplémentaires payés par l'entreprise pendant 15 ans (13,5 % au lieu de 12 %) calculée par actualisation au taux de 13,5 % s'élève à 23,63 millions de francs. *A posteriori*, l'opération a été surcouverte de (25,45 — 23,63) millions, soit de 7,7 %.

Hypothèse B : Le taux à long terme a baissé de 1 %

Le taux de l'émission pour l'entreprise est de 11 %, tandis que le cours de l'obligation notionnelle est de 96,40. La perte réalisée sur la couverture est de 5,60 %, soit de 280 ticks ou 18,90 millions de francs.

La valeur présente des intérêts gagnés par l'entreprise pendant 15 ans (11 % au lieu de 12 %) s'élève à 17,98 millions de francs. On constate dans cette hypothèse également une surcouverture de (18,90 — 17,98) millions, soit 5,2 %.

▶ *Exemple 6 (fixation d'un taux de rentabilité à long terme).* — Une compagnie d'assurances est avertie de la réception, dans un mois, de 50 millions de francs qu'elle investira à long terme. Son trésorier craint une baisse des taux. Les conditions du marché sont actuellement, le 1er juin, les suivantes :

— taux actuariel à long terme : 13 % ;
— cours au comptant d'une obligation équivalant à l'obligation notionnelle (15) : 83,72 ;
— cours du contrat à terme à un mois : 83,56 (base = — 0,16 %) ;
— taux du marché monétaire à un mois : 10,70 % ;
— cours au comptant de l'obligation d'Etat dont l'achat est projeté (13 ans, *in fine*, 11 %) : 87,76, correspondant à un rendement actuariel de 13 %.

(13) Les calculs sont faits avec une obligation notionnelle dont la durée est de 10 ans.

(14) Ces contrats peuvent soit être vendus pour la prochaine échéance, la position ainsi créée devant être reconduite jusqu'à l'émission envisagée, soit vendus d'emblée pour l'échéance suivant la date de l'opération envisagée. Dans les deux cas, la position à terme sera soldée au moment où aura lieu l'émission obligataire. Nous continuons de négliger les problèmes entraînés par les mouvements de marge.

(15) Supposée avoir une durée de 10 ans.

L'objectif est, par un achat à terme, de procurer un gain d'importance comparable à l'appréciation qu'auraient enregistrée les obligations si on avait pu les acheter avant la baisse des taux, ou, ce qui revient au même, de procurer un gain compensant la baisse de rentabilité de l'investissement à long terme futur. Le ratio de couverture est égal à la pente de la droite de régression des variations du cours des obligations d'Etat à acquérir sur celle du prix du contrat Matif à l'échéance la plus proche. Celle-ci est estimée à 1,12. La compagnie d'assurances va donc acheter 112 contrats à échéance 1 mois ((50/0,5) × 1,12).

Hypothèse A : Baisse des taux

Un mois plus tard, à la veille de l'échéance du contrat futures, les taux ont uniformément baissé de 0,5 % et l'obligation notionnelle cote 86,16, alors que le cours des obligations dont l'achat est projeté s'établit à 90,60.

La vente des 112 contrats permet de réaliser un gain de :

$$112 \times 500\,000 \times \frac{(86{,}16 - 83{,}56)}{100} = 1\,456\,000 \text{ F.}$$

Le supplément de prix à débourser pour acquérir les obligations fin juin plutôt que début juin s'élève à :

$$\frac{(90{,}60 - 87{,}76)}{100} \times 50 \text{ M} = 1\,420\,000 \text{ F.}$$

La différence (+ 36 000 F) est positive, grâce au gain de la base : l'investisseur était long en base, et celle-ci a augmenté de — 0,16 à 0, soit un gain de 112 × 500 000 × 0,16/100 = 89 600. L'investisseur a cependant perdu (— 53 600) du fait que la hausse du cours des obligations à acquérir a été supérieure à celle de l'obligation notionnelle sous-jacente au contrat à terme, dans une proportion supérieure au coefficient 1,12 utilisé pour le calcul du ratio de couverture.

Pour ce qui est du compte d'exploitation, le gain sur l'opération de couverture (2,60/83,56) sera replacé, en pratique, sur 10 ans à 11,5 % et produira une annuité constante de 0,54 % légèrement supérieure à la baisse de rentabilité (— 0,50 %) des obligations achetées.

Hypothèse B : Hausse des taux

Un mois plus tard, contrairement aux prévisions, les taux se sont élevés de 0,50 %, le future cotant (comme le notionnel) 81,38 (correspondant à un rendement de 13,50 %), et les obligations d'Etat à acquérir cotant 85,05.

La perte sur futures s'élève alors à :

$$112 \times 500\,000 \times \frac{(81{,}38 - 83{,}56)}{100} = -\,1\,220\,800 \text{ F.}$$

Le gain qui aura été réalisé par l'investisseur sur l'achat de ses obligations s'élève à :

$$\frac{(87{,}76 - 85{,}05)}{100} \times 50 \text{ M} = 1\,355\,000 \text{ F.}$$

Le gain net réalisé est égal à 134 200 F, cette fois-ci supérieur au gain de la base (89 600), pour la raison inverse de celle invoquée dans l'hypothèse A. Sur le plan de l'exploitation, la perte subie sur les futures pourra s'amortir sur 10 ans ; (— 2,18/83,56) au taux de 12,5 % actuariel donne une annuité constante de — 0,47 %, un peu plus faible en valeur absolue que la hausse de + 0,50 % enregistrée sur la rentabilité des obligations achetées fin juin.

4.4. *Les couvertures complexes*

Nous discuterons ici des situations où des positions sont anticipées simultanément à plusieurs dates futures. Leur couverture peut être obtenue par différentes combinaisons de positions sur des échéances de marchés à terme et par différentes méthodes de renouvellement de ces positions. Décrire toutes les combinaisons de couvertures envisageables, la liste n'en étant limitée que par l'imagination des opérateurs, paraît impossible. Les stratégies appliquées, plus ou moins complexes, dépendront du niveau de risque résiduel que l'intervenant sur le marché à terme accepte de supporter et aussi des liquidités des différents contrats disponibles. Les plus fréquemment rencontrées, et de loin, chez les opérateurs anglo-saxons ([16]) sont au nombre de cinq et seront toutes illustrées à partir du même exemple.

▶ *Exemple 7.* — Le trésorier du Fonds commun de Placement Rentaplus établit, le 2 janvier, des prévisions pour l'année à venir et anticipe d'avoir en portefeuille, entre autres actifs, des bons du Trésor négociables (des IPA) à 3 mois. La position exposée du FCP variera probablement au cours de l'année de la manière suivante :

— au 1er mars : 25 millions de francs de nominal en bons du Trésor 90 jours ;
— au 1er juin : 40 millions de francs de nominal en bons du Trésor 90 jours ;
— au 1er septembre : 35 millions de francs de nominal en bons du Trésor 90 jours ;
— au 1er décembre : 45 millions de francs de nominal en bons du Trésor 90 jours.

Le trésorier cherche à se prémunir contre une *baisse* des taux qui renchérira le coût d'acquisition des bons du Trésor et diminuera donc la rentabilité des investissements futurs de Rentaplus. Pour ce faire, il va *acheter* des contrats Matif portant sur des BT à 90 jours, au nominal de 5 millions de francs chacun. Mais il peut adopter, au moins, les cinq stratégies suivantes (cf. le tableau 8.1 récapitulatif et le tableau 8.2) :

a / *Le* « *one-off hedge* » (ou « *roll-down stack hedge* ») : Cette couverture *(hedge)* consiste à n'acheter que des contrats Matif à échéance la plus lointaine de façon à couvrir les quatre positions comme si elles étaient indépendantes. La position globale prise est évidemment réduite au fur et à mesure que se déroulent les différentes dates d'exposition.

Dans l'exemple Rentaplus, le nombre de contrats adéquat, sans tenir compte des complications dues aux risques résiduels ([17]) et aux appels de marge, est égal à $(25 + 30 + 35 + 45)/5 = 29$. Le trésorier du FCP *achète* dans ce cas, le 2 janvier, 29 contrats BT décembre et en *revendra* 5 le 1er mars, 8 le 1er juin, 7 le 1er septembre et 9 le 1er décembre.

([16]) Ces opérateurs disposent, en général, d'un plus grand nombre d'échéances que ceux offerts par les marchés français.

([17]) Il est à noter qu'il n'y a pas ici de risque de corrélation puisque les instruments à couvrir sont identiques à ceux servant de support aux contrats Matif.

L'inconvénient majeur de ce type de couverture est de faire subir en général à l'opérateur un *risque de base* important. En effet, la base est d'autant plus sujette à variation que l'échéance du contrat à terme est éloignée. Dans notre exemple, le délai qui sépare la position au comptant de début mars et la position à terme de décembre est long. L'avantage apparaît ici lorsque le prix des contrats décembre est assez nettement inférieur à celui des contrats des échéances intermédiaires de manière à compenser le risque de base additionnel.

Le deuxième type de *hedge* permet de réduire considérablement ce risque de base.

b | Le « strip hedge » : Cette couverture consiste à faire coïncider le mieux possible les dates d'exposition avec les échéances des contrats à terme.

Dans l'exemple de Rentaplus, le trésorier achète le 2 janvier 5 contrats BT mars 8 contrats BT juin, 7 contrats BT septembre et 9 contrats BT décembre. Il revendra les premiers contrats le 1er mars, les seconds le 1er juin, les troisièmes le 1er septembre et les derniers le 1er décembre.

La couverture est assurée par le fait que la date d'échéance des contrats à terme est proche de (juste postérieure à) la date d'exposition. Son inconvénient principal consiste à forcer l'opérateur à acheter des contrats à échéance lointaine (septembre et, surtout, décembre), ce qui peut s'avérer difficile si le marché pour ces échéances-là est peu liquide. Pour remédier à cette difficulté, Rentaplus peut adopter le troisième type de couverture suivant :

c | Le « rolling strip hedge » (ou *« roll-over stack hedge »*) : Cette stratégie consiste à acheter exclusivement les contrats pour la couverture de toutes les positions exposées à *l'échéance la plus proche*, pour bénéficier de la liquidité du marché, et à modifier la position à terme à chaque date ultérieure d'exposition par *la vente et l'achat simultanés* de contrats d'échéances successives.

Le trésorier de notre FCP *achète*, le 2 janvier, 29 contrats BT mars, les vend le 1er mars et achète alors 24 BT juin, vend ces derniers le 1er juin en achetant alors 16 BT septembre, vend ces derniers le 1er septembre et achète 9 BT décembre, et vend enfin ces derniers le 1er décembre. Le risque de base afférent à cette stratégie est également plus faible que pour le *one-off hedge.*

d | Le « rolling hedge » : La quatrième possibilité envisageable consiste à ne couvrir, en un premier temps, que la *position exposée la plus rapprochée.* Une fois la date de la première exposition passée, la seconde exposition seule est couverte au moyen de contrats à terme dont l'échéance est proche de la date de cette seconde exposition.

Le trésorier de Rentaplus achète, début janvier, 5 contrats BT mars. Il les *vendra* le 1er mars et *achètera* alors 8 BT juin, revendra ces derniers le 1er juin pour acheter 8 BT septembre qu'il revendra le 1er septembre pour acheter 9 BT décembre qu'il cédera le 1er décembre.

Cette stratégie est, à l'évidence, nettement plus risquée que les deux précédentes car les positions exposées ultérieurement ne sont pas couvertes dès à présent. En d'autres termes, l'opérateur ne s'assure dans ce cas que contre les variations des taux des deux prochains mois, puis des trois prochains mois, et ainsi de suite.

Les quatre types de couverture que nous venons de décrire sont schématisés dans le tableau 8.1 ci-dessous :

Tableau 8.1. — Quatre types de couverture usuels

	Dates				
Hedges	*2 janvier*	*1er mars*	*1er juin*	*1er septembre*	*1er décembre*
One-off	A : 29 D	V : 5 D	V : 8 J	V : 7 S	V : 9 D
Strip	A : 5 M + 8 J + 7 S + 9 D	V : 5 M	V : 8 J	V : 7 S	V : 9 D
Rolling-strip	A : 29 M	V : 29 M A : 24 J	V : 24 J A : 16 S	V : 16 S A : 9 D	V : 9 D
Rolling	A : 5 M	V : 5 M A : 8 J	V : 8 J A : 7 S	V : 7 S A : 9 D	V : 9 D

Notes : M, J, S, D représentent les contrats mars, juin, septembre et décembre. A et V indiquent les achats et les ventes, respectivement.

e / Le « straddle hedge » (écart) : la nature de ce cinquième type de couverture est différente de celle des précédents. Il met en effet en œuvre des contrats sur instruments à long terme pour couvrir un risque de court terme.

Un *straddle* (ou écart) entre deux contrats à terme d'échéances différentes portant sur des *obligations à long terme* est équivalent à une opération au *taux à court terme* entre les dates d'échéance des deux contrats. Ainsi, un *straddle* sur taux longs constitue un moyen de couverture d'un risque sur le taux court.

Comme c'était d'ailleurs le cas des types de *hedge* précédents, la couverture ne saurait être parfaite puisque le coefficient de corrélation entre les straddles sur taux à long terme et les taux à court terme n'est pas égal à 1. Elle peut toutefois s'avérer excellente et est nettement moins risquée que le *one-off hedge*. Son adoption peut se justifier notamment pour des raisons de liquidité, s'il se trouve que la liquidité des contrats portant sur des obligations à long terme est supérieure, comme c'est le cas sur le Matif, à celle des contrats à court terme pour les échéances les plus éloignées.

Pour Rentaplus, une stratégie adéquate pourrait être la suivante (le nombre de contrats est multiplié par 10 car le nominal des contrats sur obligations est de 500 000 F et non 5 MF comme celui des contrats sur bons du Trésor) [18].

Tableau 8.2

	Position en contrats MATIF sur obligations à échéance de :				
Date	*Mars*	*Juin*	*Septembre*	*Décembre*	*Mars*
2 janvier	Longue 50	Longue 30	0	Longue 10	Courte 90
1er mars	0	Longue 80	0	Longue 10	Courte 90
1er juin		0	Longue 70	Longue 20	Courte 90
1er septembre			0	Longue 90	Courte 90
1er décembre				0	0

Il est clair que le nombre de stratégies possibles utilisant les *straddles* est élevé.

Par exemple, on pourrait, le 2 janvier, être long de 10 contrats septembre et de 0 contrat décembre, les autres positions étant inchangées, etc.

Notons pour conclure que, dans la plupart des cas, une couverture du type *rolling strip* aura une performance au moins égale à celle d'un straddle, tout en étant plus simple. De manière générale, il semble que l'on puisse avancer que c'est le *strip* qui constitue la couverture standard à adopter si la liquidité des contrats le permet; sinon, le *rolling strip* apparaît comme la solution normale à choisir.

Ce chapitre a été consacré aux calculs relatifs aux problèmes posés par les positions anticipées (nombre de contrats de couverture et risque résiduel de la position couverte). Il nous a permis, en appliquant des résultats obtenus au chapitre 7, de montrer comment peuvent être traitées les situations le plus souvent rencontrées dans la pratique. Il reste à étendre maintenant notre réflexion aux couvertures de positions effectives, et non plus anticipées.

(18) S'il n'y a pas de contrats sur l'échéance la plus lointaine (mars 19 N + 1 dans notre exemple), il faut recalculer les positions pour tenir compte de la dernière date d'exposition (1er décembre ici).

9 Couvertures de positions effectives

Au cours du chapitre 8, les notions de couverture maximale, de risque de base ou de corrélation, et d'efficacité d'une couverture, déjà abordées dans le chapitre 6 puis développées mathématiquement dans le chapitre 7, ont été complétées et appliquées à la couverture de positions anticipées. Nous les retrouverons au cours du présent chapitre appliquées aux couvertures de positions effectives (obligataires, le plus souvent). Formellement, les problèmes correspondants sont très voisins de ceux rencontrés précédemment. La plupart des formules déjà démontrées resteront valides, à condition d'interpréter correctement les différentes variables. Nous ne les redémontrerons pas. En revanche, des questions liées à l'application de méthodes déjà rencontrées seront approfondies et des problèmes particuliers seront abordés.

La première section de ce chapitre pose le problème de la couverture des positions effectives et reprend la notion de risque résiduel. La seconde section procède à la détermination du nombre de contrats à mettre en œuvre. La troisième section approfondit quelques exemples de couverture et la quatrième aborde le problème, spécifique aux positions effectives, de leur immunisation ou couverture à une date bien définie du futur.

1 | Stabilisation de la valeur d'une position

Supposons qu'un opérateur possède aujourd'hui, à la date $t = 0$, une position sur un instrument ou un portefeuille d'instruments financiers (dans le cas le plus fréquent, il s'agit d'un portefeuille obligataire mais il peut s'agir d'une position au passif, par exemple). Bien entendu, la valeur de cette position fluctue dans le temps. Le problème ici est de la couvrir par des opérations à terme de manière à minimiser les variations de valeur de l'ensemble constitué par la position cash et la couverture. Il ne s'agit donc plus, comme pour les positions anticipées, de resserrer la distribution de probabilités de la valeur d'une position future à une date donnée, mais de réduire des fluctuations de valeur au cours du temps.

Appelons $C_e(t)$ la valeur en t de la position du comptant, où t est un instant quelconque du futur (en $t = 0$ cette valeur n'étant pas connue, $C_e(t)$ est une variable aléatoire), alors que cette même position vaut $C_e(0)$ aujourd'hui. Comme dans les chapitres précédents, ces valeurs sont exprimées en pourcentage d'un nominal de 100.

1.1. *Définition du problème*

Si la position du comptant porte sur un nominal de M et si l'instrument négocié sur le marché à terme servant de couverture a une valeur nominale de K francs par contrat, il s'agit, d'abord, de déterminer le nombre N de contrats constituant la couverture. Ce que le raisonnement suivant (analogue à celui suivi dans les chapitres 7 et 8) permet de faire : aujourd'hui, un opérateur sait que sa position naturelle en t est : $\frac{MC_e(t)}{100}$. Pour la couvrir, il doit prendre sur le marché à terme une position de sens contraire à celle de sa position naturelle et portant sur N contrats de valeur nominale K. Soit T l'échéance de ces contrats et $F(t)$ leur cours, exprimé en pourcentage, à l'instant t [1].

[1] Il est important ici de faire explicitement apparaître, grâce à l'indice t, les dates des différentes valeurs.

Entre deux instants quelconques $t - 1$ et t, la variation de valeur de la position couverte est :

$$\Delta S = M \frac{C_e(t) - C_e(t-1)}{100} - NK \frac{F(t) - F(t-1)}{100} \tag{9.1}$$

ou en introduisant les variations Δ :

$$\Delta S = M \frac{\Delta C_e(t)}{100} - NK \frac{\Delta F(t)}{100} \tag{9.1'}$$

où les deux termes du membre de droite de l'égalité représentent respectivement le gain (ou la perte) de la position ferme future et le gain (ou la perte) produit par la couverture. Le nombre de contrats cherché est N^*, nombre qui minimise les fluctuations de la valeur de la position couverte S (en termes statistiques nous cherchons la valeur N^* de N qui minimise la variance de ΔS). Une démonstration analogue à celle du chapitre 7 montre que :

$$N^* = \frac{M}{K} \frac{\mathrm{cov}\,(\Delta C_e, \Delta F)}{\mathrm{var}\,(\Delta F)} \tag{9.2}$$

Dans le cas général, il n'est pas possible de réduire cette variance à 0, c'est-à-dire de fixer de manière certaine la valeur à tout instant du futur de la position couverte S. Cette valeur restera entachée d'incertitudes, dans la mesure où les risques de base et de corrélation ne peuvent pas être entièrement éliminés.

1.2. *Risques résiduels*

Il convient de remarquer que l'expression (9.2) est formellement identique à l'expression (7.4) ou (8.9) des chapitres précédents donnant le nombre de contrats nécessaires pour couvrir une position anticipée. L'ensemble des relations que nous avons développées au cours des chapitres 7 et 9 à partir de la relation donnant le nombre de contrat assurant une couverture maximale sont donc aussi applicables dans le cas des couvertures de positions effectives, à condition d'interpréter convenablement les différentes variables. Le coefficient de réduction de risque (l'efficacité) d'une couverture est ainsi donné par l'expression :

$$\mathrm{RRR} = \frac{\mathrm{cov}\,(\Delta C_e, \Delta F)^2}{\mathrm{var}\,(\Delta C_e)\;\mathrm{var}\,(\Delta F)} = \rho(\Delta C_e, \Delta F)^2 \tag{9.3}$$

Remarquons de nouveau ici que cette relation peut s'interpréter de la manière suivante : si le nombre de contrats de couverture est obtenu par régression de ΔC_e sur ΔF, l'efficacité de cette couverture est mesurée par le coefficient de détermination (R^2) de la régression; bien entendu, ce résultat s'applique également pour les régressions effectuées en niveaux.

1.3. *Résultat de la couverture*

La couverture d'une position obligataire longue par la vente à terme du nombre de contrats sur obligation notionnelle qui minimise les fluctuations de la valeur de cette position produit le résultat très important suivant : pendant la durée de la couverture, *à la place du rendement obligataire est obtenu le taux d'intérêt à court terme (monétaire).*

En effet, l'investisseur qui ne se couvre pas obtiendra, pour la période allant de 0 à T, un rendement aléatoire égal par définition au rendement obligataire :

$$\frac{C_e(T) + CC - C_e(0)}{C_e(0)} = r_L \, T$$

où CC représente le coupon couru entre 0 et T. Le rendement obligataire r_L (il s'agit d'un taux annualisé) est incertain parce que le cours $C_e(T)$ est inconnu à l'instant initial.

Pour l'investisseur qui s'est couvert à terme, le rendement, certain, est donné par :

$$\frac{C_e(T) + CC - C_e(0) + F(0) - F(T)}{C_e(0)} = \frac{CC + B(0)}{C(0)}$$

à condition de supposer, pour simplifier le raisonnement, que l'obligation devant être couverte fait justement l'objet du contrat à terme. Dans ces conditions, comme à l'échéance T, en raison de la convergence de la base, $C_e(T)$ est égal à F(T) et, par définition, B(0) et égal à F(0) — C(0), on trouve la relation ci-dessus.

Or, l'expression théorique de la base (voir chap. 4) est donnée par : $B(0) = [C(0)\, r_c - 100\, k]\, T$. D'autre part, le coupon couru CC est égal à $100\, kT$, où k est le taux facial de l'obligation. Le rendement certain de la position couverte, obtenu par substitution de B(0) dans la relation précédente, est donc le taux d'intérêt à court terme :

$$\frac{CC + B(0)}{C(0)} = \frac{C(0)\, r_c\, T}{C(0)} = r_c\, T \tag{9.4}$$

En pratique, les positions couvertes ne génèrent pas exactement le taux à court terme du fait des risques de base et de corrélation (contrairement à l'hypothèse faite, l'obligation couverte ne fait pas l'objet d'un contrat future), comme en témoigne l'exemple suivant :

► *Exemple 1.* — Le 28 février 1986, un investisseur détient en portefeuille des obligations BFCE remboursables, *in fine*, en mai 2000. Leur valeur nominale est de 10 MF et leur valeur boursière au pied du coupon 11,25 MF (C(0) = 112,50). L'horizon d'investissement est le 30 novembre 1986. Le 28 février, le contrat Matif sur obligation notionnelle, à l'échéance de décembre, cote 104,70 et le taux à court terme (9 mois) est de 8,30 %.

Le 30 novembre 1986, le cours de l'obligation BFCE s'établit à 114,50 et le cours du Matif à 107,25. Le rendement de l'obligation non couverte, sur la période du 28 février au 30 novembre, est donc égal à :

$$\frac{114{,}50 + 8{,}92 \text{ (coupon couru)} - 112{,}50}{112{,}50} = 9{,}71\ \%,$$

soit un taux actuariel annuel de 13,15 %.

Par contraste, le rendement pour l'investisseur qui s'est couvert par une vente à terme de 30 contrats (le calcul, effectué par la méthode de la duration et non reproduit ici, montre qu'il faut prendre un coefficient de couverture de 1,5) s'établit, la perte sur le Matif étant de 1,5 × (104,70 — 107,25) = 3,825, à :

$$\frac{114{,}50 + 8{,}92 \text{ (coupon couru)} - 112{,}50 - 3{,}825}{112{,}50} = 6{,}31\ \%,$$

soit un taux proportionnel annuel de $6{,}31\ \% \times \frac{360}{275} = 8{,}26\ \%$.

Comme on peut le constater, ce taux effectif est très proche du taux à court terme prévalant le 28 février (8,30 %). Il n'est pas exactement égal à ce taux du fait des risques de base (l'horizon ne coïncide pas avec l'échéance du contrat à terme) et de corrélation (le titre à couvrir étant une obligation privée, de duration différente de celles du contrat traité à terme).

2 | Calcul du nombre de contrats en couverture

Compte tenu de l'identité formelle des relations donnant le nombre de contrats nécessaires à une couverture maximale dans le cas d'une position effective et dans celui d'une position anticipée, nous ne répéterons pas ici la plupart des développements du chapitre précédent. En revanche, nous analyserons la mise en œuvre de la relation (9.2) par la méthode des régressions linéaires (qui s'applique, en principe, également au cas des positions anticipées) et étudierons quelques exemples d'application de la méthode des durations.

2.1. *Le ratio de couverture maximale obtenu par régression*

Comme nous l'avons vu au cours du chapitre 7, le coefficient de couverture maximale cherché est égal à :

$$N^* = \frac{N}{K} b \qquad (9.5)$$

où b est le coefficient de la pente de régression obtenue en considérant le cours (coupon compris) de l'instrument à couvrir comme variable dépendante et le cours de l'instrument coté à terme comme variable indépendante. La figure 9.1 illustre la construction d'une droite de régression. Sur cette figure on a porté en abscisses les valeurs du contrat à terme et en ordonnées celle de la position devant être couverte. Chaque point représente donc un couple de valeurs observées à une date donnée. Les paramètres de la droite (ordonnée à l'origine et pente b) sont calculés à partir de l'ensemble de points par une méthode de type « moindres carrés ».

A priori, la pente b pourrait aussi être calculée à partir des différences (ou variations) de niveau des deux variables. La régression donnant la valeur b pouvant donc être effectuée en niveaux comme en différences ([2]), nous devons examiner les avantages respectifs des deux méthodes.

([2]) La théorie suppose, notamment, qu'il n'existe pas d'autocorrélation entre les résidus de la régression et que ces résidus possèdent une distribution normale. Aucune de ces deux hypothèses ne correspond strictement à la réalité.

En fait, nous allons montrer que les régressions sur niveaux paraissent fournir des résultats mieux exploitables que les régressions sur différences. Commençons par nous rappeler que l'application d'une relation telle que (9.2) suppose que les variances et les covariances qui y interviennent sont stables. Autrement dit, qu'elles ne dépendent pas du niveau des taux d'intérêt. Malheureusement, il n'en est pas toujours ainsi dans la réalité. La représentation des cours (niveaux) de deux instruments porteurs de taux d'intérêt en fonction l'un de l'autre peut mettre en évidence une relation non linéaire comme celle illustrée par la figure 9.2 (les variances et les covariances ne sont pas stables et dépendent, sans doute, des taux d'intérêt). Sur cette figure l'on a supposé que les points observés sont mieux représentés par une courbe telle que CD que par une droite telle que AB. Dans la pratique, la non-linéarité constatée serait d'autant plus marquée que les deux instruments du comptant et du terme sont plus différents en terme de durée et de coupon et que, pendant la période d'observation, la gamme des taux a été moins plate (mais certains de ces effets peuvent se compenser).

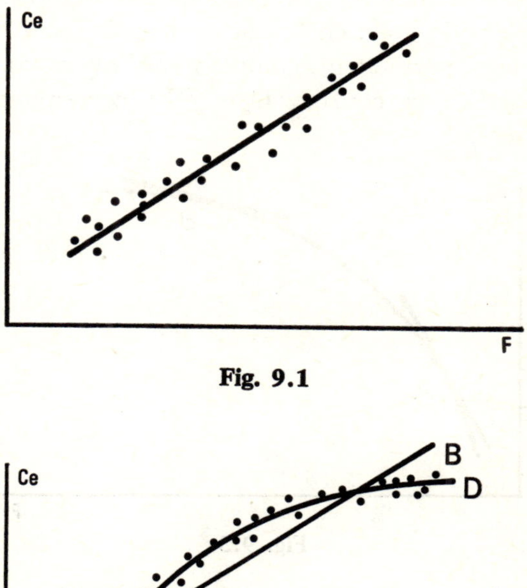

Fig. 9.1

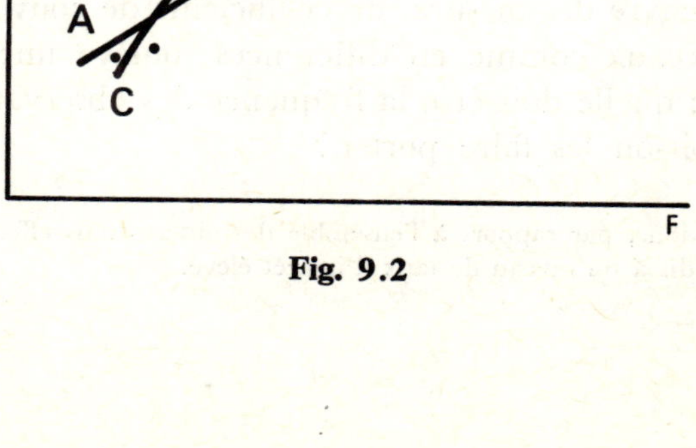

Fig. 9.2

Le calcul d'une pente de droite de régression qui aurait été effectué sur des différences à partir des données ayant servi à construire la figure 9.2 aurait donné un coefficient *b* proche de la pente de la droite AB représentée sur cette figure, c'est-à-dire un coefficient « moyen » mesuré pendant l'ensemble de la période. Un tel coefficient moyen n'a cependant pas une grande utilité pratique. Supposons, en effet, qu'à la fin de la période d'observation, le portefeuille devant être couvert soit représenté par le point A ([3]) de la figure 9.3. La pente de la tangente à la courbe C_e = fonction (F) en ce point, nettement différente de la pente moyenne et de celle en tout autre point, tel que B, représente le coefficient de couverture *b* « correct » au moment et dans les conditions où est effectuée la mesure (c'est-à-dire au moment de la mise en place de la couverture). C'est donc elle qu'il convient de considérer, quitte à modifier la couverture ultérieurement au fur et à mesure que les conditions changeraient (si les taux baissaient, on se déplacerait vers la droite le long de la courbe AB; il conviendrait de diminuer la couverture puisque *b* diminuerait pendant ce déplacement). Le fait que le coefficient de couverture ponctuel ne puisse être mesuré correctement par des régressions effectuées sur des différences plaide donc en faveur de la prise en compte des niveaux des cours. Ces derniers permettent, comme nous l'avons vu, la détermination graphique des pentes aux courbes $C_e = f(F)$ correspondant aux valeurs de F contemporaines.

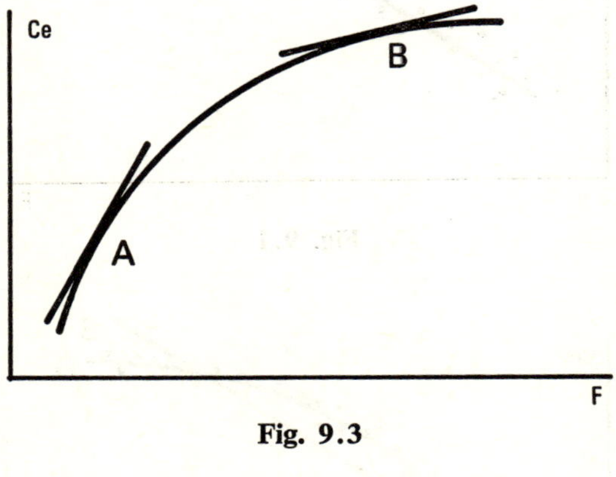

Fig. 9.3

La mise en œuvre des mesures de coefficients de couverture utilisant les régressions en niveaux comme en différences soulève une double question d'ordre pratique : quelle doit être la fréquence des observations et sur quelle période totale doit-on les faire porter ?

([3]) On se trouve donc, par rapport à l'ensemble des observations effectuées, à un niveau de valeur bas, autrement dit à un niveau de taux d'intérêt élevé.

Pour obtenir des mesures aussi précises que possible, il semble souhaitable de prendre un nombre aussi grand que possible d'observations. A la limite, ne devrait-on pas utiliser des données quotidiennes (sur un laps de temps très long) ? La réponse à cette question est certainement négative, car les données quotidiennes correspondent moins que les données plus espacées aux hypothèses sous-jacentes aux régressions linéaires ([4]). A cette question s'ajoute une seconde : sur quelle durée faut-il faire porter l'étude ? Comme des mesures effectuées sur une trop longue période pourraient couvrir des changements dans les données structurelles des marchés et aussi, dans le cas des obligations, à des modifications très importantes des caractéristiques de celles-ci, il ne faut pas adopter une période trop longue. Nous pensons qu'en général un compromis acceptable consiste à prendre des données hebdomadaires sur des durées d'une année.

▶ *Exemple 2.* — Un portefeuille composé de quatre obligations françaises (le Fonds d'Etat 13,20 %, la CNCA 11,90 %, la CNE 11,50 % et la BFCE 14,30 %) a été constitué en avril 1986. La valeur (en pourcentage, au pied du coupon) de ce portefeuille a été calculée mensuellement et comparée à celle de l'obligation notionnelle du Matif à l'échéance la plus proche. Les résultats sont représentés sur la figure 9.4. Ils montrent clairement que la relation

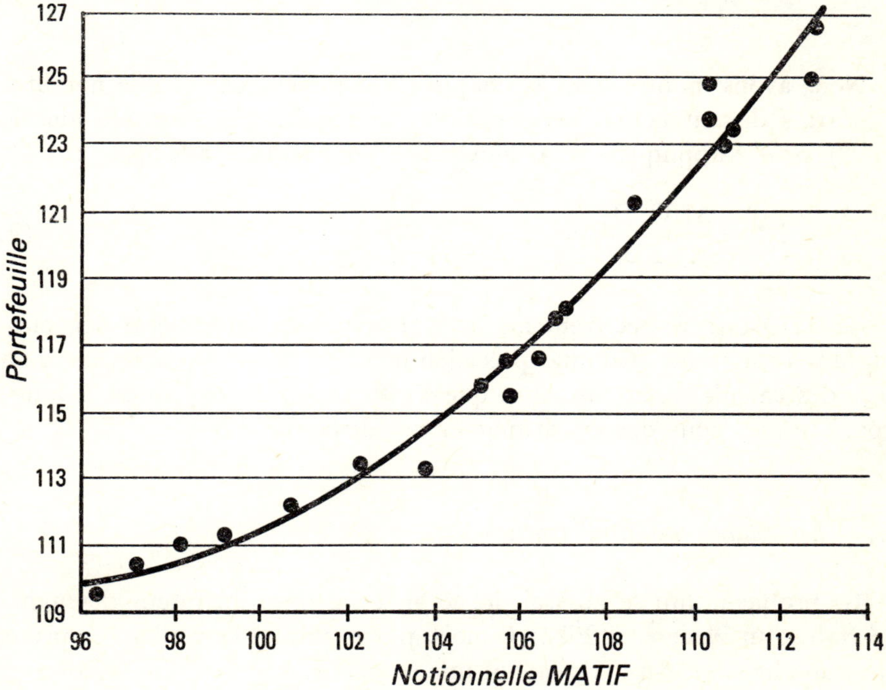

Fig. 9.4

([4]) Cette hypothèse concerne la normalité de la distribution des variations de cours.

liant la valeur du portefeuille à celle de l'obligation notionnelle traitée à terme n'est pas linéaire.

Le calcul des pentes des tangentes à la courbe de la figure 9.4 montre que le ratio de couverture change avec la variation des taux d'intérêt. C'est ainsi qu'il prend les valeurs suivantes :

	Matif	*Portefeuille*	*h*
Juin 1986	110,30	123,71	1,56
Décembre 1986	105,75	115,49	1,14
Juin 1987	103,65	113,28	0,94
Décembre 1987	98,10	111	0,43

Si, en juin 1987, on avait voulu couvrir ce portefeuille, il aurait fallu prendre un ratio *h* de 0,94. Au cours du reste de l'année 1987, compte tenu de la non-linéarité existant entre l'obligation notionnelle du Matif et le portefeuille considéré, celui-ci se serait trouvé surcouvert (dans une situation de hausse des taux, l'ensemble portefeuille plus couverture se serait donc apprécié puisqu'on aurait vendu trop de contrats dont le cours aurait baissé).

2.2. *Utilisation des durations*

Nous avons montré dans le chapitre 8 comment calculer le nombre N^* de contrats devant couvrir une position anticipée. Une formule identique à (8.8) peut s'appliquer à la couverture de positions effectives :

$$N^* = \frac{M}{K} \frac{C_e D_e}{FD_F} \tag{9.6}$$

où D_e et D_F sont, respectivement, les durations des instruments négociés au comptant et à terme. Comme précédemment, cette relation devant donner lieu à des calculs différents selon que l'instrument à couvrir est à long ou à court terme, nous devons distinguer ces deux situations.

2.2.1. *Les contrats sur titres courts*

Le problème qui se poserait ici serait celui d'un opérateur détenant un titre court (un placement Pibor 6 mois, par exemple) et voulant se protéger contre une hausse des taux pendant une très courte période (ou, inversement, endetté à court terme et voulant se protéger contre une baisse des taux). Formellement des relations telles que (8.13) sont applicables. Elles permettent de calculer le nombre de contrats de couverture. Il convient cependant de faire attention au fait que le rapport T_e/T_F décroît rapidement avec le temps parce que T_F est fixe. Le nombre de contrats donnant la couverture maximale varie donc rapidement, un calcul ne pouvant servir, au mieux, que pendant quelques jours.

2.2.2. *Les contrats sur titres longs*

Les raisonnements du chapitre précédent restent valables et les formules (8.14) et (8.15) que nous reproduisons ici :

$$N^* = \frac{M}{K}\,\frac{C_e\,D_e}{FD_S} \tag{9.7}$$

$$N^* = \frac{M}{K}\,\frac{C_e\,D_e}{C_S\,D_S}f \tag{9.8}$$

sont utilisables pour la détermination du nombre de contrats devant couvrir un portefeuille obligataire. Ici, bien entendu, les durations doivent être calculées à la date de mise en place de la couverture et comme nous l'avons indiqué au chapitre précédent.

Les deux exemples suivants illustrent l'application des deux relations mettant en œuvre le calcul des couvertures par la méthode des durations.

▶ *Exemple 3.* — Un fonds commun de placement détient pour 250 millions de francs de nominal des obligations d'Etat remboursables *in fine*, de 14,5 ans de durée de vie et dont le coupon est de 14 %. Elles cotent 109,62 au pied du coupon, soit 116,64 coupon compris, ce qui correspond à un rendement de 12,5 %. Le cours du contrat notionnel (supposé correspondre à une obligation d'une durée de vie de 10 ans) est de 86,16, correspondant au même rendement de 12,5 %. Les durations respectives des deux instruments sont de 6,82 et 6,50 années. L'application, dans ces conditions, de la relation (9.7) donne le nombre de contrats à vendre à terme pour couvrir la position initiale, soit :

$$N^* = \frac{250}{0{,}5}\,\frac{116{,}64 \times 6{,}82}{86{,}16 \times 6{,}5} = 710 \text{ (par léger défaut).}$$

▶ *Exemple 4.* — Le 1er juin 1989, un fonds est constitué d'obligations d'Etat portant un coupon de 9,80 % cotées 112,95 (coupon compris) et ayant une duration de 5,71 années. La valeur nominale de ces obligations est de 100 millions de francs. Le même jour, le contrat notionnel du Matif à l'échéance de juin est coté 106,62 ; le synonyme le moins cher à la même échéance est la 11,60 % — 1996, cotée 115,36 (au pied du coupon). Sa duration à l'échéance de juin est de 4,96 années et son facteur de concordance 1,078614. Le nombre de contrats de couverture donné par la relation (9.7) est :

$$N^* = \frac{100}{0{,}5}\,\frac{112{,}95 \times 5{,}71}{106{,}62 \times 4{,}96} = 244 \text{ contrats,}$$

tandis que la relation (9.8) donne :

$$N^* = \frac{100}{0,5} \frac{112,95 \times 5,71}{115,36 \times 4,96} \times 1,078614 = 243 \text{ contrats } (^5).$$

2.2.3. *Utilisation des taux de rendement interne*

Dans le cas de couverture d'obligations, l'hypothèse qui sous-tend l'utilisation de la duration, à savoir que la structure par termes des taux d'intérêt est plate et se déforme par translation, peut paraître trop irréaliste. De plus, l'application de formules telles que (9.7) ou (9.8) nécessite lors du calcul des durations la prise en compte d'un taux d'intérêt unique sans que l'on sache, lorsque la structure par termes est ascendante ou descendante, comment le choisir. Cet écueil peut être évité en procédant de la façon suivante à partir de la relation (9.7) par exemple :

— calculer pour l'obligation devant être couverte et pour l'instrument de couverture, dont on connaît les valeurs C_e et F (pour des valeurs nominales de 100), les taux de rendement interne R_e et R_F;
— supposer qu'il existe un rapport constant β entre les variations de ces deux taux de rendement interne, c'est-à-dire que $dR_e = \beta\, dR_F$ (β pouvant éventuellement être estimé par régression);
— calculer les durations de l'obligation et de l'instrument de couverture en utilisant leurs taux de rendement interne respectifs comme « taux d'intérêt ». On a alors, par application de la définition de la duration :

$$dC_e = -\, C_e\, D_e \frac{dR_e}{(1 + R_e)} = -\, C_e\, D_e^*\, dR_e$$

et

$$dF = -\, FD_F \frac{dR_F}{(1 + R_F)} = -\, FD_F^*\, dR_F$$

où D_e^* et D_F^* sont les durations modifiées (ou sensibilités) de l'obligation et du contrat future, respectivement.

Par substitution dans la relation (9.7), on obtient le nombre de contrats correspondant à une couverture maximale :

$$N^* = \frac{M}{K} \frac{C_e\, D_e^*}{FD_F^*} \beta \qquad (9.9)$$

(5) Les deux méthodes de calcul du nombre N^* de contrats de couverture ne donnent pas toujours dans la pratique des résultats aussi proches.

A partir de la relation (9.8), un raisonnement analogue conduit à la relation :

$$N^* = \frac{M}{K} \frac{C_e D_e^*}{C_F D_F^*} \beta f \qquad (9.9')$$

Pour appliquer les relations (9.9) ou (9.9′), la difficulté réside dans la détermination du coefficient β. Pratiquement, on se contente, le plus souvent, de prendre β = 1 et on utilise les relations (9.9) ou (9.9′) (avec β égal à 1 ou non), plutôt que les relations (9.7) ou (9.8), dans la mesure où les taux de rendement interne de l'instrument à couvrir et de celui servant de couverture sont plus différents l'un de l'autre.

▶ *Exemple 5.* — Supposons que nous voulions appliquer la relation (9.9) dans les conditions (théoriques) suivantes : l'obligation à couvrir a une durée de vie de 5 ans, un coupon couru de 0, un intérêt nominal de 5 % et une valeur de 100 ; le synonyme le moins cher a une durée de vie de 10 ans, un coupon couru de 0, un intérêt nominal de 10 %, une valeur de 100 et un facteur de concordance de 1. Les taux de rendement internes de ces deux obligations sont respectivement de 5 et de 10 %. En effectuant les calculs avec un taux d'intérêt moyen de 7,5 %, leurs durations sont de 4,52 et 7,02 années, ce qui donne un coefficient de couverture de $\frac{4,52}{7,02} = 0,644$ (pour obtenir le nombre de contrats de couverture, ce coefficient doit être multiplié par le rapport des valeurs nominales M/K).

En revanche, si le calcul de la couverture est effectué à l'aide des relations de la présente section, les durations modifiées des deux obligations calculées à l'aide des taux de rendement internes sont respectivement de 4,33 et 6,15 (correspondant à des durations de 4,5465 et 6,765 années), ce qui donne, par application de la relation (9.9′), un coefficient de couverture de $\frac{4,33}{6,15} = 0,704$ sensiblement différent du précédent.

▶ *Exemple 6* (6). — Le 1er juin 1987, un fonds est constitué d'obligations d'Etat portant un coupon de 11 % cotées 123,70 (coupon compris ; cette cotation correspond à un taux de rendement interne de 7,5 %) et ayant une duration modifiée (ou sensibilité) de 4,46. La valeur nominale de ces obligations est de 100 millions de francs. Le même contrat notionnel du Matif à l'échéance de septembre est coté 109,84 ; le synonyme le moins cher à la même échéance est la 12,60 % — 1995, cotée 127,87 (au pied du coupon). Combien de contrats Matif à l'échéance septembre faut-il vendre pour couvrir cette position ?

Afin d'appliquer la relation (9.9) il est nécessaire de calculer la duration modifiée du synonyme le moins cher à l'échéance de septembre. Ce calcul doit se faire en utilisant le taux de rendement interne correspondant au cours du synonyme le moins cher (ici 8 %) ; on trouve $D_F^* = 5,06$. Dans ces conditions, on obtient :

$$N^* = \frac{100}{0,5} \frac{123,70 \times 4,46}{109,84 \times 5,06} = 198 \text{ contrats.}$$

(6) Cet exemple est construit artificiellement afin d'illustrer le fait que dans l'application de la relation (9.9) il convient de calculer les durations modifiées à l'aide de taux de rendements internes qui peuvent ne pas être les mêmes pour les différents instruments.

3 | Exemples de couvertures

3.1. *Couverture d'un portefeuille obligataire*

Afin d'illustrer les méthodes décrites plus haut, nous allons analyser maintenant la mise en place et le résultat de la couverture d'un portefeuille obligataire.

▶ *Exemple 7.* — Le 21 février 1986, un FCP détient un portefeuille de 60 millions de francs de valeur nominale, composé de 4 obligations de 15 millions de francs de valeur nominale chacune. Il s'agit de la BFCE 11,90 % mai 2000, de la CAECL 11,50 % 1995, de la CNE 14,70 % 1990 et de la CFF 13,10 % 1999, qui font toutes l'objet d'un volume de transactions important.

Le tableau suivant donne le détail des calculs permettant de choisir le nombre adéquat de contrats à terme en l'occurrence le contrat à échéance décembre [7] à vendre le 21 février pour couvrir la position. Le 21 février, le synonyme le moins cher à livrer est le fonds d'Etat 9,9 % remboursable *in fine* en septembre 1994. Son cours s'établit à 101,75 (soit une valeur coupon compris de 105,88) et son facteur de concordance pour l'échéance choisie est de 0,9934656. La duration correspondante est de 5,67 années.

Le tableau 9.1 suivant donne, à partir des valeurs des obligations du portefeuille (coupon compris) et de leurs durations individuelles (dont le calcul n'est pas reproduit ici), la duration du portefeuille à couvrir.

Tableau 9.1

	Cours (1)	*Cours + Coupon (2)*	*Duration (3)*	*(2) × (3) = (4)*	*Duration du portefeuille = (4)/(2)*
BFCE	112,50	123,75	7,11	879,9	
CAECL	109,80	120,70	5,66	683,9	
CNE	118	128,27	3,27	419,4	
CFF	117,70	123,55	7,14	882,1	
Total		496,27		2 864,6	5,77

On constate une valeur, en pourcentage, coupon compris, de $\frac{496,27}{4} = 124,07$ et une duration de 5,77 années. La couverture prise doit être telle que la duration du portefeuille

([7]) Ce contrat a été choisi pour des raisons de simplicité. Dans la réalité on aurait probablement préféré le contrat à l'échéance la plus proche (mars pour commencer), qui aurait été « roulé » d'échéance en échéance.

couvert soit nulle. Or, l'application de la relation (9.8) donne le nombre de contrats N* satisfaisant cette condition :

$$N^* = \frac{60}{0,5} \frac{124,07 \times 5,77}{105,88 \times 5,67} 0,9934656 = 142 \text{ contrats.}$$

Le lecteur pourra vérifier aisément qu'il s'agit de contrats vendus.

La performance de ce portefeuille a été suivie en supposant que la couverture, mise en place le 21 février 1986, a été maintenue jusqu'à l'échéance de décembre de la même année. A cet effet, à la fin de chaque mois, ont été calculés d'une part la performance du portefeuille non couvert (à partir des valeurs des obligations qu'il contient et des coupons courus ou encaissés) et d'autre part le gain (ou la perte) généré par la couverture (il s'agit en fait des mouvements de marge accumulés pendant le mois précédent). Les rendements du portefeuille couvert, par rapport aux valeurs du mois précédent, ont également été calculés. Les résultats de ces calculs sont résumés dans le tableau 9.2 suivant (tous les chiffres en milliers de francs) :

Tableau 9.2

	Valeur du porte-feuille	*Variation de valeur*	*Cou-pon*	*Variation de valeur + coupon*	*Profit sur couver-ture*	*Gain (perte) total*	*Rendement avec couverture*
Février	68 700						
Mars	71 505	2 805	640	3 445	— 3 266	179	0,26 %
Avril	75 195	3 690	640	4 330	— 2 521	1 809	2,53 –
Mai	74 250	— 945	640	— 305	1 172	867	1,15 –
Juin	73 695	— 555	640	85	— 568	— 483	— 0,65 –
Juillet	74 340	645	640	1 285	— 142	1 143	1,55 –
Août	75 885	1 545	640	2 185	— 1 243	942	1,27 –
Septembre	74 145	— 1 740	640	— 1 100	1 491	391	0,52 –
Octobre	72 015	— 2 130	640	— 1 490	1 811	321	0,43 –
Novembre	69 870	— 2 145	640	— 1 505	1 456	— 49	— 0,07 –
Décembre	68 760	— 1 110	640	— 470	1 278	808	1,16 –
Moyenne		6		646		593	0,81 –
Ecart type		1 972		1 972		623	0,86 –

A la vue de ces résultats, une question se pose. La couverture a-t-elle fonctionné conformément à ce qui devait en être attendu ? Pour répondre à cette question, il convient de se rappeler que l'objectif poursuivi est la minimisation de l'écart type (ou de la variance) des variations de la valeur de la position. Sans couverture celui-ci aurait été de 1 972 000 F, alors qu'en présence de la couverture il n'est plus que de 623 000 F (soit une division par un facteur de 3, 2). La diminution de risque est par conséquent substantielle. Bien entendu, elle n'est pas totale, du fait des risques de corrélation et de base qui subsistent inévitablement.

Il convient également de rappeler que la couverture d'un portefeuille obligataire par des positions sur obligation notionnelle Matif revient à substituer au rendement obligataire le taux du marché monétaire. Or, si une somme égale à la valeur initiale du portefeuille avait été placée sur le marché interbancaire à un mois, le gain mensuel moyen obtenu aurait été de 447 000 F (pour un taux annuel moyen de 7,6 %) avec un écart type de 29 000 F (calculs non indiqués). A cause des risques résiduels, le portefeuille couvert a une performance qui s'approche de celle du placement monétaire sans la reproduire exactement.

Par ailleurs, le fait que la couverture ait réduit le rendement ne devrait pas nous surprendre. L'objectif de la couverture n'est pas de produire un gain systématique mais de stabiliser une position; idéalement, une fois couverte, celle-ci devrait prendre la même valeur quelle que soit l'évolution des taux d'intérêt. Et nous avons vu au paragraphe précédent que la réduction du risque a bien été obtenue comme escompté.

Un calcul de régression effectué *a posteriori* indique que le nombre de contrats Matif qui aurait minimisé les variations de valeur du portefeuille considéré aurait été de 155 (au lieu de 142). Une erreur d'estimation a donc été commise. Elle porte sur 9 % des contrats. Ce chiffre peut sembler important mais est trompeur. L'expérience montre, et ce résultat est général, qu'autour de l'optimum la qualité de la couverture est assez peu sensible au nombre exacte de contrats utilisés. Le résultat obtenu, comme des simulations non reproduites ici le montrent, n'est pas très différent avec une couverture de 155 contrats (le gain mensuel moyen et l'écart type correspondant auraient été respectivement de 588 000 F et 602 000 F). D'autre part, cette erreur s'explique par le fait que nous n'avons pas révisé le nombre de contrats vendus sur le Matif pendant une période relativement longue de 10 mois.

3.2. *Couverture d'un bilan bancaire*

Chaque ligne du bilan d'une institution financière représente une série de flux monétaires qui seront encaissés (pour les postes d'actif) ou décaissés (pour les postes de passif) dans le futur. Si l'on se donne un taux d'actualisation, il est possible de calculer la valeur présente de chacune de ces séries de flux. La somme algébrique de ces valeurs présentes (positives pour les postes d'actif et négatives pour les postes de passif) représente la valeur de l'institution ou, autrement dit, la valeur de ses fonds propres. Il est évident que cette valeur est sensible aux variations des taux d'intérêt (ou plus spécifiquement du taux d'actualisation), ce qui signifie qu'il existe un risque de taux portant sur le bilan. Nous nous proposons ici de montrer comment ce risque peut être d'abord mesuré, puis couvert à l'aide de contrats à terme.

3.2.1. *La duration d'un bilan*

Une ligne quelconque de l'actif d'une banque représente, comme nous l'avons indiqué plus haut, des entrées futures de flux de trésorerie. Appelons a_{it} le flux généré par la ligne i à la période t. La valeur v_i de la ligne i est la valeur présente des flux futurs a_{it} actualisés à un taux k. Si k varie de dk, la valeur de cette ligne varie d'une quantité dv_i donnée, d'après la définition de la duration, par l'expression :

$$dv_i = D_i \, v_i \frac{dk}{(1 + k)}$$

où D_i est la duration de la ligne i.

La variation de valeur de l'ensemble de l'actif dV^A est égale à la somme des variations dv_i, soit :

$$dV^A = -\sum_i (D_i \, v_i) \frac{dk}{(1 + k)}.$$

De la même façon, la variation correspondante de la valeur du passif exigible est :

$$dV^P = -\sum_j (D_j \, v_j) \frac{dk}{(1 + k)}$$

où v_j est la valeur de la ligne j du passif et D_j sa duration. La variation de la valeur des fonds propres (que nous appellerons variation de la valeur du bilan), consécutive à une variation dk du taux d'intérêt, étant la variation de valeur de l'actif moins la variation de valeur du passif exigible peut s'écrire :

$$dV = dV^A - dV^P = -[\Sigma(D_i \, v_i) - \Sigma(D_j \, v_j)] \frac{dk}{(1 + k)}.$$

Si nous appelons duration du bilan (ou des fonds propres), la quantité $D_B = \Sigma \left(D_i \frac{v_i}{V}\right) - \Sigma \left(D_j \frac{v_j}{V}\right)$ où les durations des postes de l'actif (indice i) et du passif (indice j) sont pondérées par les fractions de valeur de ces postes par rapport à la valeur du bilan, il vient (8) :

$$dV = -D_B V \frac{dk}{(1+k)} \qquad (9.10)$$

Au moyen du calcul de la duration d'un bilan indiquée plus haut, il est donc facile d'obtenir une mesure du risque d'exposition de ce bilan aux mouvements du taux d'intérêt. Cette mesure est, bien entendu, sujette à toutes les limitations de la duration (en particulier à celle qui suppose que la structure par termes des taux d'intérêt est plate et se déforme par translation).

3.2.2. *Couverture d'un bilan*

La valeur du bilan (des fonds propres) d'une banque peut être couverte contre les mouvements de taux d'intérêt en prenant à terme une position ayant une duration de même valeur absolue mais de signe contraire à celle du bilan. L'exemple suivant illustre à la fois le calcul d'une duration de bilan et le choix d'une couverture.

▶ *Exemple 8.* — Une banque possède le bilan simplifié, exprimé en valeurs de marché suivant (en millions de francs) :

	Valeur de marché	*Duration*		*Valeur de marché*	*Duration*
Trésorerie	150	0,2	Dépôts à vue	0	11 (1)
Prêts à court terme	250	0,4	CD	150	1,0
Prêts à long terme	250	2	Emprunts obligataires	150	4,0
Immobilisations	50	0	Capitaux propres (2)	400	
Total	700			700	

(1) Il est possible de montrer que la duration d'un poste dépôts à vue est égale à la duration d'une rente perpétuelle, soit $(1 + r)/r$, où r est le taux d'intérêt.

(2) Il s'agit par définition de la différence entre la valeur de l'actif et celle du passif exigible.

(8) Nous supposons ici que la valeur des fonds propres n'est pas nulle.

La duration de ce bilan est de :

$$D_B = 0{,}2 \times \frac{150}{400} + 0{,}4 \times \frac{250}{400} + 2{,}0 \times \frac{250}{400} - 11 \times \frac{0}{400} - 1{,}0 \times \frac{50}{400} - 4{,}0 \times \frac{200}{400} = -2 \text{ années.}$$

Par conséquent, une variation du taux d'intérêt de 1 % (à l'origine supposé être de 10 %) provoquerait une variation de la valeur du bilan (donc des fonds propres) de : 2,0 × 400 × 0,01/1,1 = 7,27, c'est-à-dire de 7,27/400 = 2 % (ici la valeur augmente avec la hausse des taux d'intérêt car la duration est négative).

L'exemple précédent montre que, dans son principe, le calcul de la duration d'un bilan est très simple. Dans la pratique, ce calcul peut cependant poser de nombreux problèmes. Cela est le cas lorsque l'on traite les « risques dérivés » associés aux retraits des dépôts en cas de hausse des taux ou aux remboursements anticipés des prêts en cas de baisse des taux. Ou encore lorsque le bilan comporte des instruments à taux variable ou révisable. En revanche, il est facile d'étendre le calcul de la duration d'un bilan pour incorporer les instruments de hors bilan.

Ainsi, dans l'exemple précédent, une valeur de 400 millions et d'une duration de — 2 années peut être couverte par une position longue sur l'obligation notionnelle du Matif comportant un nombre de contrats tel que la duration soit égale à + 2, soit (en supposant que la duration du contrat notionnel est de 6) :

$$N^* = \frac{400 \times 2}{0{,}5 \times 6} = 267 \text{ contrats.}$$

Pour tirer parti de l'existence de plusieurs contrats sur taux sur le Matif, il est possible d'affiner la technique de couverture d'un bilan en calculant séparément deux durations : l'une relative aux positions à court terme et l'autre relative aux positions à long terme. Ces deux positions seront ensuite couvertes par des contrats Pibor 3 mois pour la première et par des contrats sur obligation notionnelle pour les secondes. Par ailleurs, les couvertures peuvent également être obtenues par d'autres instruments que les futures. Les swaps de taux offrent une alternative valable, mais pèchent essentiellement par l'absence d'un véritable marché secondaire car ces opérations ne sont pas standardisées.

3.3. *Différentes stratégies de couverture*

Dans le cas le plus simple, la couverture d'un portefeuille est obtenue par achat ou vente de contrats futures à l'échéance la plus proche. Cependant, des situations apparaissent souvent, qui exigent des couvertures devant se prolonger au-delà de cette échéance la plus proche. Il est alors nécessaire de déterminer exactement quelles devront être les échéances des contrats servant à la couverture et comment seront dénouées les positions prises. Les stratégies envisageables rappellent les stratégies complexes discutées au cours du chapitre précédent (section 4.4). Dans la pratique, afin de minimiser le risque de base, lorsqu'il s'agit de couvrir un portefeuille obligataire sur une période excédant l'échéance la plus proche du Matif, on prend une couverture sur cette échéance la plus proche et on la roule d'échéance en échéance (il s'agit alors d'un *rolling hedge*). Le moment précis où une couverture doit être soldée et remplacée par une position identique sur l'échéance suivante est délicat à décider. Il doit dépendre de l'évolution comparée des bases des deux échéances impliquées dans l'opération, des anticipations des gestionnaires et de la liquidité du marché.

L'exemple 7 du présent chapitre analyse une situation où un portefeuille obligataire a été couvert pendant une période de 10 mois. La stratégie utilisée — du type *one-off hedge* — consistait à prendre d'emblée une position sur l'échéance suivant immédiatement la fin de la période de gestion (échéance de décembre). Dans la réalité, une couverture de type rolling hedge consistant à prendre d'abord une couverture sur l'échéance mars, puis à la remplacer par une couverture juin, et ainsi de suite jusqu'à la fin de l'année, aurait sans doute été préférée.

4 | Immunisation des positions

Les gestionnaires de fonds sont parfois confrontés au problème suivant (rencontré, par exemple, dans les compagnies d'assurances) : placer une somme donnée dans un portefeuille obligataire tout en s'assurant de la valeur qu'aura le placement à une date déterminée du futur. Il est évident que la solution à ce problème ne consiste ni à reconduire systématiquement une position courte (car les taux à court terme varient), ni à acheter des obligations dont la durée de vie coïncide avec la période du placement (car le taux de réinvestissement du coupon ne peut être prévu à l'avance). Idéalement, il conviendrait d'effectuer un placement en obligations à coupon 0 dont la durée serait égale à la période du placement. Malheureusement, cette solution n'est praticable que sur les places où il existe un marché bien développé d'obligations à coupon 0, ce qui n'est pas le cas en France.

Une solution alternative au placement en obligations à coupon 0 consiste à remplacer celles-ci par un ensemble d'obligations classiques, choisies de manière à ce que la duration du portefeuille obtenu soit égale à la durée du placement envisagé. Les propriétés de l'obligation à coupon 0 sont ainsi reproduites puisque, à la suite d'une variation du taux d'intérêt, les valeurs de celle-ci et du portefeuille créé varient de la même quantité. Il est donc possible de synthétiser pendant une courte période (en toute rigueur pendant une journée) l'obligation à coupon 0 désirée. Cependant, avec le passage du temps, la duration du placement en obligations à coupon diminue plus lentement que celle de l'obligation à coupon 0. Il est donc nécessaire de réajuster périodiquement la duration du placement devant être immunisé. Ce réajustement peut être obtenu soit en substituant aux obligations du portefeuille des obligations de duration plus courte, soit en vendant des contrats à terme sur obligation notionnelle (et en reconduisant la position à terme ainsi obtenue d'échéance en échéance).

Le problème que nous allons traiter ici est celui de la couverture, à un moment donné, d'un portefeuille de manière à obtenir l'immunisation cherchée. La révision de cette couverture au cours du temps ne comporte pas de difficultés particulières et ne sera plus abordée.

En utilisant les mêmes notations que précédemment, nous supposons détenir un portefeuille de valeur $m\mathrm{C}_e$ dont la valeur devrait être fixée à une date future donnée H. Le problème serait résolu si, à la place du portefeuille, on détenait des obligations à coupon 0 et de durée H (pour la même valeur que le portefeuille considéré). Il faut donc combiner le portefeuille initial à une position à terme de sorte que le portefeuille ainsi obtenu reproduise le comportement d'un portefeuille hypothétique d'obligations à coupon 0. Pour être plus précis, il convient de dire que l'on souhaite qu'à la suite d'une variation du taux d'intérêt les valeurs du portefeuille couvert et du portefeuille hypothétique varient de la même quantité.

Nous avons montré dans le chapitre 7 que ce résultat est obtenu si le nombre de contrats de couverture est choisi de manière à satisfaire la relation :

$$\mathrm{N}^* = \frac{\mathrm{M}}{\mathrm{K}} \frac{\mathrm{C_H} \operatorname{cov}(\Delta \mathrm{F}, \Delta \mathrm{C}_e) - \mathrm{C}_e \operatorname{cov}(\Delta \mathrm{F}, \Delta \mathrm{C_H})}{\mathrm{C_H} \operatorname{var}(\Delta \mathrm{F})} \tag{9.11}$$

où $\mathrm{C_H}$ est la valeur en pourcentage des obligations (hypothétiques) à coupon 0. Pour mettre en œuvre cette relation nous retrouvons, en principe, les deux méthodes déjà rencontrées qui appliquent les concepts de la régression et de la duration. La première de ces méthodes implique le calcul de deux coefficients de régression en prenant successivement comme variables dépendantes les variations de la cotation en pourcentage du portefeuille à couvrir et de l'obligation à coupon 0 et de durée H, et comme variables indépendantes les variations de la cotation du contrat à terme. En pratique, les informations nécessaires pour conduire la deuxième de ces régressions ne sont pas disponibles; la méthode correspondante est donc inapplicable. Il reste donc la seconde méthode.

Nous avons déjà vu qu'il est possible d'exprimer les covariances et les variances des variations de cours en fonction des caractéristiques des différents instruments en cause et de la variance de la variation du taux d'intérêt. En exprimant les variances et les covariances à l'aide des durations (voir les sections 1.2 et 1.4 du chapitre 7), nous trouvons :

$$N^* = \frac{M}{K} \frac{(H - D_e)\, C_e}{D_F\, F} \qquad (9.12)$$

qui permet de calculer le nombre de contrats futures nécessaires à l'immunisation d'un portefeuille obligataire. Nous voyons que, si $H > D_e$ (la durée à immuniser est supérieure à la duration de l'obligation détenue en portefeuille), N^* est positif et il faut acheter des contrats futures; en revanche, si $H < D_e$ (la durée à immuniser est inférieure à la duration de l'obligation détenue en portefeuille), il faut vendre des contrats futures. Par ailleurs, nous retrouvons ici un problème déjà rencontré au chapitre 7, à savoir la substitution à la duration du contrat notionnel D_F celle du synonyme le moins cher.

▶ *Exemple 9.* — Supposons que le détenteur de 10 millions de francs de valeur nominale d'une obligation dont les caractéristiques sont une durée de 15 ans, un taux de coupon de 8 %, une duration de 8,74 années et une valeur en pourcentage au pied du coupon de 84,79 (correspondant à un taux d'intérêt de 10 %), veuille immuniser sa position à un horizon de 1,5 année. Pour cela, il se propose de vendre des contrats Matif sur l'obligation notionnelle. La relation (9.12) permet le calcul du nombre de contrats correspondants. Sachant que la cotation du Matif à une échéance d'un an est de 100 et en supposant que sa duration est de 6,76 années, nous avons :

$$N^* = \frac{10}{0{,}5} \frac{(1{,}5 - 8{,}74) \times 84{,}79}{6{,}76 \times 100} = -\ 18 \text{ contrats (par défaut)},$$

le signe — indiquant qu'il s'agit de contrats vendus.

En supposant que le taux d'intérêt ne change pas, pendant une année, jusqu'au prochain détachement du coupon de l'obligation, la différence (1,5 — 8,74) ne change pas; en effet, l'obligation hypothétique à coupon 0 et l'obligation immunisée voient leurs durations diminuer comme le temps physique. En revanche, dans les conditions indiquées, la valeur de l'obligation augmente jusqu'à 93,27, immédiatement avant le détachement du coupon. La relation donnant le nombre de contrats de couverture devient alors :

$$N = \frac{10}{0{,}5} \frac{(0{,}5 - 7{,}74) \times 93{,}27}{6{,}76 \times 100} = -\ 20 \text{ contrats},$$

ce qui implique une gestion de la couverture par vente progressive de deux contrats. En revanche, juste après le détachement du coupon de l'obligation gardée en portefeuille, sa duration augmente brusquement mais sa valeur baisse du montant du coupon versé de telle sorte que le produit duration × valeur reste constant. En première approximation (en négligeant l'effet de la diminution de valeur sur le produit HC_e), le nombre de contrats de couverture ne varie donc pas au moment du détachement du coupon.

Cet exemple simplifié (l'effet des variations du taux d'intérêt a été ignoré de même que les problèmes que peuvent poser les changements de synonyme le moins cher) montre que l'immunisation d'une position obligataire demande, comme les autres types de couverture, une gestion quasi continue.

Pour conclure ce chapitre, soulignons que la gestion de couvertures effectives s'appliquant à des positions qui changent de nature continuellement (à cause de la variation des taux d'intérêt et de l'écoulement du temps) est complexe en pratique. Elle nécessite, en particulier, un suivi permanent des positions ainsi que des révisions relativement fréquentes des prévisions concernant le niveau des taux et des bases ainsi que des mesures de durations et de coefficients de régression à utiliser.

10 Comptabilité et fiscalité des opérations sur le Matif

Les opérations effectuées sur un marché à terme organisé tel que le Matif, qu'il s'agisse d'arbitrage, de spéculation ou de couverture, posent aux entreprises des problèmes spécifiques en matière de comptabilité et de fiscalité. Nul n'est besoin de souligner l'importance pratique capitale de ces deux aspects : le premier parce que sans comptabilisation il ne peut y avoir d'opérations (pour des raisons tant de réglementation que de bonne gestion), et le second parce que ce sont les résultats après impôts (et non avant) d'une opération qui importent en fin de compte.

Nous n'avons pas pour objectif d'être exhaustif en ces matières, qui se sont d'ailleurs sensiblement modifiées depuis l'apparition des nouveaux produits financiers, et qui sont susceptibles encore d'évolution, mais de présenter les principales règles comptables et fiscales sans lesquelles les opérateurs potentiels ne pourraient pas intervenir effectivement sur le Matif. Nous attirons l'attention du lecteur sur le fait que certaines règles en matière de contrats à terme (et d'options) sont différentes selon que ces contrats sont négociés sur un marché organisé comme le Matif ou font l'objet de transactions de gré à gré. Nous ne traiterons évidemment que des premières.

La première section de ce chapitre analyse les principes comptables régissant les opérations à terme sur marchés organisés et les difficultés éventuelles de leur mise en œuvre. La seconde section présente les principales règles fiscales et leur incidence sur les opérations de couverture examinées aux chapitres 8 et 9.

1 | Principes comptables et mise en œuvre ([1])

Les principes relatifs à la comptabilité des opérations à terme sur marchés organisés s'inscrivent dans le cadre plus large de la comptabilisation des nouveaux instruments financiers, tout en retenant une certaine spécificité. Suite à des travaux de la communauté internationale ayant pour but d'unifier les traitements comptables de ces opérations, le Conseil national de la Comptabilité (CNC) en a codifié les règles dans son avis du 9 juillet 1986. Parallèlement, la commission bancaire a émis des instructions (nº 88-01 de mars 1988) s'appliquant aux seuls établissements de crédit et relatives aux opérations sur instruments à terme de taux d'intérêt.

1.1. *Les principes comptables*

Nous ne traiterons ici que les questions liées à l'enregistrement des *résultats* des opérations sur le Matif. Nous exclurons donc de la discussion les traitements comptables des ouvertures et fermetures des positions (qui font intervenir le hors-bilan), des dépôts de garantie (qui apparaissent dans le poste d'actif « dépôts et cautionnements ») et des appels et restitutions de marge (qui font jouer les comptes de trésorerie), qui sont tous traditionnels et ne posent aucun problème particulier.

Le principe essentiel régissant les règles comptables qui nous intéressent est celui de la *distinction* entre les opérations de *couverture (hedging)* dont l'objectif est d'annuler ou de réduire un risque de taux d'intérêt, et les opérations dites *de marché (trading)* qui recouvrent en fait les arbitrages et les positions spéculatives.

Le second principe est celui de la *présomption de non-couverture*, les opérations de trading étant réputées la règle et les opérations de couverture l'exception. Il en découle que l'intention de couvrir ne suffit pas, la couverture devant être démontrée par le respect de certaines règles contraignantes. Pour qu'il y ait couverture, au sens du CNC, les conditions suivantes doivent être obligatoirement remplies :

a / les contrats futures doivent avoir pour résultat effectif de réduire le risque de variation de valeur de l'instrument couvert;

([1]) Cette section s'inspire directement d'un dossier réalisé par D. Neveux et M. Albessard pour la revue *Option Finance*, nº 86, 30 octobre 1989.

b / le calcul du montant de risque à couvrir doit être effectué après la prise en considération de tous les autres éléments de passif, d'actif et de hors-bilan (pour tenir compte des couvertures « naturelles » éventuelles des uns par les autres);

c / la corrélation entre les variations de valeur de l'instrument exposé et celles du contrat utilisé en couverture doit être établie (en pratique, il faut constater *ex post* que les résultats sur la position à terme sont bien corrélés négativement avec ceux sur la position au comptant);

d / la qualification de couverture ne peut être appliquée qu'à des ensembles homogènes d'actifs, de passifs ou d'engagements hors bilan pour lesquels la corrélation précédente peut être établie;

e / la couverture doit être identifiée et traitée comptablement comme telle dès son origine.

Les règles de comptabilisation des résultats adoptées sont différente selon que les opérations relèvent du trading ou du hedging.

Pour les *opérations de marché (trading)*, c'est la règle financière adoptée par les marchés organisés qui prévaut sur la règle comptable traditionnelle. En effet, en vertu de la règle *mark-to-market*, « les variations de valeur des contrats d'instruments financiers à terme constituées par la liquidation des marges débitrices et créditrices sont portées au compte de résultat en charges ou produits financiers » (avis du CNC).

Il s'agit bien là d'une innovation importante puisque ce principe aboutit à l'enregistrement en profit de gains non définitifs, en contradiction flagrante avec les principes comptables de prudence (on provisionne les pertes potentielles mais on ignore les gains possibles ou même probables) et du coût historique d'acquisition (qui ne comptabilise pas la plus-value entre la valeur d'inventaire d'un bien et sa valeur d'entrée au bilan). Cette innovation était très souhaitable (et souhaitée par les financiers) car elle permet une comptabilisation reflétant mieux la réalité économique.

Pour les opérations de *couverture (hedging)*, c'est en revanche le principe de symétrie qui prévaut, les gains et pertes quotidiens sur le Matif étant enregistrés dans un compte (d'exploitation) d'attente, de manière symétrique au mode de comptabilisation des produits ou charges issus de l'instrument couvert. En particulier, si un élément d'actif a subi une dépréciation, le résultat provisoire positif de la couverture est pris en compte pour le calcul de l'éventuelle provision pour dépréciation. Ceci signifie par exemple que, si un portefeuille d'obligations voit sa valeur de marché réduite (par rapport à son coût d'acquisition) de x francs, et que les marges sur ventes de contrats Matif figurent en compte d'attente pour $y (< x)$ francs, la provision pour dépréciation à passer comptablement sera limitée à $(x - y)$ francs.

A la date de dénouement des contrats Matif, le résultat définitif de ces opérations à terme est *étalé* sur la durée de vie résiduelle ou estimée de l'élément couvert. Dans le cas cependant où ce dernier disparaîtrait (par cession ou rachat, pour les positions effectives, ou non-réalisation pour les positions anticipées), ce résultat serait enregistré immédiatement comme profit ou perte de l'exercice en cours.

1.2. *Les difficultés de mise en œuvre*

Bien que les principes énoncés ci-dessus soient simples et clairs, leur application dans le cas de la couverture (notion restrictive, on l'a vu) pose quelques problèmes délicats que nous évoquerons rapidement.

Tout d'abord, dans la mesure où la couverture doit être identifiée et traitée comptablement comme telle dès son origine, il devient impératif de mettre en place des procédures de back-office efficaces non susceptibles d'être remises en cause par les commissaires aux comptes et l'administration fiscale.

Ensuite, les couvertures doivent être nettement individualisées (micro-couvertures), les macrocouvertures étant considérées comme des opérations de trading, sauf à prouver (ce qui peut être difficile, par exemple si l'on raisonne sur l'ensemble du bilan) qu'elles sont relatives à des ensembles d'éléments homogènes. Dans le cas d'une position ferme à couvrir existant déjà, l'élément d'actif, de passif ou de hors-bilan concerné doit être déterminé avec précision. Dans le cas d'une position anticipée, il faut pouvoir en indiquer les principales caractéristiques (date, montant, type d'instrument et échéance) et établir que sa probabilité de réalisation est élevée (par exemple à partir du type d'opérations dont l'entreprise est coutumière, ou du fait d'un plan de financement et/ou d'investissement à long terme ou d'un plan de trésorerie à court terme).

En troisième lieu, la position exposée au risque de taux et susceptible d'être couverte par les contrats à terme doit être une position nette, compte tenu des autres éléments d'actif, de passif ou de hors-bilan qui constituent une couverture « naturelle » de l'élément exposé. Il n'est pas toujours facile en pratique de les identifier et de mesurer avec précision les risques individuels et, partant, le risque net supporté (cf. à ce sujet les limites de la duration comme mesure du risque de taux).

Enfin, aucune méthode de calcul de la corrélation entre la position (existante ou anticipée) exposée et l'instrument de couverture n'étant donnée par les textes, et, surtout, aucun seuil minimal n'étant exigé pour le coefficient de corrélation (est-il suffisant qu'il soit négatif ou doit-il être au moins égal, en valeur absolue, à 0,5 ?), les problèmes d'interprétation et de subjectivité ne peuvent manquer d'apparaître.

Compte tenu de ces difficultés, il n'est pas étonnant que les professionnels estiment que relativement peu d'opérations sur le Matif sont en fait traitées comptablement comme des couvertures, même si elles le sont fondamentalement.

2 | La fiscalité et son incidence sur la couverture

La plupart des opérateurs intervenant sur le Matif sont fiscalisés, contrairement à ce qui a été implicitement admis jusqu'ici. C'est pourquoi nous allons présenter les principales règles fiscales en vigueur en 1990, et étudier leur impact sur les formules de couverture établies aux chapitres 8 et 9. Nous ne traiterons pas formellement de leur influence sur les opérations de trading (spéculation et arbitrage) ([2]). Par ailleurs, nous ne dirons que l'essentiel et recommandons au lecteur de vérifier la correction des paramètres que nous utiliserons, les règles fiscales étant souvent changeantes. Les taux d'imposition que nous donnerons, par exemple, sont ceux applicables à partir du 1er janvier 1990. C'est *l'article 38-6 du Code général des Impôts* (CGI), tel que modifié en 1987, qui constitue la référence fiscale essentielle. Enfin, les règles en vigueur étant différentes pour les personnes physiques et les entreprises, nous les présentons séparément et successivement.

2.1. *La fiscalité des personnes physiques*

En ce qui concerne les personnes physiques domiciliées hors de France, le principe général de non-imposition des plus-values de cession sur les valeurs

([2]) Pour un examen de l'incidence de la fiscalité sur ces opérations d'arbitrage et de spéculation, nous renvoyons le lecteur à P. Poncet et R. Portait, Les opérations sur le Matif et la fiscalité, *Analyse financière*, no 67, 4e trimestre 1986.

mobilières s'applique aux opérations Matif. Les formules dérivées tout au long du livre s'appliquent donc telles quelles dans ce cas, sur lequel nous ne reviendrons plus.

Pour les résidents en France, et s'agissant de profits réalisés sur le Matif par des personnes physiques directement ou par personne interposée (OPCVM par exemple), le régime en vigueur s'applique aux opérations réalisées depuis l'ouverture du marché en février 1986. Notons que ces personnes physiques ne doivent réaliser qu'occasionnellement des opérations sur le Matif (s'ils le font à titre habituel, ces profits pourraient être considérés par l'administration fiscale comme des revenus, catégorie « Bénéfices non commerciaux », et taxés comme tels au taux marginal d'imposition du déclarant).

Le profit ou la perte afférent à chaque contrat est la somme totale reçue ou versée par l'entremise de la Chambre de Compensation à la date de cession ou rachat du contrat ou de son dénouement (par livraison physique). Le profit imposable est net des frais et taxes acquittés dûment justifiés.

Les modalités d'imposition différaient selon la nature du support des contrats (emprunt obligataire ou non) jusqu'en 1989. Depuis le 1er janvier 1990, quel que soit le support des contrats, les gains Matif sont imposables selon le régime des plus-values de cession des valeurs mobilières, c'est-à-dire pour l'année 1990 au taux forfaitaire de 16 % majoré du 1 % de prélèvement social, soit un total de 17 %. En cas de perte, la récupération n'est possible que pendant 5 ans. Tant les personnes physiques que les intermédiaires financiers tenant les comptes sont tenus à des obligations de déclaration des opérations Matif réalisées.

Ces règles fiscales rendent nécessaire dans certains cas l'amendement du ratio de couverture. En effet, la couverture maximale est obtenue quand le résultat *après impôt* sur le terme est égal (et de signe contraire) au résultat *après impôt* obtenu sur le comptant. Dans la mesure où les bases et/ou les taux d'imposition sont différents pour les opérations au comptant et les opérations à terme, il est nécessaire d'effectuer une correction.

Si l'on note T_C et T_F, respectivement, le taux d'imposition sur les plus-values dégagées par les opérations au comptant et celui sur les gains résultant de positions Matif, le ratio de couverture h^* et le nombre de contrats N^* rencontrés aux chapitres 8 et 9 doivent être multipliés par un facteur $(1 - T_C)/(1 - T_F)$. En effet, les variations de cours de l'instrument exposé et celles des contrats futures à partir desquelles les formules ont été démontrées doivent être calculées après impôt et donc multipliées par $(1 - T_C)$ et $(1 - T_F)$ respectivement. Nous obtenons par conséquent :

$$h_i^* = \frac{1 - T_C}{1 - T_F} h^* \qquad (10.1)$$

$$N_i^* = \frac{1 - T_C}{1 - T_F} N^* \qquad (10.2)$$

où l'indice i indique que l'on tient compte de l'incidence de l'imposition.

Le facteur correctif $(1 - T_C)/(1 - T_F)$ diffère pour les personnes physiques selon la *nature* de la position au comptant exposée.

Pour ce qui concerne les instruments au comptant à court terme, de type *bons du Trésor*, *bons de caisse*, *comptes courants et parts de fonds communs de créances*, le taux de prélèvement libératoire (que l'on suppose être le taux avantageux) est de 35 % auquel s'ajoutent 1 % de prélèvement social et 1 % de contribution à la Caisse nationale d'Allocations familiales, soit $T_C = 37$ %.

Le taux T_F étant de 17 %, on l'a vu, le facteur de correction $(1 - T_C)/(1 - T_F)$ est par conséquent égal à 0,759. Le particulier doit donc *diminuer* (par rapport à un opérateur non fiscalisé) sa couverture pour tenir compte de la forte réduction de volatilité des résultats au comptant due à la présence d'un taux T_C (relativement à T_F) élevé.

Si cependant l'instrument au comptant à court terme est un *titre de créances négociable*, le taux de prélèvement libératoire n'est que de 15 % majoré des mêmes 1 % + 1 %, pour un total T_C de 17 %. Par conséquent, le facteur de correction est égal à 1. Les formules donnant h^* et N^* continuent alors à s'appliquer comme pour les organismes non fiscalisés.

Pour ce qui concerne les instruments comptant à long terme, de type obligation d'Etat ou BTAN, le taux d'imposition des plus-values est égal à 16 % plus 1 % de prélèvement social, pour un total T_C de 17 % identique à T_F. Le facteur correctif est donc aussi égal à 1 dans ce cas. Le particulier doit alors *adopter les mêmes formules de couverture* qu'un opérateur non fiscalisé.

2.2. *Les entreprises*

Pour ce qui concerne les entreprises et institutions financières (incluant les OPCVM intervenant pour leur propre compte), les règles fiscales s'appliquant aux opérations à terme effectuées sur un marché organisé sont fondées sur un régime général et deux exceptions qui concernent les opérations de couverture. Pour l'essentiel, on retrouve donc la même structure que celle adoptée pour la comptabilisation de ces opérations (cf. section 1, *supra*), la différence étant que l'administration fiscale distingue deux situations de couverture là où la comptabilité n'en voit qu'une.

Le régime général, qui constitue une novation par rapport au principe habituel de rattachement des résultats à la date de dénouement de l'opération, s'aligne sur la règle comptable et financière du « *mark-to-market* ». Il permet de rattacher à l'exercice comptable les gains et pertes latents sur les contrats en cours à la date de clôture dudit exercice, évalués à leur valeur de marché à cette date. Les gains ou les pertes ainsi dégagés sont incorporés au bénéfice imposable au taux plein de l'impôt des sociétés (42 % ou 37 % selon qu'il s'agit de bénéfices distribués ou non) ([3]).

Le fisc a reconnu que la règle précédente, qui peut aboutir à une imposition de gains non réalisés en fin de compte, devait être amendée en ce qui concerne les couvertures. En effet, dans une opération de hedging, la date à laquelle les positions en contrats Matif sont dénouées correspond aux objectifs de la couverture et c'est à cette date-là et non à la date arbitraire de clôture de l'exercice comptable et fiscal que l'on doit en calculer les résultats.

Par exception à la règle du mark-to-market et en vertu de l'article 38-6-2 du CGI, les profits résultant de la variation de valeur des contrats Matif en position peuvent ne pas être imposés à la date de clôture de l'exercice, l'imposition éventuelle étant repoussée à la date de dénouement des contrats. Cette règle est favorable au contribuable puisqu'elle permet quand même, de manière asymétrique, de déduire à la date de clôture de l'exercice les pertes sur le Matif. Toutefois, elle n'est applicable que si les conditions suivantes (la première étant très restrictive) sont réunies :

a / La position Matif doit avoir pour seul objet la compensation d'un risque entachant une opération de l'exercice suivant.

On notera à cet égard qu'il s'agit donc d'une couverture de *position anticipée*, condition nécessaire mais non suffisante puisqu'elle ne doit porter ni sur l'exercice en cours ni sur un exercice postérieur à l'exercice suivant (cette dernière disposition visant à interdire le report indéfini des profits). Par exemple, une entreprise, dont la date de clôture des exercices est le 31 décembre, et qui envisage, en janvier 1991, de couvrir, par la vente de contrats Matif, deux émissions futures d'emprunt, l'une en décembre 1991 et l'autre en janvier 1993, ne pourra pas bénéficier des avantages de l'article 38-6-2. Elle aura intérêt de ce fait à prévoir les émissions pour janvier et décembre 1992.

On notera de plus qu'il ne peut pas s'agir non plus de couverture de *positions effectives*, c'est-à-dire d'éléments d'actif ou de passif figurant déjà au bilan (cf. *infra* les positions dites symétriques). De nombreuses positions qui

([3]) Dans la loi budgétaire pour 1990.

sont des opérations de couverture au sens de la comptabilité échappent par conséquent à cette règle fiscale avantageuse.

b / La variation constatée *ex post* sur les contrats Matif doit être négativement corrélée avec celle constatée sur la position anticipée à couvrir.

c / La probabilité de réalisation de l'opération projetée doit, comme en matière comptable, être suffisante (cf. section 1).

d / La position à couvrir doit être du type gré à gré et ne doit pas être susceptible d'être valorisée ni directement ni par référence à un marché organisé; autrement dit, la règle de mark-to-market ne doit pas pouvoir lui être applicable. Ceci autorise non seulement les prêts et emprunts classiques à venir, mais encore les swaps, FRA, caps, floors, collars, etc.

e / Une déclaration spéciale doit être fournie à l'administration fiscale, indiquant notamment les caractéristiques des opérations projetées et celles des contrats Matif en position.

▶ *Exemple 1.* — Une entreprise clôturant son exercice le 31 décembre décide de lancer un emprunt obligataire, au 30 juin de l'exercice suivant, d'un montant de 50 millions de francs.

Pour se couvrir contre le risque de hausse des taux d'intérêt d'ici cette date, elle vend 100 contrats sur notionnel long terme, d'échéance juin, au cours de 105.

Le 31 décembre, les taux ayant effectivement monté, le cours des contrats s'établit à 101 et le gain potentiel réalisé sur le Matif par l'entreprise s'élève à 2 millions de francs (200 ticks × 100 F × 100 contrats).

Le 30 juin, cependant, les taux ont rebaissé et les contrats juin expirent à 105, cours de vente initial pour l'entreprise. Celle-ci ne réalise donc en fait ni gain ni perte sur le Matif et ne subit, du fait de l'article 38-6-2, aucune imposition.

Si, en revanche, elle ne s'était pas placée sous ce régime, elle aurait été imposée sur 2 millions de gains au titre de l'exercice en cours et aurait pu déduire 2 millions de pertes sur l'exercice suivant, ce qui aurait été pénalisant en termes de trésorerie.

Le traitement fiscal des positions existantes, dites positions symétriques (cf. section 1), est différent du précédent. Au contraire de l'article 38-6-2 qui permet la déduction des pertes potentielles sur le Matif du bénéfice imposable de l'exercice en cours, l'article 38-6-3 s'appliquant aux positions symétriques est moins favorable car motivé par le souci de retarder la déduction fiscale des pertes. Il s'agit en fait d'un verrou destiné à empêcher l'évasion fiscale résultant de la déduction immédiate de pertes latentes conjointement avec la possibilité de report d'imposition des gains latents sur les positions symétriques.

Dans ce cas, en effet, les pertes constatées sur une position ne sont déductibles que pour la partie qui excède les gains non encore imposés constatés sur l'autre position. La déduction de la perte égale ou inférieure au profit non imposé est reportée à la date d'imposition du profit.

Une difficulté pratique naît du fait que l'acception de position symétrique est plus large pour le fisc que pour la comptabilité. Selon cette dernière (cf.

section 1), il n'y a couverture que si l'intention de couverture était présente dès le début. Pour l'administration fiscale, l'existence de positions symétriques est établie par la seule corrélation négative des variations des deux positions. On peut donc se retrouver en position symétrique d'un point de vue fiscal sans qu'on le soit comptablement.

La règle énoncée à l'article 38-6-2 concernant les positions symétriques aboutit à une *asymétrie de traitement fiscal*. Dans le cas en effet où c'est sur le Matif que le gain est réalisé, ce gain sera imposé immédiatement en vertu de la règle mark-to-market, le gain non imposé sera donc nul, et la perte (ou la provision) sur la position au comptant sera immédiatement déductible *en totalité*, à la condition que les positions symétriques aient été déclarées comme telles à l'administration. Ceci n'assure pas cependant la neutralité de la fiscalité dans la mesure où les *taux* d'imposition sur les opérations à terme et au comptant sont différents (cf. *infra*).

Dans le cas contraire où c'est la position Matif qui est perdante, la perte subie ne sera pas déductible en totalité puisque le profit réalisé sur la position au comptant n'aura pas été imposé, du fait de la règle comptable de prudence qui interdit la prise en compte de la plus-value !

▶ *Exemple 2.* — Une entreprise prend une position que l'on peut qualifier de symétrique sur des contrats Matif pour se couvrir contre la dépréciation de son portefeuille obligataire.

Si elle constate le 31 décembre une perte de 20 millions de francs sur le Matif et un gain latent de 18 millions, la déduction de la perte sera limitée à 2 millions de francs.

Si elle ne constate qu'une perte de 15 millions sur le Matif, la déduction de cette perte sera reportée intégralement jusqu'à la date d'imposition du profit enregistré sur le portefeuille obligataire.

Il n'est pas possible de traduire cette complexité dans les formules de ratios de couverture (10 — 1) et (10 — 2). Nous devrons donc nous contenter, sans tenir compte de l'éventuel décalage dans le temps entre les impôts et les économies d'impôt engendré par les articles 38-6-2 et 38-6-3, d'une correction imparfaite par le facteur $(1 - T_C)/(1 - T_F)$.

Les gains Matif réalisés par les entreprises sont frappés, on l'a vu, au taux d'imposition de droit commun ($T_F = 37\ \%$ ou $42\ \%$), tandis que le taux d'imposition T_C des plus-values réalisées au comptant est le même taux de droit commun pour les instruments à court terme et pour les obligations détenues en portefeuille depuis moins de deux ans (cas nº 1) ou 19 % pour les obligations détenues en portefeuille depuis plus de deux ans (cas nº 2).

Par conséquent, dans le cas nº 1, le plus fréquent pour la plupart des entreprises, le facteur correctif $(1 - T_C)/(1 - T_F)$ est égal à 1 et les formules des chapitres 8 et 9 applicables aux organismes non fiscalisés *continuent à s'appliquer*, à la remarque de l'avant-dernier paragraphe près.

Dans le cas n° 2, le facteur correctif $(1 - T_C)/(1 - T_F)$ est égal à 1,2857 ou 1,3966 selon que l'entreprise s'abstient (cas général) ou non de distribuer sous forme de dividendes l'intégralité de ses profits. Elle doit alors *augmenter* (par rapport à un opérateur non fiscalisé) sa couverture pour tenir compte de la forte réduction de volatilité des résultats à terme due à la présence d'un taux T_F relativement (à T_C) élevé.

Conclusion

Le principe d'une opération de couverture par des instruments à terme est éminemment simple : garantir aujourd'hui le coût d'un financement ultérieur, la rentabilité d'un investissement futur ou la valeur boursière d'un portefeuille, quelle que soit l'évolution subséquente du niveau général des taux d'intérêt, par la prise d'une position à terme de sens contraire à la position naturelle détenue. Le plus surprenant est que d'un concept si facile à comprendre découlent des complications pratiques rendant l'utilisation des marchés à terme d'instruments financiers à la fois délicate et riche en possibilités *a priori* insoupçonnées. Profiter de tous les avantages présentés par le Matif exige une connaissance approfondie des mécanismes régissant le fonctionnement des marchés à terme et des principales relations qui président à l'établissement des cours.

Nous avons privilégié les opérations de couverture pour deux raisons au moins : d'une part, elles se prêtent remarquablement bien, malgré des difficultés pratiques de toutes sortes, à l'analyse systématique et rigoureuse; d'autre part, elles posent aux opérateurs désirant se protéger contre le risque de taux des problèmes sérieux de mise en œuvre, que ce soit pour le calcul du nombre de contrats de couverture ou l'estimation des risques résiduels.

Les opérations d'arbitrage, ou de quasi-arbitrage, se prêtent elles aussi à l'analyse systématique et sont essentielles au bon fonctionnement et à la liquidité des marchés : c'est parce que des opérateurs se livrent à des tentatives d'arbitrage que les cours constatés se rapprochent (ou même atteignent) des cours d'équilibre.

Quant aux activités de spéculation, elles n'ont été mentionnées qu'à l'occasion (par exemple la spéculation sur l'évolution de la base avant le jour d'échéance du contrat) parce qu'elles tiennent essentiellement du pari, donc de la subjectivité des spéculateurs, qui ont par définition des anticipations différentes de celles des autres opérateurs. Il est clair, toutefois, d'après les expériences françaises et étrangères dans ce domaine, qu'un marché à terme ne peut fonctionner correctement, avec une liquidité suffisante, que si les spéculateurs interviennent massivement.

Le succès du Matif attesté par le volume quotidien des échanges aussi bien que par le développement de nouveaux contrats n'est plus contestable. L'épreuve des crises d'octobre 1987 et d'octobre 1989, traversées sans encombre, a en outre démontré que ce marché offre à tous les intervenants une totale sécurité (à condition, bien sûr, de prendre d'indispensables mesures de contrôle interne). Il y a donc tout lieu de penser aujourd'hui que le Matif s'est durablement intégré dans le paysage financier français. La compréhension de son fonctionnement comme celle des mécanismes des principales opérations qui peuvent y être effectuées est donc indispensable à tout responsable concerné par le problème de la gestion du risque de taux d'intérêt.

ANNEXE 1

Notation des taux d'intérêt

Etant donné la multiplicité des taux d'intérêt utilisés par les professionnels, il est utile d'adopter un système de notation homogène respecté tout au long du livre. Tous les taux qui suivent sont des taux annuels ou annualisés, exprimés en *fraction* de l'unité (0,12 par exemple), et en général proportionnels (saut s'il est stipulé explicitement qu'il s'agit de taux actuariels). La distinction essentielle est celle existant entre r et i, le premier désignant un taux observé ou calculé sur un marché au comptant, le second désignant un taux observé ou calculé sur le Matif (ou autres marchés à terme).

r_d — est le taux au comptant prévalant pour des titres ou des opérations de durée d. Par exemple, r_3 désigne le taux annuel d'un emprunt à 3 mois ou d'une obligation à 3 ans, le contexte indiquant la période pertinente (mois, année, trimestre, etc.). En particulier :

r_C, r_L — désignent, respectivement, « le » taux court et « le » taux long, quand il est inutile de spécifier précisément la durée de vie des titres sous-jacents.

${}_tr_d$ ou ${}_tr_{t+d}$ — est un taux à terme *(forward)* implicite dans la gamme des taux au comptant. Il concerne des opérations de durée d débutant dans t périodes (mois, trimestres, années...) et s'achevant à l'instant $t + d$. Par exemple, ${}_2r_4$ ou ${}_2r_6$ (selon le contexte) est le taux établi aujourd'hui par le marché pour un prêt (sur 4 mois) qui sera mis en place dans 2 mois et sera remboursé dans 6 mois.

i_d — est le taux au comptant pour des opérations de durée d implicite sur le Matif (ou autres marchés à terme). En l'absence complète d'imperfection sur les marchés, r_d et i_d devraient être égaux.

${}_ti_d$ ou ${}_ti_{t+d}$ — est le taux à terme *(forward)* prévalant sur le Matif (ou autres marchés à terme), pour des opérations de durée d débutant dans t périodes. En l'absence complète d'imperfection sur les marchés, ${}_tr_d$ et ${}_ti_d$ devraient être égaux.

$_ta_d$ est le taux anticipé par le marché pour des titres ou opérations de durée d qui seront émis ou initiés dans t périodes. Par exemple, $_1a_1$ est le taux à un an qui, selon les prévisions du marché, devrait prévaloir dans un an. Contrairement aux taux précédents, ce taux n'est ni observable ni directement calculable.

k est un taux de coupon, appelé également taux d'intérêt facial, taux nominal ou intérêt nominal. Contrairement aux précédents, qui fluctuent selon les conditions du marché, il est fixe pour un titre donné.

e est le taux d'escompte annuel sur les bons du Trésor à court terme et sur les contrats Pibor 3 mois et Eurodem. C'est un taux apparent de marché, égal à (100 — Cours du bon)/100.

ANNEXE 2

Contrat Eurodem 3 mois

Dates d'ouverture et de clôture
des échéances trimestrielles pour les années 1990 à 1992

Années	*Dates de clôture*		*Dates d'ouverture*	
1990	19-3	18-6	20-3	19-6
	17-9	17-12	18-9	18-12
1991	18-3	17-6	19-3	18-6
	16-9	16-12	17-9	17-12
1992	16-3	15-6	17-3	16-6
	14-9	14-12	15-9	15-12

Source : Matif SA.

ANNEXE 3

Table des facteurs de concordance

(édition du 20 avril 1990)

Date de règlement/ livraison	***OAT 9,70 % 1997*** *10 024* (1) *13 déc. 1997* (2)	***OAT 9,90 % 1997*** *4 370* *13 déc. 1997*	***OAT 9,70 % 1998*** *11 048* *25 juin 1998*
29 juin 1990	98,3580	99,3736	97,3313
28 septembre 1990	98,4301	99,4228	97,3046
28 décembre 1990			97,3342
28 mars 1991			97,4201

Date de règlement/ livraison	***OAT 8,125 % 1999*** *11 348* *25 mai 1999*	***OAT 10 % 2000*** *4 266* *27 mai 2000*	***OAT 8,50 % 2000*** *11 641* *28 mars 2000*
29 juin 1990	89,2392		
28 septembre 1990	89,3771	99,8945	90,9634
28 décembre 1990	89,5671	99,8839	91,1335
28 mars 1991	89,8073	99,9321	91,3559
28 juin 1991	90,0397	99,9646	91,4378
30 septembre 1991	90,1978	99,8947	91,5690
31 décembre 1991	90,4092	99,8840	91,7551
31 mars 1992	90,6721	99,9331	91,9947
30 juin 1992		99,9645	92,0894
30 septembre 1992		99,8937	92,2408
31 décembre 1992		99,8846	92,4453

(1) Code RGA.

(2) Date de remboursement.

Source : Matif SA.

BIBLIOGRAPHIE

Une abondante littérature existe en langue anglaise sur les marchés à terme de marchandises. Au cours des années récentes, elle a été complétée par d'innombrables articles et livres traitant spécifiquement des marchés à terme d'instruments financiers. Il convient de remarquer en particulier les ouvrages suivants où se trouvent analysés de façon spécifique les marchés futures sur taux d'intérêt :

Duffie Darrel, *Futures Markets*, Prentice Hall, 1989.

Figlewski Stephen, *Hedging with Financial Futures for Institutional Investors*, Ballinger, 1985.

Fitzgerald Desmond, *Financial Futures*, Euromoney Publications, 1983.

Kolb Robert W., *Understanding Futures Markets*, Scott, Foresman & Co., 2e éd., 1988.

Loosigian Allan M., *Interest Rate Futures*, Dow Jones-Irwin, 1980.

Peck Anne E., ed., *Selected Writings on Futures Markets : Exploration in Financial Futures Markets*, Chicago Board of Trade, 1985.

Powers Mark J., *Inside the Financial Futures Markets*, John Wiley, 1984.

Rothstein Nancy H., ed., *The Financial Handbook of Financial Futures*, McGraw-Hill, 1984.

Schwartz Edward W., Hill Joanne M. and Schneeweiss Thomas, *Financial Futures*, Irwin, 1986.

Siegel Daniel R. and Siegel Diane F., *Futures Markets*, Dryden Press, 1990.

En français, plusieurs ouvrages ont également été récemment consacrés aux marchés à terme de taux d'intérêt :

Baby Jean *et al.*, *Le Matif, mode d'emploi*, Les Editions d'Organisation, 1988.

Jacquillat Bertrand, Poncet Patrice et Portait Roland, *Le Matif : analyse économique et principes de couverture*, Revue Banque, 1986.

Roure Francine, *Les mécanismes du Matif*, Les Editions d'Organisation, 1988.

Le lecteur intéressé par les problèmes des marchés à terme d'instruments financiers peut également demander leur documentation aux Bourses sur lesquelles ces derniers sont négociés. Le CBT a notamment publié une remarquable série d'ouvrages, dans une collection appelée « Readings in Futures Markets ». En outre, une revue américaine, *The Journal of Futures Markets*, de même que certains articles publiés dans la revue *Banque* peuvent être utiles à des chercheurs comme à des professionnels. Notons enfin que le « Center for the Study of Futures Markets » de la Columbia University édite de nombreux papiers de recherche de qualité. En France, à l'ESSEC, le Centre de Techniques financières consacre également une partie de ses activités au Matif.

INDEX

Les numéros de pages apparaissant en caractères gras font référence aux définitions des termes indexés ou à des passages illustrant leur utilisation de façon détaillée.

Imprimé en France
Imprimerie des Presses Universitaires de France
73, avenue Ronsard, 41100 Vendôme
Avril 1991 — N° 36 873